警察情怀

李　勇　著

中国人民公安大学出版社
·北　京·

图书在版编目（CIP）数据

警察情怀／李勇著．—北京：中国人民公安大学出版社，2012.9
ISBN 978－7－5653－0966－3

Ⅰ．①警… Ⅱ．①李… Ⅲ．①警察—工作—中国 Ⅳ．①D631

中国版本图书馆 CIP 数据核字（2012）第 201236 号

警察情怀
李　勇　著

出版发行：中国人民公安大学出版社
地　　址：北京市西城区木樨地南里
邮政编码：100038
经　　销：新华书店
印　　刷：北京泰锐印刷有限责任公司

版　　次：2012 年 9 月第 1 版
印　　次：2012 年 9 月第 1 次
印　　张：8.75
开　　本：880 毫米×1230 毫米　1/32
字　　数：230 千字

书　　号：ISBN 978－7－5653－0966－3
定　　价：36.00 元

网　　址：www.cppsup.com.cn　www.porclub.com.cn
电子邮箱：zbs@cppsup.com　zbs@cppsu.edu.cn

营销中心电话：010－83903254
读者服务部电话（门市）：010－83903257
警官读者俱乐部电话（网购、邮购）：010－83903253
公安业务分社电话：010－83905672

2011 年 12 月，作者与全国公安文联主席祝春林的合影（厦门）

2010 年 12 月，作者参加“全国警察职业化教育训练论坛”合影

作者与中国作协领导、全国公安文联主席及鲁迅文学院公安作家研修班学员合影

2005 年 9 月，作者参加第五期全国公安文学创作研修班学习时合影

2011 年 12 月，作者参加全国公安文化理论研究专业委员会成立大会时合影（厦门）

2011 年 9 月，作者参加“积极警务下的社会管理创新学术论坛”会议（遵义）

2005 年 10 月，作者参加全省公安机关“开门大接访”工作研讨会合影（安庆）

2011 年 11 月，作者与参加中国散文年会作家代表的合影（北京）

李勇的写作及其他

写下这样的标题，是因为忽然觉得，李勇的写作在公安系统具有一定的普遍性。这种普遍性，也许很值得我们探讨。

李勇把自己的作品称之为“小理论，大散文”，说是因为“既有艰辛的理论探索，也有真挚的感情抒发”。说得直白一点，他是既写公安工作理论研究文章，也写一些具文学色彩的散文、杂文。仿佛一个武林高手，开山劈石的硬功夫之外，也有拈花秀手般的独门暗器，和杀伐决断后的儿女情长。读李勇的前后几部著作，都是这样的风格。依稀我们看到的，就是一个勤奋的，时刻牢记自己使命的，而又充满文化情怀的人民警察。

由此便想到许多和他一样的同志，和他一样的创作状态，还有和他一样的作品。他们给我留下的印象，仅从文学意义上说，也许还不够深。他们在作家的道路上，留下的足迹还嫌稚嫩。但李勇和以李勇为代表的他们，确确实实是公安战线上不可忽视的一群人，一群公安文化人，一群以警察为标志的写作者。

公安人的写作，其实是艰难的。文学的梦太过纯洁，在残酷面前太容易破碎。我们不得不在繁忙与艰辛中浸染灵魂，也不得不在斗争中锻造性情。因而，我们的文字不能不在血与火中淬炼成一种独特的品格。我们很多人不够文学，但激情四射。我们很多人不善雕琢，但恣意的写作中自有冷峻。我们的一切都被塑造为警察了，如同换了血液，红的更红，热的更热。李勇将自己的新作命名为《警察情怀》，以及他几年前出版的《公安情缘》，是已经将这种意思说到了的。

为此，李勇不能不写那些理论探索文章，那是他为公安工作奉献的心血。李勇也不能不写那些散文和杂文，那是他作为文化人的思考和作为作家的抒情。而在文化人和作家的前面，我知道，是要加了“公安”或“警察”为标志的。

我理解，这其实是我们的骄傲，也是公安机关的骄傲。行文至此，感觉已经不仅仅是在说李勇，也不是在说很多像李勇一样的作者朋友，而是也在说自己了。

我们的公安战线上还有太多的李勇。你也许会批评他的作品，但没有人不尊重他的创作。因为他和他们的创作不仅是文字上的琢磨和修饰，还有心灵的投入和职业的牺牲。

为此，向李勇致敬。

2011 年 12 月 12 日

张策系全国公安文联秘书长

自序

路，地上本没有路，走的人多了，重叠的脚印便成了路，它类似于人们常见的乡间土路，这是自然界的路。自然界的路，既没有无尽的坎坷、泥泞，也不会有无尽的平坦、辽阔。

人生之路，犹如自然界的路，既没有永远的苍凉、忧伤、悔恨和不幸，也不会有永远的温馨、欢快、满意和幸运。人活在世上，无时无刻不在跋涉，不在奋斗，不在希望走向人生巅峰。心无旁骛，在社会大舞台上，每个人都在走自己的路，都在自己为自己演奏欢快的乐章，或演绎痛悔终生的话剧。

一

朝前看，大小山头官如林；朝后看，百姓遍地人如潮。审视自我，面临退休，幡然回首，半生不懈奋斗，由初中下放知青（农民）进厂变成农机一厂工人，再由工人转干变成公安民警，继而自发成为警营里的写作者，毋庸赘言，窃以为吾生已经获得了自娱自乐自足的成功。

2007 年 2 月 1 日，经全国公安文联主席办公会议研究审议，我被批准为全国公安文联会员。同年 7 月，我被安徽省作家协会批准成为省作协会员。2010 年 7 月 26 日，安徽省公安文联作家协会成立，我被推选为作协理事。同时，我也有幸成为安徽省公安厅聘任的第一届和第二届特约研究员。

作为全国公安文联会员和安徽省公安作家协会理事，我要认真学习党的十七届六中全会公报和中国文联第九次、中国作协第八次代表大会精神，始终坚持先进文化的前进方向，积极投身公安实践，热情讴歌时代英模，反映基层民警心声，严格按照“三贴近”原则，努力创作警营文化新篇章，争取成为德艺双馨之人，自觉为繁荣公安文化事业作出应有的贡献。

作为省作协会员，我决心在现有写作基础上，拜名家为师，向同行学习，不断提高文学创作水平，深入探索写作规律与技巧，力争再创作一些新的文学作品，以感谢省作协尤其是全国公安文联和省公安文联作协领导对我的关爱和期待。

2011 年 10 月 18 日，党的十七届六中全会《中共中央关于深化文化体制改革推动社会主义文化大发展大繁荣若干重大问题的决定》指出，当今世界正处在大发展、大变革、大调整时期，世界多极化、经济全球化深入发展，科学技术日新月异，各种思想文化交流、交融、交锋更加频繁，文化在综合国力竞争中的地位和作用更加凸显，维护国家文化安全任务更加艰巨，增强国家文化软实力、中华文化国际影响力要求更加紧迫。同时，党中央号召全党必须深刻认识到，社会主义先进文化是马克思主义政党思想精神的旗帜，文化建设是中国特色社会主义事业总体布局的重要组成部分。没有文化的积极引领，没有人民精神世界的极大丰富，没有全民族精神力量的充分发挥，一个国家、一个民族不可能屹立于世界民族之林。

胡锦涛总书记在中国文联第九次全国代表大会和中国作协第八次全国代表大会上的讲话中，对文艺的作用有过非常精辟的论述。他指出：“文艺历来是陶冶人们道德情操、抒发人类美好理想、丰富人们艺术享受、推动社会发展进步的一个重要领域。一部人类社会发展史，是人类生命繁衍、财富创造的物质文明发展史，更是人类文化积累、文明传承的精神文明发展史。人类社会每一次跃进，人类文明每一次升华，无不镌刻着文化进步的烙印。”

中华民族的伟大复兴必然伴随着中华文化繁荣兴盛。党中央的决定和总书记的讲话深刻揭示了文化与人类社会的整体发展紧密相连、相互作用、不可分割的关系。因此，繁荣社会主义先进文化，弘扬中华文化，建设中华民族共有精神家园，为构建和谐社会作出贡献是现阶段我国文化工作的主题和文艺工作者的庄严使命。

公安文化是我国社会主义文化的重要组成部分。公安文化以它弘扬正气、抨击邪恶、讴歌真善美的主旋律成为社会主义文化建设的重要内容。自觉地把公安文化纳入社会主义先进文化的大局，为构建社会主义和谐社会作出贡献，无疑是广大公安民警尤其是公安文化工作者应时刻遵循和坚持的神圣使命。

2011 年 12 月中旬，我有幸参加了首届公安文化理论研讨会。第一次近距离地、直接聆听了全国公安文联祝春林主席的重要讲话和全国公安文化理论研究专业委员会杨锦主任的报告，也亲耳听到中国人民公安大学几位教授和全国各省市公安厅（局）及警官学院（校）与会代表的精彩发言。无疑，这是我接受先进文化熏陶和洗礼的一次难得的机会，我深受教育和启发。会议给我的最大感受就是“听君一席话，胜读十年书”，茅塞顿开、受益匪浅，催人奋进。我预感中国公安文化的春天就要来了。

总之，作为公安民警，我要为警徽争光；作为文联作家，我要为中华文化增辉；作为特约研究员，我要坚持科学发展观，紧密结合公安实际，大力推进理论创新，不断赋予当代中国警察文化活动鲜明的实践特色、民族特色、时代特色。同时，我不但要拥有平凡真实的人生，还想拥有不平凡的作为，无愧于人民警察这一光荣称号。只要条件允许，我准备上老年大学，继续坚持写作，为神圣的公安文化事业奋斗终生！

二

春华秋实，一分耕耘一分收获。毋庸置疑，在每个人的人生旅途中，都毫不例外地会碰到一些难以逾越的峡谷，甚至历尽艰难和屈辱。然而，变峡谷为坦途，化艰难为神奇，只有靠“学”和“写”才能铺设自己的完美人生之路。作为基层民警，更要早点醒悟，奋力拼搏，真诚追求。

所谓完美人生，就是身体健康，家庭幸福，事业有成。这三者是相辅相成、缺一不可的。如果有所侧重，则身体是本钱，家庭是港湾，只有事业重泰山。相比之下，事业要高于家庭，重于生命，这是为人立身之本。说得容易做着难。若要事业有成，不能光凭口说，要靠实干、苦干、巧干。同时，又要无条件地投入体力、脑力、财力，默默奉献，付出鲜为人知的劳动。

我知道，今天的成绩来源于昔日的痴心求学和近年来的新闻写作。有朋友赞誉我的人生是成功的人生，我反觉得没什么骄人之处，仅是出了几本小书。聊以自慰的是以“知青”身份进厂学徒，顺应天命参加文化统考转干，才跻身城建、政府等行政事业单位，至今，虽说只是个副科级民警，但在同龄人中还算排前几名。成功背后是因为我选对了求学之路，如果不是参加全省文化统考，我没有资格成为国家干部；如果不是电大专科毕业，我很难走进公安队伍；如果不是到党校读书，继续“充电”，自学写作，日夜“爬格子”，笔下有声，无论如何我加入不了省作协会员和省公安作协理事的行列，更不要说成为全国公安文联会员了。但是，也有朋友戏说我的人生是失败的人生，如果你不误入“歧途”，成为“另类”，或许会有瞬间的“官运”，成为正科或者更高一级的国家干部，待遇自然要比这优厚得多。同时，也能崭露头角，光宗耀祖，就不会人到中午，还空腹悬在“格子山上”无人问津；深更半夜，手脚冰凉，暖热板凳，竟不知寒冷，还经常搅乱家人的好梦。如今，说得好听一点你是个笔杆子、写得不错，难听一点就是人家的“吹鼓手”、“传声筒”。细细思忖：这两种说法站立角度不同，各有分寸，兼有其理，但还不够全面，不够贴切。实事求是地讲，无论是笔杆子，还是“吹鼓手”，都是在背后“练功”，应该说写作者的人生之路，更类似于自然界的道路，既有坎坷不平，也有一马平川，既有山穷水尽，也有柳暗花明，两者交替共同组成了警营写作者的人生全貌。途中，自然离不开欢欣与忧伤、喜悦与悔恨、满足与抱怨、幸运与失落这些基本的感情音符。

萝卜青菜，各有所爱。出身农家的我，深知自己处于社会最底层，不可能有多大出息，所以当初，提倡“又红又专”时，我一心想走白专道路，追求科学报国，掌握一门技能谋生。入警前，我就已享有中级技术职称工资待遇，故对仕途不感兴趣。俗话说，人往高处走，水向低处流。谁不想进步，不能怨天尤人，主要还是无缘于礼贤下属的领导，或者说自身有不亲近领导、不阿谀奉承、不随波逐流等许多不能进步的“怪”毛病。

后来，我逐步思考，做官未必都是好事。在当今市场经济条件下的激烈竞争时代，当官也是一个具有风险甚至时刻潜伏着危险的职业。现实生活中，因仕途乖舛而丧命或折戟沉沙的官员比比皆是。远的不说，身边就有好几位原来比较熟悉的老同学、老同事因从政做官不慎锒铛入狱，摘去乌纱帽时，也失去了宝贵的人身自由。我真的为他们叹惜。

作为毛泽东时代诞生的“知青”，出身不由己，道路可选择。从事农工活动、劳累筋骨是我无法选择的必由之路；转干、求学、从警是改革开放赐予我的新生。美好的青春年华全都献给了那农村广阔天地，几十年的工作经历，像《南征北战》电影里的勇士一样，使我每时每刻都在时而坎坷，时而泥泞，时而平坦，时而开阔的人生路上步履艰难地跋涉。少年丧母、备受欺凌和一无所有的我，立志要砸烂身上的枷锁，冲破思想上的禁锢，摒弃文化上的愚昧，横扫经济上的落后，披荆斩棘，矢志不渝，如今虽然基本实现了夙愿，但一路走过来却是浑身伤痕，歪歪扭扭，筋疲力尽，人累心也累。也许还要这样继续走下去，一直走到退休乃至人生的尽头。

据此，我开始顿悟：人生很难尽善尽美，有所得必有所失。求生、求学、求职之路一定要付出代价，文学创作同样要受严格的社会生活法则制约，失去的值得留恋，得到的会更加美好，不管是精神的还是物质的，经验教训尽在其中。事非经过不知难。我的切身体会是：人不要见异思迁，更不能自暴自弃，自我陷入迷茫和困惑，果断抛弃惊悚和妄为，留下谨慎、沉稳和拼搏，只要认准了，就勇敢地、大胆地往前走，不畏权势，脚踏实地，排除万难，努力实现自己的理想和抱负，不然就是枉活人生，枉活人生总有一天会自我悔恨、深感遗憾的。

时间一分一秒离我而去。回想起来甚是有些后怕：碌碌无为，光阴虚度，饱食终日，大事不成，做官不会，作文不精等阴影曾不时笼罩在心头；为人不虚假委婉、说话不瞻前顾后、做事不拐弯抹角，与人交往不会留一手，真是改革创新时代少有的“大傻帽儿”。身居皖西北椿城太和，也深受太平、祥和之熏陶，饮太和水，干太平事。所以，平和是我的本性。本性无奈，和者顺之。如此这样，一路走来，往往将原来独有的棱角与锋芒自然而然地磨钝了。为人无锋，以温和平静的方式去对待仕途，就不可能做出轰轰烈烈、叱咤风云的业绩；以仁厚善良的心态去市场经商，也不可能成为财大气粗、令人景仰的富豪。挨饿之人有饭吃即感幸福，受冻之人深知太阳温暖。农田劳作、工厂做工逼我走自学之路。通过几年夜校和转干补习班复习，我开始崇拜老师，喜欢文字，更羡慕生活在文字里面的人。所以，后来我毅然选择了业余自学和新闻写作，并开始创立自己的精神世界，闲暇乐于以文会友，也拥有一些人脉。进而发展，我喜欢文学，尤其是优秀的文学作品。性格和爱好决定人生轨迹。如果非要我表白内心愿望，恰如彭见明大师谆谆教诲：“就欣赏而言，我更喜欢从容沉着、镇定自如、笑傲江湖的人生。就阅读而言，我更爱读内蕴丰富、睿智优雅、厚实质朴的作品。”好在我为人为文的味道平淡无奇，软而不懦，熟而不腐，直而不迂，有信有义，自重兼爱，宅心仁厚。至于坏毛病，活着时总想慢慢改掉。但也争取残留一些问心无愧的东西，并设法复制粘贴在身上，把它传给后辈或镌刻在我百年后的墓碑上！偶尔能巧遇一两个知音，产生些共鸣，我意足矣！

三

回顾工作经历，以1989年为界。以前是我学农亦工、经受劳动锻炼、羡慕技师能人和立志求学的基础阶段；之后，是我经历政法组织考察，走进公安机关，完成人生学业、立警为公与奋力写作的提高阶段。明天，伴随着离岗退休、追求健康、选择新业找乐、适应社会生存将是我继续写作，自觉奉献余热即新的文学创作阶段。

忆想我拥有的人生阅历，我的乡情、厂情非常浓厚，可我的公安情意更深、更浓，这就是我在出版《公安情缘》基础上又执意再出《警察情怀》一书的思想基础。

《警察情怀》收录了我的部分理论文章，也更能体现我作为草根民警所特有的一份公安情谊和最大念想。这些文章含散文、随笔、杂谈等，基本上都是我在各级报刊上公开发表过的作品。例如，《当代中国警察文化思考》，是全国公安文联2006年4月出版的《以"三个代表"重要思想为指导，推动公安文化工作》一书中刊登的调研文章。《警营文化建设之我见》，是2011年12月中旬，我参加首届公安文化理论研讨会的一点感悟，全国公安文联网全文刊登。《理论研究是公安事业发展的基础》，是2007年11月，我在九华山参加省厅理论研讨会之后日夜思考的一个重要课题。《漫谈公安新闻写作》，是我对多年从事公安新闻写作过程的一次回顾和小结。如今虽以撰写调研文章为主，但作为《人民公安报》通讯员，因采写公安新闻稿连续三次被阜阳市公安局荣记三等功。所以，我对公安新闻写作情有独钟。《试谈调研文章撰写》，是我多年调研工作经验的凝结。《警务管理创新初探》，是一篇征文，2011年9月它让我参加了在遵义召开的全国公安机关"积极警务下的社会管理创新"学术论坛活动，被评为优秀论文。另外，还有《公安警力配置新思考》、《"特约研究员"推荐背后》、《"从优待警"分析》等文章都是我对基层公安工作的观察和思考，不能说它们具有多高的理论水平和实用价值，但我敢说这些文章既有理性分析，又有心灵感悟，完全是从公安实践中不断总结而来的，它必将对今后公安机关加强队伍建设、提高民警素质和执法水平以及新民警开展调研活动、撰写调研报告等具有一定的现实指导意义。再如，《感悟写作》、《感悟人生》、《琢磨事与捉摸人》、《分享“迟爱”》、《诚信如镜》、《迟到新闻的背后》、《趣谈“高帽”》、《“职业病”》、《前车之鉴　后事之师》及《古为今用　品味人生》等多篇散文、杂文语言犀利，针砭时弊，确具一定的警示和教育作用。

这本小集子，我暂且称之为“小理论，大散文”。之所以这样称呼它，是因为文中既有艰辛的理论探索，也有真挚的感情抒发。不少文章既可称为散文，也可算作杂谈；有的既可称为随笔，又可算做遐想。还有人喻为“四不像”，其实，这正是警营写作者立警为公、爱岗敬业的独特奉献。同时，我冒昧地把这本小册子比做“凉盘杂拌”，实属荤素搭配，里面有蹄膀、皮丝、芹菜、青豆、木耳、鹌鹑蛋等，但它不是大杂烩，不是“临客凑”，我敢保证每样都是新鲜的，至于香甜可口与否，只有靠“食客”（即读者）品尝后随意褒贬了。

初稿甫就，我突然联想起几年前出版《椿城警事》丛书时的忐忑不安的心情，仿佛又看到了读者具有穿透任何匠心的目光。说老实话，我始终认为结集出书是一件非常危险的事儿，至今仍具有那种诚惶诚恐的感觉。因为你把自己的东西裸露给公众，浅薄与陋简都在光天化日之下，难免有人会品头论足，说三道四，指长论短，风言风语，且不说赔钱和劳心费神。其结果更为难以预料，孰不知会从哪儿钻出一件怪事来，让你揪心烦恼，不知所措。如果你执意要出的话，就必须有风险意识，竞争意识，至少你得具有一些过人胆识和勇气，才能敢把“她”从产房里“分娩”出来，犹如春蚕结茧，自我约束。同时，出了书也像人生总结，走完一段路，再回首观望一下来路，哪直哪弯，哪高哪低，哪对哪错，对比一下，反思一下，吸取教训，以便今后人生走得平稳些，踏实些，避免悔恨之事出现，肯定是会大有益处的。

这几年，写作占据了我大量时间，家务事全都依靠爱人陈华珠料理，也曾怠慢过双亲，并疏远不少同学与亲朋好友，仅有的几家远亲、姻亲和干亲相互间也都已很长时间没有走动。尤其忽视了子女教育，造成儿子在中学期间成夜上网，不安心读书，不服管教，险些出现家庭危机。三年前，继母溘然去世，子欲养而亲不在，渐成我的人生悲哀。赡养岳父母（他们都已九十岁）和家中老爹（八十五岁），无暇时不得不请人帮忙照料，以便集中时间和精力写作。

过去，我写东西，总是考虑适应社会形势需要和领导要求，凡是容易发表的题材我都写，比较看重上级公安机关领导赐予的荣誉以及核算自己的稿费收入；不想写时，要么几个月不见一文一字。虽享有警营作家头衔，也是盛名之下，其实难副。

如今，面对现代化的信息社会迅猛发展，学无止境，写无止境，文无止境，如果你自愿成为一名学者、写家，那你便踏上一条永无止境的不懈追求之路。真的要实践活到老，学到老，写到老，像革命老前辈那样，生命不息，奋斗不止。

无限风光在险峰。实践无止境，创新无止境，写作无止境。面对众多的前辈和大家，我的“雕虫小技”算不得优势。强手如林，自惭才浅，望而却步，不敢欲与同仁同行试比高。只待山花浪漫时，我能蹲在丛中笑。

文学创作是身心的快乐和思想的释放与宣泄。喜怒哀乐皆文章，尽管有时是种瓜得豆，甚至是“无花果”诞生，有劳无获，但我也有几分兴奋和满足。

警察职业富有挑战性，写作更让人充满成就感。只要把壮志豪情留在每个格子里，灵感就会自然而生，成功也会随之而来。一位名人留言，在成名的道路上，流的不是汗水，而是鲜血，他的名字不是用笔墨写的，而是用生命写成的。我想名人也好，凡人也罢，想成就一番事业都必然经历痛苦人生的磨炼。

本想就此搁笔，与同龄人一起追求健康长寿，可参加首届公安文化理论研讨会，与全国公安文联领导和警界专家教授结缘谋面，我深受鼓舞和启发。德高望重的祝春林主席是我的学习榜样，听他讲话，我认为，他时刻在为中国公安文化的春天到来而奔走呼号。为此，我还有什么话可说呢？初步打算将写作装满行囊，用文字点缀人生，在永不停息的创作与持之以恒的坚守中，享受生活，感悟人生，延续生命，力争通过写作，自我实现人生的价值。其实，有一定文化素养和写作基础的民警退休之后，只有身体允许，正是集中精力时间，认真构思和创作公安文学作品的大好时机。

革命不分先后，奉献不讲大小，写作不论老少。日新月异的社会形势催人奋进，如果梦想成为警营文学创作者，就要竭尽全力为繁荣公安文化建设事业贡献力量。

最近，有陌生文友送我四句话，我觉得挺有意思，这就是：官权荣华耀瞬间，金钱富贵随时完，笔耕清苦铸万章，千古流芳百世传。我遐想，这陌友是不是在有意激励我写作？

不过，人间好坏，优劣，高低，荣辱……在一定条件下是会相互转化的，有时还会顾此失彼，我想，自身没有干好，就别再殃及无辜、贻害他人。但有时又想着抛砖引玉，此举若能成为某些人的铺路石子，引以鉴戒，或促其早点悟出真谛，那就是再好不过的事情了。

这就是我的人生自白，我的倾情抒发，我的内心忠告，我的潜意识期待。

《警察情怀》是我有幸成为安徽省公安作协理事之后，自觉奉献给大家的见面礼，同时恭迎党的十八大胜利召开。为此，恳请各级公安机关的领导给予精心指导，并渴望专家内行不吝赐教。

书中篇章安排与目录排列是初步的、粗糙的，其中的谬误在所难免。为了精益求精，更上一层楼，只有请编审大师费举手投足之劳，呕心沥血，精心策划，谋篇布局，给予斧正。能改字删句者都是我的老师。如愿，将不胜感激之至。

作者写于 2012 年 3 月 12 日

目　录

一、警学求索

二、从警联想

附　录

一、警学求索

当代中国警察文化思考

中国警察文化，是中国警察创造的，当代中国警察文化是当代中国警察创造的。研究当代中国警察文化，必须首先了解中国警察的历史。同时，作为警察，应对警察来源有所了解。

中国警察是什么时候产生的，说法不一，值得探索。据了解，警察是“舶来品”。世界上的警察制度始于欧洲。西方警察创立于18 世纪，其形象首次在中国亮相，是在租界内。

据考证，中国近代警察诞生于清末。最早首推湖南长沙创立的保卫局是中国警察的前身，开中国近代警察史的先河。真正创立警察者乃张之洞也。有文字记载，清光绪二十八年（1902 年）6 月 6 日，时任湖广总督的张之洞向慈禧太后上奏《省城创办警察奏折》，提出成立警察局，并建议从房捐中提取部分款项用于警察事务。奏折很快被批复，武昌警察总局正式成立，这是中国第一个以警察命名的警察机构……在湖北警察史陈列馆中有张之洞创警奏折的仿制品。

另据何刚德《客座偶谈》卷称，庚子以前，中国无警察也，余到苏后始创办。何刚德是光绪三年（1877 年）科进士，曾任京曹 19 年，其后又出任江西建昌、江苏苏州等地知府。后著《春明梦录》、《客座偶谈》多记其亲身经历，史料价值颇高。如果何刚德所记无误，则中国警察的创办，应在 1904 年或 1905 年，最早1903 年。其他是否还有，有待证实。当然，清政府提议和确认创建警察机构的时间肯定还应早些。

由此可知，中国警察的历史，大约不过百十年，至今大体可分为三个阶段：自清朝政府宣布建立警察至 1927 年，为中国近代警察；1927 年至 1949 年国民党政府统治的二十二年，应为中国现代警察；新中国成立后的“人民公安”，应是当代中国警察。当然，这样划分是否合适，还有待进一步商榷。

本文主要探讨当代中国警察。当代中国警察是新中国诞生的人民警察。有资料显示，全世界只有中国一个国家在“警察”前，加了“人民”二字，这是具有“中国特色”的缘故。据说，第一批人民警察是从西柏坡策马扬鞭走出来的，即“黄泥警校”结业的“一百单八将”。1949 年 1 月北平解放后，出任北平市人民政府公安局局长的谭政文，带领“一百单八将”正式接管了国民党北平市警察局，从此掀开了新中国人民公安管理城市的历史篇章。

中国警察包括武警和人民警察两大类。“公安”，广义上是指人民警察，分为公安部门管理的公安警察（即狭义“公安”，包括治安、户籍、刑侦、交通等）、国家安全部门管理的国家安全警察、劳改劳教部门的司法警察以及人民法院、人民检察院系统的司法警察四大类。

目前，人民警察属于国家公务员，实行五等十三级的人民警察警衔，即警监、警督、警司、警员的警衔制度，服装以藏黑色为主色调。需要指出的是，武警中的三类（即边防、消防、警卫）是由公安部门管理，所以可列入“公安”警察范畴。

根据《中华人民共和国人民警察法》第六条规定，公安机关的人民警察按照职责分工，依法履行预防、制止和侦查违法犯罪活动、维护社会治安秩序，制止危害社会治安秩序的行为，维护交通安全和交通秩序等十四项职责。警察是什么，警察是国家预防违法犯罪、维护社会稳定和治安秩序的武装力量。同时，警察也是人们生产、生活中不可或缺的社会成员。

中国警察文化思考，把警察与文化联系起来，可能有人未必理解和赞同，尤其是在偏僻的农村，人们普遍认为学校教师是文化人，是知识分子，而警察大都是“棒槌拉胡琴”——粗而糙，对人态度生硬甚至蛮横无理，怎能与文化沾上边。无疑，这是对警察职业的历史偏见。

其实，人们对“文化”一词的认识和看法也是如此，其定义也多种多样。据《辞海》注释道，文化是人类社会历史发展过程中创造的物质财富和精神财富，特指精神财富。从这个注释中我们可以断言，只要有人类就有人类文化，不同的民族孕育不同的民族文化。不论是整个人类还是某个民族，其活动结果不外乎有两种可能，即产生精神的或物质的财富。可见，文化的发展是伴随着一个民族的兴衰而不断发展变化的。

不论文化问题是个多么复杂的问题，文化现象永远是人类经济、政治和生存条件的一种表现形式。那么，什么是中国警察文化？什么是当代中国警察文化？这是值得我们认真探讨的重大课题。

作者与公安部宣传局副局长杨锦（中）及好友张友文参会合影

本文所叙述的“当代中国警察文化”，特指中国共产党领导下的中国“公安文化”，指当代中国警察在几十年发展中所创造的物质的和精神的财富，它包括警察理念、警察哲学、警察精神、警察体制、警务方式、警察职业道德以及警察装备、科技、服制、礼仪等方面。

当前，公安文化即警察文化发展迅速，说法多样，如何正确理解和认识当代中国警察文化，本文乃一孔之见，意在抛砖引玉。

一、当代中国警察文化的丰富内涵

当代中国警察文化是在中华民族传统文化特定的历史条件、特定的警察制度下形成的，当代中国警察文化是人民警察的精神意识和集体行为的完美体现。其主要表现在以下几点：

（一）当代中国警察文化是人民警察的标志和灵魂。所谓警察文化是警察的标志，主要是指警察职业与其他职业的区别——包括当代警察和过去警察的区别，也包括大众对人民警察职业理念的识别、职业行为的识别、视觉形象的识别。人民警察作为一种以人与人的组合为基础的执法活动主体，其执法行为必然人格化。也就是说，警察活动是靠人来执行的。所以，警察对行为方式的选择，最终必然会体现在人的价值理念中，也必然以警察文化的形式表现出来。由此可见，警察文化就是整个警察主体的灵魂，即“警魂”。

（二）当代中国警察文化是人民警察的宣言书。所谓宣言书，就是警察队伍通过警察文化这个载体，把人民警察的历史使命、工作任务、服务宗旨、行为方式明确地告诉社会与广大公众。我们的警察是人民的警察，一切从国家和人民的利益出发，维护社会稳定，预防和打击刑事犯罪。例如，“立警为公、执法为民”、“公正执法、廉洁从警”、“维护社会治安秩序稳定”、“确保人民群众安居乐业”等，人民警察就是通过这一系列的执法行为，表现其精神实质，体现其文化内涵，真正反映当代人民警察的精神世界。

（三）当代中国警察文化是人民警察文艺活动的有机组合。各级公安文联、警察协会或学会以及报刊、图书、影视、书法、摄影、绘画、音乐等，都是用文学艺术活动来塑造警察精神，促使警察不断增强人生自豪感和集体荣誉感，激发大家献身公安伟大事业的政治热情和建功立业的事业心。这种文化活动的有机组合就是警察文化的基本内容。实践证明，警察文化在凝心聚力、激励斗志、陶冶情操、展示形象、弘扬警察精神等方面发挥着不可替代的作用，它将永远代表一个历史时期的警察文化现象和最高水准。

（四）当代中国警察文化是中华民族传统文化的优秀文化成果。中国文化源远流长、博大精深，中华民族是中国文化的创造主体。中华民族是当今中国境内由华夏族演衍而来的汉族及五十五个少数民族的总称。在长期发展过程中，中国各民族文化相互交融，共同构成了丰富灿烂的中华民族文化。中华民族文化是影响警察文化的重要因素之一。中国警察文化是以中华民族传统文化为基础，是紧紧融合在中华民族文化之中的重要文化成果。在精神文化方面，它紧紧包容了各民族的良好习惯，尤其在警察理念、警察道德、警察哲学等方面，无不受中国传统文化的影响。因此，当代中国警察文化成果是中华民族传统文化成果不可分割的有机组成部分。

二、当代中国警察文化发展的基本要素思考

众所周知，社会基本矛盾之一就是经济基础决定上层建筑，上层建筑反作用于经济基础。同理，国家警察政治制度对警察文化发展具有主导作用，正确的政治制度对警察文化发展起到主动推进和加速作用；反之，就可能阻碍和破坏警察文化的发展。

据此，分析当代中国警察文化发展的基本要素，初步思考如下。

思考之一：国家警政制度决定着警察文化的成败

自清政府提出创办警察以来的半个世纪里，中国近代警察有了一定的发展，开始有机构、警员，且上下联系频繁。但是，这一时期的警政建设，完全是为维护当时的王朝统治阶级利益服务的，是在缺乏相应的民主政治和宪法、法律的制约机制下进行的，因而导致了警察的专横和警政的腐败等一系列不良后果。1927 年 4 月，蒋介石发动反革命政变，不久，临时国民政府迁往南京，开始了蒋家王朝长达二十二年的血腥统治。在这段时间里，中国近代警察制

度得到了迅速发展，不但进一步完备了从中央到地方的警察网，使之更加严密，而且逐步完善了警察内部管理体制，还不断建立健全警察的社会管理职能。在国民党统治时期，警察制度的建设是畸形的，虽然全国警察总署是一个非常庞大的办事机构，可没有文化宣传单位，仅设立了对内教育部门，且片面强调警察执行社会镇压的职能，社会公益和人民民主自由权利受到粗暴践踏。

我们知道，南京国民政府存在的二十二年间，正值国际上法西斯主义猖獗时期。国民党警察制度积极仿效法西斯模式，迅速组建特务机构，建立公开和秘密相结合的严密警察网，实行军警结合，警察、宪兵、特务三位一体的白色恐怖统治。尤其是面对广大人民群众反独裁、反专制、争民主、争自由的正义呼声，国民党当局并没有积极考虑应对，采取适当措施，而是一律予以严厉的警察镇压。凡是敢于对国民党统治稍有不满的人，随时都有可能遭遇各种不测，许多民主人士都被密捕暗杀。在人民群众的心目中，警察如同国民党军统特务一样是凌驾于社会之上的异己力量，其警察体制、警务方式、警察职业道德都是与广大民众相互对立的。人民大众和警察的关系犹如水火而无法相容，警察的命运发展与人民群众的苦难成了同义语。因此，中国近代警察制度决定了那个时期警察文化的黑暗与恐怖。

当代中国警察制度是建立在为人民谋利益、为国家谋平安、为队伍谋发展的基础上，是以维护国家长治久安、保障人民群众安居乐业、巩固共产党执政地位为历史使命，是以建设社会主义新农村、全心全意为人民服务为根本宗旨的。在这种警政制度下，当代中国警察文化的繁荣发展有深厚的群众基础和良好的发展氛围，它与中国特色社会主义物质文明建设和精神文明建设同步发展，成为中华民族文化的重要组成部分。

思考之二："警察文化"与"公安文化"，究竟是同一语、称谓不同还是另有情意

新中国成立之后，旧的警政制度被废除，延安时期沿袭下来的

“人民公安”这一带有浓厚革命色彩的警察称谓随着新的警政制度的建立而诞生，并走过了半个多世纪的历程。在这半个多世纪的前二十余年里，“警察”这两个字眼曾被视为帝国主义和资本主义的“货色”，是一个与“人民”格格不入的概念而无人敢提。“警察”被视为洪水猛兽。

其实，“公安局”这一称谓在国民党时期也曾用过。1926 年 11 月 26 日，国民党决定迁都武汉，在此期间形成的警察机构是民政厅，下设京兆（武汉）公安总局，辖武昌、汉口、汉阳三个公安局和湖北省江防局，各县设立县公安局及公安分局。1928 年 10 月，南京国民政府还颁布过《各级公安局编制大纲》，“公安局”称谓从那时起就忽隐忽现，若即若离。

由此，让人有点费解，“警察”与“公安”有什么不同？“警察文化”与“公安文化”又有什么不同？

“公安”是什么？军队非军队，警察非警察，还是第三者？老外讲，看了几十年也看不明白。有人幽默地称呼中国公安为“土生土长”的警察，具有中国特色。其实，“公安”也好，“民警”也好，反正都是警察，只不过名词不同。据此，有人戏说中国警察称谓，像“中国经贸”一样也面临一个“入世”的问题。我认为，公安是具有中国特色的警察。同理，能不能说警察是世界公安，值得推敲和探索。

让我们进一步分析，“公安文化”是一个什么概念？经查《新华字典》、《辞海》和《中国警察辞典》的六千多个词条中，竟没有“公安”与“公安文化”这两大词条。“公安”似乎是“公共安全”的简称，是一种社会现象；“文化”从某种角度讲也是一种现象，将二者并列起来便是“公共安全文化”。据此，我们是想研究“公共安全”问题，还是研究“文化”现象，如果把它们截然分开，这又不能不令人费解。

实事求是地讲，从延安时期至二十世纪九十年代初期，我们的警察制度一直保持着军警制度的性质，这个时期的公安文化表现出军警文化的鲜明特征。

1995 年 2 月 28 日，第八届全国人大常委会第十二次会议通过的《中华人民共和国人民警察法》标志着当代中国警察的独立特征开始显现出来。全人类的警察只有一个目的，那就是维护社会安定。警察与公众都必须在国家法律约束下相互发生关系，警察的职责首先是执法，其次是服务，不过服务是有条件的、相对的，不能在超越职责的情况下擅自行为。不作为不对，擅自行为同样不对。

警察是国家机器，是全世界统一的称谓，而“中国公安”的称谓显然与之不合辙，这种不合辙容易导致人们在“警察职责”和“警察文化”概念上的一些模糊认识。当然，国能一国两制，人有两个名字，一个单位挂两个牌子也不是不可。

思考之三：中国传统文化是中国警察文化发展的根基

追根溯源，从历史到现实、从世界到中国，文化始终是决定民族兴衰、国家兴旺、事业成败的根本原因。拥有先进文化的则民族兴、国家强、事业成，反之则弱、则衰、则败。从古希腊、古罗马、古巴比伦、古代中国到近现代，由于文艺复兴、工业革命、文化启蒙运动、中国的五四运动等一系列社会变革，都是由弱变强或由强变弱，没有一个例外。文化因素是最本原、最决定性的因素。欧洲的文艺复兴运动结束了长达千年的中世纪，使欧洲文明走在世界前列的新起点。我国的辛亥革命只赶走了一个皇帝，没有触动腐朽落后文化，最后导致旧文化反弹，袁世凯登基，辛亥革命失败，酿成中国旧民主主义革命的悲剧。其中，起重要作用的还是文化。而五四运动作为新民主主义革命的标志和号角，直接导致了中国社会的政治大变革，中国共产党领导的先进文化占领了以国民党为代表的落后文化，所以我们建立了中华人民共和国这一新的政权。应该说，这是先进文化取胜的结果。

“文化大革命”作为一场地地道道的政治运动，也是以文化之名发动的，实际上是一次旧文化的复辟和反弹，直接导致了浩劫和经济社会的倒退。而改革开放的发生，也完全是立足之前的“真理标准问题大讨论”的文化反思而开始和催生的。所以，这一系列的从国际到国内、从西方到东方、从历史到现实，所有的政治变革都和文化有着直接的、密切的联系。在全球化的今天，我国站在人类文化的制高点上，正在以不可阻挡的速度实现又好又快的发展。在世界经济一片萧条颓势之下，我国还能一枝独秀、繁荣稳定。由于西方人不懂各种奥秘，所以他们大惑不解，不知道究竟是为什么。其实，这正是中国社会主义先进文化所产生的、内在的、巨大的发展动力。

从文化的视角来看，包括美国在内的西方衰退，本质上是文化的衰退。而中国的和平崛起实质上也是文化的崛起。从我国的公安工作来说，我们的警察队伍能力高低，关键是看工作效率，它既是精神也是物质。中国公安机关的高效率是世界公认的。我们二百多万人的公安队伍在全世界是最大的警察队伍，也是最有战斗力的警察队伍。我们不是“养兵千日、用兵一时”，而是“养兵千日、用兵千日”，天天都在打仗、天天都在作战、天天多有牺牲。所以说，我们的队伍是经过实战来检验的，是最有说服力的。举一个例子，在奥运安保史上，没有一个国家在举办过程中不出事的，世界很多国家都办过奥运，但从安保工作上没有不出事的。最极端的是，德国慕尼黑奥运会，以色列的九名运动员被劫持并全部被杀害。汉城奥运会出过大事，其他奥运会也都出过事情。而不出事的记录只有中国做到了，中国警察做到了，这就是一个明证，这是中国先进文化的胜利。为什么他们做不到呢？他们的文化不太先进，曾先进过，但是现在不先进了。这一点，由于东西文化的差异和地区文化的差异，不仅菲律宾学不了，印度的孟买也学不了，它们在处置恐怖事件方面搞得一塌糊涂。这就是不同文化的差异，价值体系的差异。

西方国家总想给我们设点障碍，找点麻烦，找不到也想看点笑话，但每一次都让它们很失望。比如奥运会、世博会安然无恙，比如想搞乱新疆、搞乱西藏……但是我相信，这些各种敌对势力的图谋，同样会遭到失败，最后它们自己会闹成一个笑话。那么，如果它们戴着它们的文化“眼镜”不摘掉的话，它们永远也看不懂中国人，看不懂中国的警察、中国的公安工作。从这个意义上讲，中国公安工作是宏观意义上的广义的大文化，其中具有先天的文化基因。这充分显示中华优秀传统文化是中国警察文化发展的根基。

三、当代中国警察文化的发展趋势

当代中国警察作为一个执法主体，其警察文化不是自发形成的，而是通过人民警察执法活动，通过不断改革创新建立起来的。可以说，创新是当代中国警察文化发展的有效途径，没有创新就没有发展。

首先，当代中国警察文化发展需要良好的政治制度作为依托。近年来，尤其是以胡锦涛总书记为首的党中央高瞻远瞩，正确决策，为全国各族人民、各行各业提供了良好的发展空间和环境。2011 年 10 月 18 日，党的十七届六中全会作出《中共中央关于深化文化体制改革推动社会主义文化大发展大繁荣若干重大问题的决定》就是最好的例证。可以说，繁荣中国警察文化的春天已经来了。人民警察作为国家机器的重要组成部分，其根本宗旨就是保护人民、服务社会、惩治犯罪，这是依据国家的政治制度而确立的。人民警察的一切行为必须服从于国家的政治制度。良好的政治制度不仅是人民警察发展的保证，也是警察文化发展的基础。

国家的政治制度决定警察和警察文化的前进方向。当代中国警察的历史使命就是巩固共产党的执政地位，维护国家的长治久安，保障人民安居乐业。警察文化的发展是随着国家政治制度的变化而变化的，是随着警察担负的历史使命而发展的。

其次，当代中国警察文化发展需要制度化。警察文化要想健康地持续发展，不仅需要良好的政治制度作为保障，而且需要人民警察履行职责的制度化。所谓警察文化的制度化，它应包含两层意思：一是人民警察的一切执法活动必须有法可依，人民警察的行为

作者与周东川（右一）、林颖辉同全国公安文联秘书长
张策（左二）在中国人民公安大学校园合影

必须以法律为准绳，各项活动要有章可循。如各级公安文联和警察学会开展活动务必要从警察文化的发展高度出发，真正使人民警察的价值理念充分体现在警察的各项行为过程中，使警察文化成为整个警察队伍发展的重要组成部分。二是警察文化制度化，应要求整个警察队伍中每个警察都要像升国旗和唱警察之歌时那样，从思想上接受警察文化的熏陶，服从警察文化，使警察文化成为警察思想上的一种信仰、一种制度而铭记在心。

再次，当代中国警察文化必须扎根基层，汲取营养。公安机关的“三大政治和社会责任”明确指出，人民警察的所作所为都必须从国家和人民的利益出发。中央政治局常委、中央政法委书记周永康指出，人民是我们的衣食父母，中国警察是人民的警察，代表人民，为人民服务。公安部部长孟建柱强调，公安民警要牢固树立以人为本、执政为民的理念，真正做到把人民放在心中最高位置，永远做党的忠诚卫士和人民群众的贴心人。因此，警察文化的大众化趋向应成为时代特征。文化是人为的，是社会性的。它必须被广大人民群众所认同和接受才能长期坚持下去。警察作为一个特殊的社会群体，与社会其他群体紧密联系共同构成了充满活力的微观基础，并通过自己的文化纽带维系着统一的社会宏观结构。需要说明的是，这个特殊群体的文化纽带，一头系着警察，一头系着群众。失去了群众，就失去了文化表现的市场和文化产生的土壤。事实就像几年前笔者所撰写的《椿城警事》、《新椿城警事》及其续集，当初只是简单收集了一下本地较为突出的案件资料，想如实记载公安民警顽强拼搏、日夜奋战而成功破获的一些重大典型案例，供人们警示参考而编辑出版的，并没有进行认真雕琢，但它却深受基层民警和广大人民群众的欢迎，所引起的强烈社会反响也大大出乎笔者的预料。这说明，警察文化必须贴近实际、贴近群众、贴近生活，必须符合和满足警察与百姓精神及物质上的需要，才会被社会所接受，被民族文化所融合。因此，警察文化呈现大众化趋势是时代的需要，不论是执法观念，还是警察体制、警察道德、法制建设都已体现出其服务大众和被社会大众所关注的突出特点。

最后，当代中国警察文化需要系统化、规范化发展。警察文化是当代中国警察作为的历史记录，是警察事业发展的力量源泉。人民警察的精神意识和行为方式直接反映了人民警察的价值理念，直接体现了人民警察与国家和人民的关系。换句话说，人民警察的所作所为都依赖于国家的政治制度和法律规定，有什么样的警察文化，就有什么样的警察作为。从这个意义上讲，发展警察文化已经成为目前构建和谐社会的时代需求。所谓系统化、规范化发展，就是指警察文化的整个内容必须紧随我国政治制度、法律制度的不断健全而完善。人民警察在塑造警察文化的过程中，应当根据现实情况，根据社会和大众的需要，从发展的角度不断创新，最终形成一种内容比较完美、体现民警生活、反映时代主旋律的警察文化。

总之，当代中国警察文化应当成为人民警察队伍发展的强大精神动力，应当成为当代中国警察独特的精神食粮和行为标志。

警营文化建设之我见

党的十七届六中全会审议通过了《中共中央关于深化文化体制改革推动社会主义文化大发展大繁荣若干重大问题的决定》（以下简称《决定》）。作为公安机关，应该认真学习，深刻领会中央全会精神，进一步发挥文化引领作用，加强警营文化建设，推进公安事业全面、协调、可持续发展，努力以公安文化大发展大繁荣的优异成绩迎接党的十八大胜利召开。

2012 年元旦前夕，公安部下发了《关于认真贯彻党的十七届六中全会精神进一步推动公安文化大发展大繁荣的实施方案》，要求全国公安机关站在全局和战略高度，以新的视角认识公安文化的重要地位和作用，以新的姿态担当起公安文化建设的重大责任，以新的思路和举措推动公安文化大发展大繁荣。无疑，这是落实中央《决定》精神，繁荣公安文学创作，开展公安文化建设的重要举措。如此通过组织带动，典型引路，全国公安机关的警营文化生活将日益活跃，文化氛围会更加浓厚，可以说公安文化发展的前景一片光明。我们务必站在发展社会主义先进文化，建设中国特色社会主义的高度审视公安警营文化建设，夯实公安事业全面发展的基础。

为了解公安机关警营文化建设现状，把握民警思想脉搏，发现警营文化建设中存在问题，探求解决问题的有效途径。最近，我对基层公安机关警营文化建设开展情况进行了深入调研，现将有关调研报告赘述如下：

一、问题的提出，即参加首届公安文化理论研讨会有感

2011 年 12 月中旬，我参加了全国公安文化理论研究专业委员会成立大会和首届公安文化理论研讨会。能参加这次会议，我感到非常荣幸。所以，我衷心感谢全国公安文联秘书长张策给我提供这样一个宝贵的学习机会。参加首届公安文化理论研讨会，使我对警营文化建设这一重大课题产生了浓厚的兴趣。

会上，来自皖西北边陲公安机关的我，第一次如此近距离地直接聆听了祝春林主席的重要讲话和全国公安文化理论研究专业委员会杨锦主任的报告，也亲耳听到公安大学教授和全国各省市公安厅局及部分省警院（校）代表的精彩发言。无疑，这是我接受先进文化熏陶和洗礼的一个难得的机会，我深受教育和启发。

研讨会给我的切身感受就是“听君一席话，胜读十年书”，让我茅塞顿开、受益匪浅，催人奋进，真的开启了心智，开阔了视野，汲取了知识，交流了经验，增强了文化自觉和文化自信，同时又收获了友情。我觉得，多年来困扰我们民警思想的重大理论问题、认识问题、实践问题可以说迎刃而解。作为一名基层民警，我进一步加深了对公安文化建设重大战略意义的认识，增强了繁荣公安文化事业的使命感和自觉性，真切地感受到首届公安文化理论研讨会迎面扑来的就是中国公安文化的春天的气息，而且异常强烈。这说明祝春林主席传达的文化信息就是公安部党委对警营文化建设空前的、前所未有的高度重视，公安文化建设雄心勃勃的发展规划和鼓舞人心的发展蓝图、明确而清晰的发展思路以及处处体现创新和务实精神的具体谋划，研讨会精神确实让我耳目一新，我深切感受到中国公安文化的春天真的来到了。

近几年来，我清醒地看到，全国公安机关从上到下越来越重视警营文化建设，理念越来越清晰，基础越来越坚实，繁荣警营文化的条件越来越成熟；警营文化建设发展如旭日朝阳，正在蓬勃而

出，事实正像祝春林主席讲的那样，警营文化建设的春天已经到来。我深深感到这是基层公安机关警营文化繁荣发展的良好机遇，更加感到肩上的责任与使命重大。

会议期间，有三件事让我感到非常欣慰和鼓舞人心。

首先是祝春林主席那情真意切、高瞻远瞩的重要讲话，无疑为繁荣警营文化建设提供了理论指导。这次全国公安文化理论研究专业委员会成立大会和首届公安文化理论研讨会，是全国公安文联领导主持召开的一次盛会，也是一次繁荣发展警营文化的思想发动。祝春林主席从分析公安文化的丰富内涵、树立科学发展观的理念、长效机制建设、人才工程实施和组织精品创作等方面，对繁荣发展警营文化的基本方略进行了深入的研究。既是实践的生动总结，更是理论的精辟阐述，无疑这是我们今后一个时期加强警营文化建设的思想引领和工作指导。

其次是全国公安文化理论研究专业委员会的成立和首届公安文化理论研讨会的召开，为繁荣警营文化建设吹响了进军号角。这标志着公安机关警营文化工作已经完成了从根源性工作向靠近中心的定向转身，由日常工作向战略工程的地位跃升，展现着警营文化工作由按部就班、零打碎敲，向立升飞跃整体迈进的强力劲头，它点燃了全国广大公安民警文化需求的希望之火，它使基层散兵游勇式的警营文化工作者找到了家的感觉和人群归宿。通过强有力的组织带动，全国公安机关的警营文化生活将日益活跃，文化氛围会日益浓厚，使我们看到了警营文化发展繁荣的广阔空间和光明的前景。

第三是荣幸地见到了老朋友，结识了新文友。特别是与公安部领导、公安大学教授、中国人民公安出版社（报社）领导和辽宁、江苏、安徽、湖北、云南、重庆、福建厦门等省市公安厅局代表及有关省市警院（校）参会同志一起合影留念，共叙友情，交流成果，此乃人生一大幸事。

二、我对开展警营文化建设重要性的认识和理解

文化是民族的血脉，是人民的精神家园。同理，警营文化是公安事业科学发展的力量源泉。这就要求我们必须具备战略的思想、创新的思维、清晰的思路，准确把握日新月异的文化现象和文化发展的宏观环境，紧跟形势，真抓实干，切实推进公安文化大发展大繁荣。

繁荣警营文化，关键在理念。加强警营文化建设，必须解放思想、创新理念、大胆实践。警营文化的理念，就是以文化警和以警化文。以文化警的理念是我们开展警营文化工作的基本观点，以警化文的实现是我们开展警营文化活动的追求目标。为此，首先我们要明确文化是什么？其次要清楚文化从哪里来，文化到哪里去？文化是人类创造的物质财富和精神财富的总和。努力做到以人化文，以文化人。自然因造化而神奇，人类因文化而伟大。当今时代，文化越来越成为民族凝聚力和创造力的重要源泉、越来越成为综合国力竞争的重要因素，丰富精神文化生活越来越成为全国人民的热切愿望。

几年来，我们各级公安机关在坚持政治建警、从严治警的同时，积极倡导文化育警，以培育人民警察核心价值观为主线，通过大讨论认同、先进典型带动取得了一定成效。但与新形势、新任务相比，同广大民警的热切期盼相比，无论是思想认识、重视程度，还是工作举措、推进力度都存在不小的差距。有的把“警营文化”与文艺活动等同起来，将文化建设停留在琴棋书画、吹拉弹唱上；有的认为文化建设可有可无、可抓可不抓，甚至认为是不务正业、额外负担；有的就文化抓文化，脱离公安实际，存在“两张皮”现象。思想是行动的先导，对警营文化的认识程度决定了警营文化建设的力度。加强新时期警营文化建设，首先要解决认识问题，特别是各级公安机关的“一把手”和“一班人”的思想认识，形成高度的文化自觉和文化自信，进一步增强责任感和使命感，认清形

势，抢抓机遇，乘势而上，努力开创公安文化建设新局面。

（一）繁荣警营文化是发展社会主义先进文化，建设中国特色社会主义的迫切需要。党的十六大以来，党中央高度重视文化建设，对深化文化体制改革、发展文化事业作出了一系列重大决策部署。党的十七大从中国特色社会主义事业“四位一体”总体布局的高度，提出了兴起社会主义文化建设新高潮、推动社会主义文化大发展大繁荣的战略任务。在纪念建党成立九十周年大会上，胡锦涛总书记指出：“社会主义先进文化是马克思主义政党思想精神上的旗帜。面对当今文化越来越成为综合国力竞争重要因素的新形势，我们必须以高度的文化自觉和文化自信，着眼于提高民族素质和塑造高尚人格，以更大力度推进文化改革发展，在中国特色社会主义伟大实践中进行文化创造，让人民共享文化发展成果。”去年10月召开的十七届六中全会专题研究如何深化文化体制改革，推动社会主义文化大发展大繁荣问题，并作出了《决定》。今年元旦前夕，公安部下发了《关于认真贯彻党的十七大六中全会精神进一步推动公安文化大发展大繁荣的实施方案》，要求全国公安机关站在全局和战略高度，以新的视角认识公安文化的重要地位和作用，以新的姿态担当起公安文化建设的重大责任，以新的思路和举措推动公安文化大发展大繁荣。所以，我们必须站在发展社会主义先进文化，建设中国特色社会主义的高度来审视警营文化建设，努力推动公安事业全面发展。

（二）繁荣警营文化是贯彻落实科学发展观，不断满足广大民警日益增长的精神文化需求的重要环节。科学发展观的核心是以人为本，满足人民群众日益增长的精神文化需求，是文化建设的根本任务。有学者指出，改革开放三十年，中国最伟大、最深刻的变化，不是雨后春笋般出现的高楼大厦，不是四通八达的高速公路，不是商店琳琅满目的商品，也不是统计表中那些惊人的数字，而是中国人内心世界的变化，是中国人对自身、对世界看法的变化。中国人思想理念、情感愿望及思维方式的变化，即文化上的变化才是最深刻、最具深远意义的伟大变化。公安机关贯彻落实科学发展观，最重要的是坚持以警为本，加强警营文化建设，保障民警的基本文化权益，不断满足广大民警日益增长的精神文化需求，营造尊重人、关心人、理解人、激励人、发展人的浓厚氛围，使广大民警真正能够快乐工作、幸福生活。同时，要培养和造就一批能文能武、德艺双馨，即一手拿枪、一手拿笔的公安文化人。

（三）繁荣警营文化是增强公安队伍凝聚力和战斗力，推动公安事业长远发展的得力举措。一个民族的复兴，必须以民族文化的复兴为先导，一个民族的衰落，则往往以民族文化的颓废为先兆。当前，公安队伍建设面临着巨大冲击，公安工作面临巨大挑战。加强警营文化建设，提升广大民警的精气神，比任何时候都显得更加迫切和重要。一方面，是多元文化影响越来越明显，改革开放三十多年，市场经济快速发展，中西文化相互激荡，人们的思想及价值观念日趋多元化、复杂化，浮躁、逐利之风蔓延，对公安队伍产生不容忽视的干扰和侵蚀；另一方面，是公安工作任务越来越繁重，

作者与安徽省公安厅宣传处文化科刘伟科长在厦门合影

公安工作强度大、压力大、风险大，广大民警长期超负荷工作，职业认同感、职业荣誉感下降，影响了队伍凝聚力和战斗力。公安队伍建设是全部公安工作的根本和保证，必须有强大的精神纽带来凝聚警心，必须有共同的信念作为精神支撑。我们必须要充分认识文化育警、励警功能，把警营文化建设作为推动公安事业发展进步的重要力量源泉，通过警营文化的潜移默化，增强警察职业自豪感和集体归属感，激发广大民警献身公安事业的热情和建功立业的决心，努力使警营文化成为公安软实力的核心、硬实力的先导和广大民警的精神家园，打造一支有高度凝聚力和坚强战斗力的队伍，推动公安事业长远发展。

三、警营文化建设的内涵及特性

警营文化建设不仅意义重大，而且内涵丰富，性质独特，理念鲜明，行为规范。

（一）警营文化建设的丰富内涵。警营文化，即警察文化。什么是警察文化？有一种解释，警察文化是警察这一社会群体的生存、生活方式。其内涵可分为四个层次：一是警察在长期的社会实践中形成的价值观、理想人格、法治意识、思维方式、道德情感、艺术修养、业务技术、警体素质等所构成的精神文化。二是以《人民警察法》为中心的法规、管理规范等制度文化。三是警察装备、设施所体现出来的文化品位及价值的物质文化。四是警察所从事的文学艺术等文化事业和文化产业。当然，这样定义是否完善，尚待商榷。此外，还有一种说法，警察文化使警察队伍走向人文管理的深化。从根本上说，警察文化应以尊重人、理解人、关心人、信任人、教育人为基本原则，主张通过必要的组织、规章制度等手段对人实行硬性的管理外，同时更要采取启发、诱导、对话与示范等方法对人进行软性管理，以充分调动民警的积极性和创造性，培养民警共同的责任感、使命感、荣誉感和主体意识、形象意识，增强警察组织的向心力、凝聚力。因此，先进的警察文化就是通过文化的熏陶，在无形中陶冶和影响警察的修养和素质，促进警察的全面发展，并且为达到这个目的创建一个适宜的氛围。奉献、学习、智慧、勇敢、牺牲，这里所蕴涵的思维方式、行为方式、行为特征、价值观念、心理特征，是警察这个行业所特有的，是先进警察文化的主流。

（二）警营文化建设的特殊性质。搞好警营文化建设，关键是要把握好“四性”：一是先进性。警营文化是社会主义先进文化的重要组成部分，必须体现社会主义先进文化的本质要求。公安机关必须要唱响主旋律，大力培育和弘扬人民警察核心价值理念，引导公安民警树立正确的世界观、人生观和价值观，树立共同的理想信念，用先进的警营文化引导社会公众，促进社会主义核心价值体系建设，在全社会形成积极向上的精神追求和健康文明的生活方式。二是时代性。文化因人的生存需要而产生，因人的发展需要而更新。每一个时代都在不断创造着各种文化形态和文化内容，使得人类文化在不断地传承和创新中日趋丰富。我们正处在一个转型时代，经济转型、社会转型，公安工作也面临着重大转型，警营文化建设有了新机遇、新要求。我们必须顺应这个大趋势，善于继承，勇于创新，创造具有时代特色的警营文化。三是职业性。如果说DNA是人的生物基因，那么应该说文化就是人的社会基因。按照这个逻辑，也可以说警营文化是人民警察的职业基因。公安机关的性质和任务，决定了警营文化的职业特点。公安机关的根本属性是人民性，必须把服务人民作为永恒的价值追求。公安机关是执法机关，必须以维护社会公平和正义为己任，秉持公正，惩恶扬善，公正廉洁执法；公安工作是一个高风险职业，甚至要经受生死考验，必须要有恪尽职守、任劳任怨的奉献精神和英勇无畏、敢于牺牲的英雄气概。四是地域性。“一方水土，养一方人”。自然地理环境差异，地区之间经济社会发展的不平衡，经济、政治、文化中心的历史演变，各地域民众在历史发展进程中积淀的独特文化心态，都直接或者间接地在不同地域内形成的风土人情、传统习俗、心理性格和价值观念上留下种种印记，创造出丰富多彩的文明成果。深厚的文化底蕴，丰富的人文资源，是警营文化建设的特色和优势所在，是我们汲取养分的肥沃土壤。据此，我们要培养一种既富有情趣，又健康向上的生活方式。

（三）警营文化建设的核心理念。警营文化的核心是忠诚。警营文化有两个基本属性，一个是忠诚，一个是为民。讲“忠诚”是政治属性，决定了我们的灵魂要绝对服从党的领导。在严峻的斗争面前，必须要用忠诚文化来支撑，这一点我们不能有丝毫的动摇。“为民”是服务属性，警营文化从一定意义上说是警民关系文化，是公共关系文化，是社会管理创新文化，所以必须要为百姓服务，为社会服务。忠诚和服务是警营文化的旗帜，也是警营文化繁荣和发展的前进方向。

警营文化是公安事业科学发展的力量源泉。加强警营文化建设，必须解放思想、创新理念、大胆实践。警营文化建设是一项复杂的系统工程。警营文化建设到底抓什么？我认为，首先，必须坚持正确的政治方向。警营文化建设要高举中国特色社会主义伟大旗帜，以邓小平理论和“三个代表”重要思想为指导，深入贯彻落实科学发展观，坚持社会主义先进文化前进方向。其次，是紧紧围绕“以文育警、以文励警、以文律警、以文强警”的要求，以为公安工作和队伍建设服务，为广大公安民警服务，为广大人民群众服务为立足点，以火热的公安工作实践和公安民警精神文化需求为导向，以培育和弘扬人民警察核心价值观为主线，以民本文化、英雄文化、法治文化、廉政文化、和谐文化、生态文化为主要内容，全面建设具有时代特征、警察特质、地方特色的公安文化。

按照这个思路深入地进行研究，必须明白，文化是个大概念。有位著名企业家说过，企业发展的灵魂是企业文化，企业文化对于企业就如同思想对于人，一个人再强壮、再健康，如果没有思想，也只是一个四肢发达的动物而已……如此分析警字头的文化，它是生存于大文化行列又独树一帜，发展于大文化之中又有创新奉献的一片天地。无论是内容、形式还是载体、体系，都是民族大文化百花园中的一朵奇葩。据此，警察文化是否可以概括为以文化警和以警化文，从目前实践来看，我们对传统和现代的警营文化，还缺少比较系统的总结、提炼、升华。其实，以文化警和以警化文，作为警营文化的两个方面，就好比浇灌和喷泉的关系，大文化是浇灌，警营文化是喷泉，没有喷泉就难以浇灌。以警化文是以文化警的不竭源泉。毛泽东说过，“没有文化的军队是愚蠢的军队，而愚蠢的军队是不能够战胜敌人的”。同理，没有文化的警察也是愚蠢的警察，愚蠢的警察上岗就不可能做到公正执法，彰显文明，维护稳定。从公安机关的职能来看，执法文化是警营文化中最大量、最集中、最基本的文化内核，如果警营文化脱离和缺失了执法文化，就失去了应有的价值和意义。所以说，警察头脑中执法文化有多少，文明执法的程度就有多高。

（四）警营文化建设的自身要求。警营文化作为一种特定的意识形态范畴，无论是内涵还是外延，不仅在价值观上有鲜明的文化趋向，而且也具有自身的文化规范。首先，警营文化根在基层，活力在基层。应该说，基层文化土壤并不贫瘠，文化贫困在于耕耘乏力。繁荣警营文化，必须把春天播种这事做好。可以说，我们迎来了春天，把种子深深地扎根在基层的土壤里，我们就一定会看到根深叶茂、硕果累累的秋收。其次，警营文化精品在特色。打造警营文化精品是我们的历史责任。解决好“有精品、少特色”的问题，必须紧紧抓住公安特色、艺术特色和时代特色。公安特色就是警营文化存在的前提条件。艺术特色是警营文化的不懈追求。时代特色是警营文化的重要标志，就像一个城市的标志性建筑，警营文化必须形成属于那个时代的代表作和代表人物。第三，警营文化的受益者是民警。繁荣和发展警营文化是一个大的系统工程，必须解决文化为什么人的问题，这是一个根本问题、原则问题。“谁是警营文化的受益者”，必须搞清楚。繁荣警营文化，必须把普惠民警放在首要位置，这是警营文化的利益最大化、价值最大化，也是从优待警、真心爱警的必然要求。

四、公安机关警营文化建设示范点现状及问题剖析（仅以太和县公安局为例）

目前，随着经济社会形势和公安事业发展，公安文化建设的重要作用越来越受到各级领导重视与社会各界关注，内涵丰富、具有鲜明特色的公安文化，犹如一种原动力，可以激发民警的开拓进取、顽强拼搏精神，呈现公安队伍与时俱进、奋发向上的昂扬态势。

太和县公安局是安徽省公安厅2012年2月9日命名的全省警营文化建设首批十个示范点之一。近年来，该局从转变理念、搭建平台、注重细节、培育典型、打造精品入手，依托太和全国书画之乡浓厚的文化底蕴，充分发挥警营文化的育警、励警、律警、塑警功能，积极探索文化强警之路。基本实现了公安工作稳步推进、社会治安秩序持续好转、政风行风评议位次逐年上升、人民群众安全感和满意度不断提高、公安队伍的整体素质和战斗力日益增强的总体目标。其做法主要体现在以下四个方面：

（一）领导重视，建立组织，实施文化强警战略。新一届局党委班子高度重视警营文化建设，努力在全局树立文化强警的科学理念。在全省县级公安机关中率先成立了公安文联和警察协会，并创办内部文学期刊——《太和警韵》。创刊号印发后，立即受到太和县县委、县政府及上级公安机关的关注。同时，积极与县电视台合办“太和警方”电视栏目。据统计，自2009年10月以来，已制作并播出四十九期电视节目，深受社会各界人士好评，不仅提升了公安民警形象，促进警民关系和谐，而且还有力推动了全县公安工作的顺利开展。

润物细无声。为提高认识，凝聚警力，该局在公安内网和门户网站分别开辟了警营文化专栏——“精品文萃”和“警营艺苑”。其中，“精品文萃”是供广大民警发表和推荐好的文章，月评季奖，极大地激发了广大民警对文学艺术的浓厚兴趣。“警营艺苑”专栏发表的是民警的书法、绘画、摄影作品等。截至目前，该局已发展阜阳市作家协会会员二十四名，安徽省作家协会会员两名，全国公安文联会员五名。

（二）抓载体，建基地，精心打造警营文化活动中心。开展警营文化建设，必须搭建文化交流平台。为此，该局把公安指挥中心大楼的第九楼作为警营文化中心。经过两年努力，现已建成了集创作、展览、收藏、陈列、交流、娱乐、健身、宣泄、心理咨询于一体，功能齐全的警营文化长廊——“太和警苑”。“太和警苑”的建成，极大地丰富了广大民警的文化生活，对于提升民警素质、培养民警情操、树立民警正确的人生观、价值观起到了潜移默化的积极作用。“太和警苑”设有八大功能区：即警察协会（全省第一个成立的县级公安机关警察协会）；书画协会；警官沙龙；摄影家协会和收藏协会；“太和警方”栏目组和《太和警韵》编辑部；心理健康服务中心和心理宣泄室；健身俱乐部；荣誉室。

（三）抓典型，育英雄，科学转化警营文化成果。公安机关是一个英才辈出的集体。近年来，通过警营文化建设，该局孕育了全国二级英模、革命烈士郭怀钦和四名全国优秀人民警察，七名民警荣立个人一等功，二十二名民警荣立个人二等功，“拼命三郎”范吉祥事迹在全市广为流传。通过选树、宣传模范人物，全局上下形成了比学习、讲奉献的浓厚氛围。另外，还培育出警营文化建设模范点——城北派出所和交警二中队，其中城北派出所被公安部评为一级派出所。同时，还适时开展民警喜闻乐见的文化活动，定期举办演讲比赛、知识竞赛、书画摄影比赛、体育比赛和文艺演出等活动，不断丰富民警的文化生活，营造宽松和谐的工作、学习和生活环境。为让广大民警在紧张的工作之余拥有一份好心情，该局从全体民警中征集近三百张富有感染力、亲和力笑脸图片，精心制作了“笑脸墙”。一张张笑脸感染着走过这里的每一个人，给严肃的警营增添了许多温馨气氛。阜阳市委常委、政法委书记、公安局局长许刚在参观该局警营文化建设后颇有感触地说：太和的警营文化不仅仅是书画、照片，而是全方位的发展，有理念、有思路、有创新。

（四）兴建“五小工程”，营造拴心留人环境。开展警营文化建设离不开物质基础。该局在抓基层基础建设时，始终坚持体现文化底蕴和人文精神，在基层所队营房建设中，他们积极争取国债资金，一次性建设标准化无房派出所二十个，统一规范了外观标志，使所队办公营房庄重醒目，美观大方，给人以美的享受，并且在每个派出所都放置文艺文化作品，体现出浓厚的警营文化氛围。同时，认真抓好“五小工程”，完善硬件配套设施，特别是“小阅览室”、“小健身房”，还开辟警营文化园地，使民警随时都有陶冶性情、锻炼身体的场所，营造了良好的拴心留人环境。

通过调研，我看到了基层公安机关在文化育警、强警的道路上进行了有益的探索，先后成立了警营艺苑、警察社团等文化载体，推出了许多文化项目并取得了一定的成绩。总体而言，警营文化建设与公安队伍发展的需求、与建立现代警务机制的要求，明显还有一定差距：

一是在文化理念上存在差距。当前，太和县作为全国书画之乡，文化发展浪潮汹涌澎湃，而公安机关还缺乏对警营文化的深刻认识和理解，更缺乏运用文化规律作用于队伍管理之中的意识和自觉。体现在具体工作中，就是没有真正把文化建设摆上议事日程，没有将警营文化作为一种重要的资源来看待，没有把公安文化建设作为公安队伍建设的一项重要工作来统筹规划，没有把“文化育警”同“政治建警”、“科技强警”结合起来，更没有把公安文化建设放在一个和其他业务同样高度贯彻落实到工作中去。部分基层领导甚至将警营文化停留在文娱、体育活动的思维定式上，没有创造出具有公安机关特征或代表公安民警形象的文化代名词或标志性文化产品。不少基层单位没有关于文化建设标语、口号和阅报栏。绝大部分警队没有图书阅览室，有的即使有阅览室，但图书数量不多，新书较少。

二是在文化主体上存在差距。人是文化建设的主体，人的素质是文化的外在表现。人的全面发展和素质提升，必须靠先进文化来引导和教育才能实现。对公安机关而言，人民警察素质状况关系到公安队伍的文化水平，关系到公安队伍的面貌与公安事业的发展。文化建设要靠文化人来干。目前，基层公安文化人才严重缺乏，有良好组织策划能力，熟练掌握警营文化规律，具有开拓创新精神，又有某种文艺特长的公安文化干部，是开展公安文化建设急需的人才。据了解，该局大专以上学历的民警已经占到总数的87.5%，但据抽样调查显示，每年能读五本书以上的人却寥寥无几。虽然，民警的工作任务很繁重，但那只是过于强调客观理由。长期不读书不看报，文化素质怎么提高？毫不客气地说，公安民警的素质离职业化要求还有一定差距，部分民警执法能力低下，个别民警违纪违法现象屡禁不止等问题，大都可以从其自身学习动力不足、文化知识匮乏、文化素养不高中找出根源。

三是在文化内涵上存在差距。公安民警作为一支在社会生活中有着特殊影响的行政执法和刑事司法队伍，其文化内涵应当具有区别于一般行业、一般职业的较高要求。但是，目前警营文化还不能凸显这种要求。主要表现在：其一，缺少有影响的文化思想和理论专家。在文化思想和理论方面缺少积极贡献和应有地位，本身就是文化底蕴不足的体现，尤其是文化艺术发展单一，活动贫乏。其二，缺少体现公安主旋律的有代表性的文化作品。由于警营文化阵地的疲弱，民警得不到公安主体文化的熏陶和引导，从而被动接受一些不良文化的灌输和影响。其三，缺少文化软件的投入和发展。近年来，硬件投入很大，如汽车、计算机、警用装备等，比过去有了较大的增加，而对文化建设的软件投入则相对较少，激励措施也跟不上。绝大部分单位没有乒乓球室、棋牌室等体育设施和卡拉OK等娱乐设备。健身房不多，健身器材更少，文化活动少而单调，如有奖征文、演讲比赛等，大部分单位没有活动。

产生问题的原因可以说是多方面的：其一，个别领导对警营文化认识不足。一些人认为，公安机关的首要任务是打击犯罪、保护人民，面对严峻的社会治安形势，应把主要精力放在搞好社会治安防范和侦破案件上。在文化生活上花心思、用力气，是一种人、财、物的浪费，是“不务正业”。其二，由于任务重、压力大，文化生活与日常工作有矛盾。基层公安作为一线实战单位，工作千头万绪。同时，临时任务多，突发事件多，每一项工作都需要认真应对。面对如此繁重的任务，许多单位形成了“一切工作围绕任务转”的思维模式。只要上级不考核验收，没有硬性要求，原文传达一下了事。对于警营文化生活这类软工作，有领导根本就无暇去想。其三，受场地和经费制约。目前，大多数基层公安机关的办公条件和办案经费都很紧张。而建图书阅览室、文体活动室、健身房以及组织各种文化活动既需要场地，又需要经费，这两项对基层公安机关来说都是难题。不少县级公安机关因为工作条件有限，几个民警挤在一间办公室里办公，连休息的地方都没有。由于经费紧张，某些单位民警的差旅费都是自己预先垫付，在这种情况下，根本就没有多余经费去搞警营文化活动。此外，有的民警想搞点文学创作，既没有统一组织，又没有同事支持，面对有人刁难、阻挠时，不得不像地下工作者一样偷偷摸摸去干，等有了成果或获了奖，单位领导还不鼓励，不让参会与人交流，严重挫伤了民警从事警营文化建设的积极性。

五、开创警营文化建设的原则要求

警营文化建设是公安工作的一项重要内容，直接关系着公安队伍的思想政治建设和精神文明建设，影响着“文化育警”的质量及民警综合素质的提高。我们需要注意以下几点：

（一）警营文化建设要坚持“一个方向”。警营文化建设要紧跟社会主义先进文化的发展方向。具体讲，就是要以党的十七届六中全会精神和科学发展观为指导，用社会主义和谐社会目标与中国特色社会主义共同理想信念来教育、熏陶民警，使广大民警自觉增强大局意识、忧患意识、政治意识和法治意识，克服在部分民警中存在的信念危机、理想危机，激发他们投身公安工作的责任感和使命感。

（二）警营文化建设要探索“一般规律”。任何一种文化形态的生成与发展，都是一个逐步积累的渐进过程，不可能通过急风暴雨式的文化运动来实现，警营文化积累也同样如此。警营文化建设有其内在的发展和运行规律，只有从广大民警立警为公、执法为民的公安实践以及追求知识、科学、卓越和成功的文化实践源头中去不断总结，才能摸索出警营文化工作的规律；只有尊重健康、稳步和有特色渐进的一般规律，积聚无数平凡和努力，才能换来警营文化建设的繁荣与发展。

（三）警营文化建设要体现“一种精神”。警营文化精神是民警文化特质和精神品质的集中体现，是警营文化的内核和深层结构，这就是警察的职业精神，也就是警魂。一个民警如果缺乏职业精神，就算其再有能力，其战斗力也无从体现。公安队伍只有具备奋发向上的精神和高尚的文化特质，才能具有强大的战斗力，取信于民，不断攀登新的高峰。因此，要适应社会发展趋势、公安发展要求和民警心理特点，把培育和弘扬文化精神作为警营文化建设的重要内容来对待，纳入警营文化建设的全过程，体现在民警的工作实践之中。

（四）警营文化建设要融入“一种氛围”。警营文化建设应当融入到社会建设之中。一方面，要以社会精神来引领警营文化建设，并用警营文化去充实和丰富社会精神的内涵。另一方面，要充分发挥公安管理职能广、工作影响大以及民警参与一系列重大安保工作的独特优势来展示警营文化，把警营文化融入到社会之中。从此意义上说，“开放创新，引领未来”的精神就是展示警营文化极好的历史机遇。对此，我们要抓住机遇，未雨绸缪，及早启动有关的文化建设工程。

（五）警营文化建设要突出“一个主体”。广大民警是警营文化建设的主力军，他们对警营文化有着强烈的渴求。要贴近民警、贴近实际、贴近需求，创作更多反映民警主体地位、现实生活和民警喜闻乐见的优秀精神文化产品，开展更多民警想参与、能参与的各种益智、修身、养性、健身、娱乐类活动，满足广大民警精神生活、身心健康的需要和日益增长的文化需求，挖掘其内在价值，提高民警的审美情趣、鉴赏能力和知识水平。

（六）警营文化建设要处理好“一些关系”。要注重处理好与各种文化的关系。文化具有多元性特点，不同文化之间相互联系、相互渗透。警营文化要把先进文化的发展理念和社会进步的精华吸收进来，就要找准定位，兼容并蓄、尊重差异，把握不同层面、不同标准的文化关系。既不要自恃一流与优秀，过分抬高自己、贬低其他文化的盲目乐观主义，也不要消极被动，将其他文化视为异类的文化孤立主义。

六、繁荣和发展警营文化建设新思考

加强警营文化建设是一项长期的、艰苦的、持续的工作，是一项非常浩大的系统工程，不是一朝一夕的事，更不可能一蹴而就，必须立足全局，谋划长远，贯穿于公安工作和队伍建设的全过程，才能取得良好成效。繁荣和发展警营文化活动，务必要做到以下几点：

（一）提高认识，狠抓落实，从思想上高度重视公安文化建设。思想是行动的先导，对公安文化的认识程度决定了公安文化建设的力度。加强公安文化建设，首先必须解决认识问题，特别是单位“一把手”和“一班人”的思想认识，形成高度的文化自觉和文化自信，进一步增强责任感和使命感，认清形势，抢抓机遇，乘势而上，努力开创公安文化建设新局面。胡锦涛总书记明确指出：文化是民族的血脉，是人民的精神家园。同理，公安文化是公安事业科学发展的力量源泉。我们必须具备战略思想，准确把握日新月异的文化现象和文化发展的宏观环境，紧跟形势，真抓实干，切实推进公安文化大发展大繁荣。公安文化建设就是通过各种行之有效的方式，不断提高民警的文化素质和文化品位，满足民警的精神文化需求，使公安队伍建设始终处于寓教于乐，寓教于文化活动之中，既让民警切身感受到生活在公安队伍中的温馨，又能促使民警都有充分发挥潜能，不断完善自我，实现自身价值的美好愿望。

（二）以军队文化为样板，与军旅文化同行。这个问题，全国公安文联祝春林主席于2011年12月中旬举行的厦门会议上讲得很清楚，现在全国公安机关有二百多万警力，和平时期民警的生动感人事迹层出不穷，但反映公安英雄的文艺作品则落后于军队，也落后于时代。军队文化的发展已经成为繁荣中国文化的重要支柱。从组织保障上看，从总政机关到基层连队都有管文化的专门工作部门。军队的几次大裁军，总政文化部都保留下来，连队军人委员会下设的文化体育组也以条令的形式固定下来，并且做到每个连队都有教课员。从文化团体上看，总政和各个军兵种都有歌舞团、话剧团、杂技团。从人才队伍上看，无论是文艺创作还是影视剧的表演，无论曲艺歌舞还是杂技之类，军队都有大家巨匠，跻身全国和世界文艺之列。从影响力来看，反映军旅生活的文化艺术作品，如百花争艳、满目春光。人民公安是从人民军队中走出来的，在优良传统上我们一脉相承，在文化传承上也是源流相通。以军队文化为样板，我们是目标一致；与军旅文化同行，我们有志于后来居上，让我们的警营文化更加强大。为此，各级公安机关要尽快建立组织，成立文化团体，聚集文艺人才，开展文体活动，真正把繁荣发展警营文化建设工作落到实处。

（三）以中心工作为舞台，唱好警营文化这台戏。中心工作是警营文化工作的一条主线，公安中心工作在哪里，警营文化就要紧跟在哪里，在哪里搭台唱公安大戏。警营文化要贴近公安重大任务，做到策划在先、紧跟部署，活动其中、化作力量，输送欢乐、愉悦警心。组织文艺专家和公安文艺骨干深入基层、深入民警，创作出反映时代精神、体现公安特色、深受警民欢迎的精品佳作，创作反映民警真善美和酸甜苦辣的歌曲、小品、诗歌等，形成融思想性、艺术性和观赏性为一体、具有核心竞争力的文化品牌。贴近公安重大工程，通过融入文化内涵，提升民警素质、推动建设发展、贴近队伍建设的重大命题，不断强化祝春林主席讲的“四个功能”，担当起警营文化的历史使命和时代重任。

（四）以优秀成果为标准，广泛吸纳文化人才。要通过入警特长登记、各种人才选拔等方法建立文体骨干人才库，深入发掘各种人才，按文学、文艺、体育、电脑等进行分类，组建兴趣小组，建立一支警营文体骨干队伍，为繁荣警营文化提供人才支持，从而确保基层公安机关能在繁忙的工作间隙去组织开展一些有益的文化活动，丰富警营文化生活，做到张弛有度，劳逸结合，不断提升基层公安机关的软实力。在这方面，离退休民警也是公安文化的生力军。离开工作岗位的老警察，尤其是将退未退的老同志，在发挥余热的过程中，公安文化是他们的重要选择之一。据了解，不少离退休的老同志在警营文化建设中发挥了重要作用，作出了突出成绩（如全国公安文联于2011年5月表彰的湖北省赤壁市公安局民警余发海、福建省仙游县退休民警高秋林、山西省公安厅退休老民警陈安根、吉林省白城市公安局退休女民警王殿芳等人的突出事迹）。所以，在警营文化建设中要注重发挥他们的作用，引导和关心老同志，使他们真正成为公安文化建设的积极参与者。

（五）以文化体制改革为契机，大力加强警营文化阵地建设。通过与电视台、报社、广播电台、网络等媒体联合举办警务栏目，大张旗鼓地宣传公安工作、满腔热情地报道人民警察风采；要完善公安网络建设，开辟读书栏目，每月向民警推荐一本好书，修身养性；要开辟心理咨询网站，普及心理知识，加强心理健康教育和保健，培养自尊自信、理性平和、积极向上的和谐心态；要内部挖潜，因地制宜，利用办公大楼墙面，统一规划，嵌挂英模图片、书画摄影作品、公安工作成果宣传图片等，建好警营文化长廊，增添文化气息。

（六）以“四个一流”为目标，努力实现警营文化新跨越。“四个一流”，就是打造一流的警营文化团队，培养一流的警营文化人才，推出一流的警营文化精品，实现一流的警营文化保障。“四个一流”既是具体的目标要求，也是长远的发展战略。这四个方面缺一个不可，必须齐头并进，可持续发展。只有这样才能实现警营文化的繁荣和发展。为此，要坚持理论育警，组织民警学习有关社会主义核心价值体系的科学理论，引导民警以良好的精神状态投入工作中；要坚持树立典型导警，通过先进事迹报告会、文艺演唱、演讲比赛等形式，热情颂扬优秀民警的感人事迹；要坚持质量强警，大力构建大教育大培训格局，打造学习型警队，提升公正执法和为民服务的水平。

（七）以建设警营文化经费为保障，积极改善办公办案条件。众所周知，经费问题一直是制约警营文化建设发展的“瓶颈”因素。必要的资金投入是警营文化建设的先决条件。加强经费保障，要把警营文化建设的经费列入每年的公安预算，制定年度投资计划，切实加以保证，特别对基础建设时期的经费有所倾斜。要努力搞好小文化室、小健身房、小食堂、小浴室和小洗衣房等工程建设，切实为繁荣警营文化建设创造必要条件。

作者与全国公安文联副主席武和平在中国人民公安大学校园合影

理论研究是公安事业发展的基础

理论是实践的先导，特别是实践基础上的理论创新是社会发展和变革的先导。我们党始终强调理论实践和创新。胡锦涛总书记在党的十七大报告中指出：思想理论建设是党的根本建设，党的理论创新引领各方面创新。由此说明，理论与创新对党的事业发展和国家繁荣昌盛具有极其重要的作用。中央政治局常委、中央政法委书记周永康在第二十次全国公安会议上明确指出：要重视社会科学在公安工作中的运用，加强公安理论研究，为公安工作的长远发展提供理论支撑。国务委员、公安部党组书记、公安部部长孟建柱强调：树立世界眼光，培养战略思维，加强对公安工作全局性、前瞻性、规律性等重大问题的理论研究，努力把公安工作提高到一个新水平。同时，他还指出，当前国际国内形势发生了广泛而深刻的变化，给公安工作带来了新挑战，提出了新要求，迫切需要公安机关更新观念，加强公安理论研究，真正做到从国际国内局势的互动中思考公安工作，从党和国家工作全局中思考公安工作，从公安事业发展进步的战略层面上思考公安工作，增强分析复杂形势的战略思维能力和应对各种风险挑战的执行力，更好地肩负起党和人民赋予的重任。由此可见，理论创新和理论武装是多么重要。对公安机关来说，做好公安工作离不开公安理论支撑。公安理论是公安工作的重要组成部分，是公安事业进步和发展的前提，是公安工作沿着正确道路前进的重要保障和强大推动力。事实证明，思想理论创新对社会经济发展具有重要意义。虽然它不像科技创新那样具体，但它释放出来的力量却是巨大的，对实际工作的进步发展往往起着先导性、决定性的作用。

安徽省公安理论研究座谈会代表合影

公安机关作为武装性质的国家治安行政力量和刑事司法力量，担负着巩固共产党执政地位、维护国家长治久安、保障人民安居乐业的重大政治和社会责任。公安机关这一独特性质和所担负的任务，决定了公安理论研究工作不同于一般行政机关的政策研究，也不同于纯粹的理论研究工作，它是一项政治性、政策性很强的工作，是一项开拓性、创造性很强的工作，同时也是一项实践性、应用性很强的工作。其中，实践是公安理论生命力的源泉，应用则体现公安理论的重大价值，关键是理论研究成果被决策采纳，为现实斗争服务。因此，公安机关务必紧紧围绕提高决策咨询服务水平这一总体目标，始终坚持解放思想、实事求是，坚持以贴近实战需求和解决实际问题为导向，不断增强政治意识、大局意识，努力展现公安理论研究工作的时代特色。

公安理论研究工作是基层公安工作和队伍建设的重要组成部分，是全面推进基层公安事业发展与进步的思想先导和基础性保障。据此，笔者倍感公安理论研究应是公安工作之基，是公安事业发展的奠基石。公安机关应充分认识公安理论研究工作的重要意义，充分认识当前公安理论研究工作面临的形势和任务，不断增强做好基层公安工作的责任感和紧迫感，采取有效措施，推动公安基层基础建设工作不断向前发展。

一、公安机关理论研究工作成效显著（以安徽省太和县公安局为例）

近年来，太和县公安局在县委、县政府和上级公安机关的正确领导下，以邓小平理论和“三个代表”重要思想为指导，牢固树立和落实科学发展观，深入贯彻落实党的十七大会议精神，深入贯彻落实中央《关于进一步加强和改进公安工作的决定》和第二十次全国公安会议精神，紧紧围绕公安中心工作，积极开展公安理论研究，使公安理论研究工作取得了明显进步，该局多次被阜阳市公安局和县政法委评为文秘调研工作先进单位。2009 年 5 月，省公安厅通报全省公安理论研究和调研活动成果时，太和县局是获奖成果最多、获奖金额最多的一个县级公安机关。据不完全统计，几年来，该局约有百余篇调研报告、案例分析等理论文章被省厅、市局转发，有六十多篇调研材料被县委、县政法委等有关部门选用。为此，该局先后有五位民警因调研和新闻宣传被市局荣记三等功，2 位民警被评为先进调研员，一名民警被省公安厅聘为特约研究员。回顾多年实践，他们的主要做法是：

（一）公安理论研究工作初具规模。目前，全县公安机关初步形成了以局调研宣传部门为龙头，以各警种、各科室和广大民警为基础的公安理论研究网络，培养和造就了一大批基层公安调研人才，为公安理论研究工作的顺利开展奠定了坚实基础。

（二）公安理论研究工作开展得有声有色。近年来，该局按照上级公安机关要求，先后开展了社会主义法治理念教育和公安“三基工程”建设等一系列理论研究活动，完成了一大批重大公安理论与实践课题的研究工作，形成了一批具有较高质量的公安理论研究成果，一些优秀研究成果在基层公安工作和公安队伍建设实践中产生了极大反响，并转化成现实的战斗力，为推动公安机关工作的开展和进步发挥了重要作用。

（三）初步形成了全警参与公安理论研究工作的浓厚氛围。目前，高度重视和积极参与公安理论研究已经成为基层民警的普遍行为。基层广大民警在做好工作的同时，深入思考基层公安工作长远发展问题，积极探索解决问题的有效途径，把公安实践转化为公安理论并自觉地用公安理论指导公安实践，有力地推动了基层公安工作的开展。有的民警多次参加省厅理论研讨会，工作之余主动思考问题，自觉写出较高质量的论文。事实证明，他们都是公安理论研究工作的突出代表。

（四）公安理论研究工作面临良好的发展机遇。当前，全县公安工作正处于历史上最好的发展时期之一。上级公安机关和太和县委、县政府高度重视公安工作，及时做出了加强基层公安工作的英明决定，县公安局在全市公安机关率先成立党委。中共太和县公安局党委的成立是太和公安史上的一件大事。这充分体现了中共太和县委对公安机关和公安工作的关爱，客观上为大力开展公安理论研究工作提供和创造了广阔的空间，公安理论研究工作面临着难得的最好的发展机遇。

二、公安机关理论研究工作存在问题

在看到进步和成绩的同时，我们也必须清醒地认识到，与公安机关所肩负的繁重任务相比，与公安工作实践的迫切要求相比，公安理论研究仍然处在比较薄弱的状态。突出表现在：

（一）对公安理论研究工作的重视程度有待进一步提高。一些单位和部门还没有真正把公安理论研究工作摆上重要议事日程，对公安理论研究工作的组织领导力度不大。

（二）公安理论建设和创新能力不足。对事关公安工作长远发展的热点、难点问题缺乏深入研究和前瞻性预测，缺少科学的应对举措，公安理论研究跟不上公安实践的现实需要。一些单位对上级公安机关和县政法委下发的调研课题有应付思想，高质量的论文比较缺乏。

（三）公安理论研究基础建设薄弱。公安理论研究机构不健全，从事公安理论研究的专门人才不多，交流更少。不少单位缺少公安理论研究带头人，没有专门的公安理论研究课题及经费等。从事公安调研民警的工作条件有待改善。

（四）公安理论研究成果的应用和转化有待加强。公安机关理论研究成果尤其是在实践中总结出来的好经验、好做法，大部分只是局限在单位内部或被上级公安机关转发，没有得到广泛推广和应用。这些问题的存在，影响了调研民警的积极性，制约了公安理论研究工作深入开展。

三、强化公安机关理论研究工作的几点思考

公安理论研究工作内涵丰富，涉及公安工作和队伍建设的方方面面。加强和改进公安理论研究工作，推动公安工作和公安队伍建设的长远发展，势在必行。为此，初步思考如下：

（一）要进一步加强对公安理论研究工作的领导。各级公安机关特别是公安机关领导同志要认真学习党的十七大报告，学习周永康和孟建柱等公安部领导的讲话精神，进一步深化对公安理论研究工作重要性的认识。孟建柱同志指出，当前国际国内形势发生了广泛而深刻的变化，给公安工作带来了新挑战，提出了新要求，迫切需要公安机关更新观念，加强公安理论研究，真正做到从国际国内局势的互动中思考公安工作，从党和国家工作全局中思考公安工作，从公安事业发展进步的战略层面上思考公安工作，增强分析复杂形势的战略思维能力和应对各种风险挑战的执行力，更好地肩负起党和人民赋予的重任。公安机关领导同志要高度重视公安理论研究工作，切实加强领导，把公安理论研究工作置于更加重要的地

位，真正摆上重要议事日程。经常听取公安理论研究工作的情况汇报，及时提出需要研究的重大课题，及时帮助解决工作中存在的问题。要不断加大经费和物质投入，为开展公安理论研究工作提供必要的保障条件。要把公安理论研究能力的高低作为评判其工作能力和工作水平的一项重要标准，切实增强做好公安理论研究工作的积极性和主动性。

（二）要进一步加强公安理论研究工作的组织管理。2011 年年初，安徽省公安厅印发了《关于进一步加强公安理论研究工作的意见》、《安徽省公安理论研究项目管理办法》和《安徽省公安理论研究工作奖励办法》（试行），对进一步加强公安理论研究工作特别是组织管理工作提出了明确要求，这是指导当前和今后一个时期公安理论研究工作发展的根本性文件。公安机关务必要抓好贯彻落实。同时，要进一步明确公安理论研究工作的组织管理部门，并采取切实有效的措施，加强公安理论研究工作的组织管理。要进一步建立健全公安机关理论研究机构，形成完整的公安理论研究网络并充分发挥其作用，使各项公安理论研究工作有人抓、有人问、有人落实。要按照统一规划、统筹安排、分级管理、分类指导的原则，制定科学规范、结合基层公安工作实际的公安理论研究中长期规划和短期安排，使公安理论研究工作有组织、有计划、有步骤、有重点地进行，逐步形成公安理论研究体系。要进一步加强公安理论研究工作的制度建设，制定和完善一整套公安理论研究的规章制度，使公安理论研究工作逐步走上规范化、制度化的发展轨道。

（三）要进一步加强公安理论研究课题的谋划和确立。对公安工作重大理论和现实问题的调查研究。一是着力加强公安全局性、战略性问题的调查研究。站在全局的高度思考问题，谋划对策。当前，要着眼于如何以科学发展观统领公安工作和队伍建设，如何在构建和谐社会的进程中加强和改进公安工作，如何更好地服务和保障经济建设，如何使公安工作适应新农村建设等方面开展研究。二是着力加强对制约公安工作发展进步问题的调查研究。主要是抓好影响公安工作发展的体制性、机制性、保障性等深层次问题的研究，确保公安基层基础建设可持续发展。三是针对公安工作存在的难点问题开展调研。深入分析目前形势、任务和面临的困难，深入基层调研，并提出切实可行的解决办法，利用新举措来应对新情况、用新理念来提出新思路、用新办法来解决新问题。增强决策的科学性和实效性。四是着力加强对社会治安“热点”、“难点”问题的调查研究。紧紧围绕维护稳定和社会治安工作亟须解决的一些问题，积极主动地开展调查研究，努力探索解决问题的途径和办法，确保社会持续稳定。公安工作的重心在基层，只有深入基层，广泛了解公安管理各个层面的真实情况，才能找到存在问题的源头和症结，对症下药来研究解决问题的办法，防止片面性和绝对化，提高调查研究工作的实效。

（四）要进一步加强公安理论研究的分工协作和资源整合。公安理论研究工作，是一项涉及基层公安工作和队伍建设各个方面的系统工程，需要公安机关和各警种、各部门以及广大基层公安理论工作者的分工协作、共同努力，也需要社会资源的帮助，形成工作的合力。在研究的重点上，公安机关应将事关基层公安工作和队伍建设的长远发展，具有全局性、战略性的重大课题和热点、难点问题作为研究的重点，同时结合本地实际，重点研究当前制约基层公安工作发展的具体问题和措施；各警种、各部门要结合自身所担负的职责任务，积极开展具有不同警种、部门特色的研究。在工作配合上，需要各警种、各部门密切配合，优势互补，努力做到既有分工、有所侧重，又有协作配合、相互促进，协调发展，从整体上推进基层公安理论的繁荣和发展。在资源整合上，既要充分调动和发挥公安内部，包括办公室、各所队和全体民警等所有公安理论研究资源的积极性、自觉性，同时又要大力拓展公安理论研究可资利用的空间，进一步加强与社会上有关职能部门、社会团体的交流与合作，促进公安理论研究工作的社会化。

（五）要进一步加强公安理论研究队伍建设。加强公安理论研究，繁荣和发展基层公安理论，一个最基本也是最重要的保障条件，就是要建设一支有战斗力的公安理论研究队伍。公安机关和各警种、各部门，要高度重视公安理论研究人才的培养和使用，进一步完善公安理论研究人才的培养、选拔、使用、激励和管理机制，紧紧抓住培养人才、吸引人才和用好人才三个关键环节，逐步形成优秀人才脱颖而出、人尽其才的良好机制。要积极创造和改善公安理论研究工作的良好环境，进一步提高公安理论研究人才的政治待遇和经济待遇，对在公安理论研究工作中作出突出贡献的优秀人才，要给予表彰奖励和记功，切实激发广大理论研究工作者的热情。要进一步加强公安理论研究人才的培养，逐步壮大公安理论研究队伍，重点培养一批中青年研究骨干，造就一批具有较高知名度的基层公安理论专家，逐步形成知识结构、专业结构和年龄结构科学合理的公安理论研究队伍，使公安理论研究队伍做到良性发展。要突出抓好公安理论研究队伍的思想政治建设和道德建设，加强对公安理论研究队伍的人生观、世界观和价值观教育，使广大基层公安理论工作者始终保持坚定正确的政治方向，确保公安理论研究工作始终沿着正确的方向健康发展。

（六）要进一步强化公安理论研究成果的运用和转化。公安理论研究工作是否取得实效，关键要看理论研究成果质量的高低，要看理论研究成果是否得到及时、广泛的运用，是否在推动基层公安工作和公安队伍发展中发挥了有效作用。要采取科学的研究方法，坚持传统研究方法和现代研究方法相结合，定性分析和定量分析相结合，自身理论创新和借鉴相关学科最新研究成果相结合，努力提高公安理论研究成果的质量和水平。要紧扣基层公安中心工作，围绕基层公安工作和基层公安队伍建设的重大课题开展理论研究，形成一批在公安内外具有较强影响力的公安理论研究成果。要强化理论研究成果的运用，使优秀的公安理论研究成果转化为各级公安机关领导科学决策的重要依据，并转化成为公安战斗力，切实发挥公安理论研究成果的最大效用。

总之，当前我们正处于大变革、大发展的年代，特别是构建社会主义和谐社会在给公安理论研究工作提出新的更高要求的同时，也在客观上为大力开展公安理论研究提供了广阔的空间，公安理论研究工作面临着难得的发展机遇。在这种情况下，公安理论研究应该有所作为，而且应该有更大的作为。面对新形势、新任务对基层公安工作提出的新要求，一定要明确自己所肩负的重大责任，进一步增强责任感和使命感，抓住机遇，迎接挑战，不断开创公安理论研究工作的新局面，为维护社会稳定，为构建和谐社会，建设社会主义新农村，实现全省、全市奋力崛起作出积极的贡献。

安徽省精神文明与公安队伍建设理论研讨会代表的合影

漫谈公安新闻写作

公安新闻写作属于公安宣传工作范畴，是基层民警尤其是公安通讯员从事新闻宣传工作的基本功。

关于写作活动，大致可以分为三类：创作、写作和制作。在日常生活中和有关写作问题的书籍中，人们一般习惯和采用这样几种说法：文艺创作、新闻写作、公文制作。

文艺创作，就是通过创作来塑造源于生活、高于生活的艺术典型，创立并揭示事物本质、阐述事物规律的理论的过程。

新闻写作，则是把客观事物和社会现象正确的用文字描述出来的过程。

公文制作，总是按照预先规定的目的、内容和体裁来制作文书的过程。

关于文艺创作，2011 年 11 月 28 日，公安部党委副书记、副部长李东生在鲁迅文学院首届公安作家研修班结业典礼会议上强调指出：要艺术而本质地反映公安和社会生活，公安作家首先要树立正确的文学艺术创作观，要静得下心，沉得下去，耐得住寂寞，真正深入到公安基层一线所队，与公安民警一起工作在维稳和与犯罪分子斗争的第一线，从他们身上汲取营养；同时，要克服急功近利的思想，遵循文学艺术创作的规律，艺术而本质地再现公安民警精神风貌、思维模式、行为举止、家庭生活。其次要正确理解和把握文学创作源于生活而高于生活的内涵，一方面要用心观察生活，生动而艺术地展现出典型环境中的典型生活和形象，让读者通过阅读作品，自然得出生活的结论和启发，受到生活的教育和熏陶；另一方面还要客观公正地反映国家和社会的主流，反映人民警察忠诚、为民、公正、廉洁的本质，从而使人们真正了解社会的本质和警察的本质，让人读后受到鼓舞和振奋，得到启迪和引领。

猛将必发于卒伍，宰相必起于吏部。真正的公安作家务必要从公安新闻写作者中产生。公安新闻写作是公安作家开展文学创作和自身不断成长的基础。

据此，这里主要谈公安新闻写作。公文制作也有待单讲。

谈到公安新闻写作，首先要了解公安新闻，然后再说与新闻有关的写作。公安新闻写作是具有公安特色的新闻写作，是新闻学与写作学的有机结合，是公安宣传思想工作的重要组成部分。

孟建柱部长在与部直属机关新闻出版文化部门负责人座谈时曾明确指出：要站在贯彻落实党的十七大精神的高度，站在事关公安事业兴衰成败的高度，站在全局和战略的高度，充分认识新世纪新阶段加强公安宣传思想工作的极端重要性，切实把宣传思想工作摆在突出位置抓紧抓好。

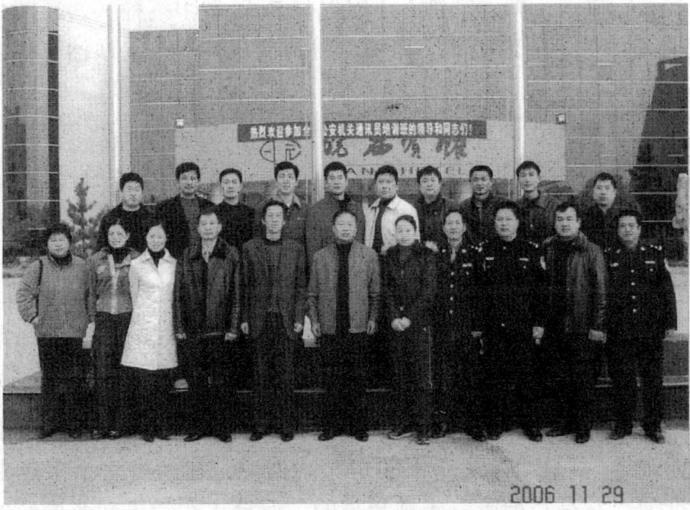

作者与参加阜阳市公安通讯员培训班学员的合影

开展公安新闻写作，无疑是积极做好公安宣传思想工作的基础。

我之所以选写公安新闻写作这一调研课题，因为我原是公安机关办公室的一名后勤民警，是业余从事公安新闻写作逐渐成长起来的，曾因撰写公安新闻稿件而连续三次被阜阳市局荣记三等功。如今，虽以撰写公安调研文章为主，但我对公安新闻写作情有独钟。此文算是我对前几年从事公安新闻写作过程的一次回顾与小结。

一、什么是公安新闻

什么是公安新闻？顾名思义，公安新闻是具有或体现公安特色的新闻。无疑，它由公安特色和新闻要素两部分组成。对一般民警尤其是刚刚喜爱或想涉猎公安新闻的写作者，谈公安新闻势必要先对新闻及写作有初步了解，以奠定今后工作中从事新闻写作的基础。

（一）新闻。据《辞海》（1979 年版）缩印本释义，新闻是指报社、通讯社、广播电台、电视台等新闻机构对当前政治事件或社会事件所作的报道。要求迅速及时、真实，言简意明，以事实说话。形式有新闻、通讯、特写、记者通信、调查报告、新闻图片、电视新闻等。商务印书馆出版的《现代汉语词典》中指出，新闻是报纸或广播电台等报道的国内外消息。泛指社会上最近发生的新事情。

写作，在《辞海》（1979 年版）缩印本里，查不到“写作”这个词。“写”，意为写字或作画及抄写、誊录、描摹等。《现代汉语词典》则指出，写作就是写文章（有时专指文学创作）。

成语词典查不到“新闻写作”一词。“新闻是关于新近发生的事实的报道”，这是陆定一下的定义。据说，在经过六十多年来的反复推演，它是目前唯一未被超越的，而且正在学界和业界发生着广泛的影响。因此，它被普遍认为是站得住脚的，有生命力的一个定义。

关于新闻，我曾请教宣传部新闻科的同志，他们说可以列举出上百个定义。若进行大致的归类，则“存在着并行不悖的两种新闻定义”：一曰“新闻是新近事实的信息”；一曰“新闻是新近事实的报道”。两种定义的共同点：它们都概括或反映了新闻的“真”和“新”这两个基本特点。而在新闻工作和日常生活中，新闻的定义中还包含着“新闻报道”、“新闻作品”和“新闻”的含义，且在许多情况下是很难分开的。如此可见，新闻具有变动性、即时性（网络话语中也叫做“实时性”）的特性。据此分析，可以说新闻的基本功能就是及时传播信息，真实反映事物。

同时，也有同志告诉我说，新闻是关于人类与环境互动关系最新状态的反映。人类生存的环境是一个异彩纷呈的大千世界。辩证唯物主义者描述的世界，是一个由自然界和人类社会构成的二元并存的世界。天地洪荒、斗转星移、冬寒春暖、花落花开。人类生存期间，繁衍兴替，生生不息。在新闻专业工作者的视野里，世界就是一个孕育新闻的博大的场域：日中则昃，月盈则阙，四季更迭，与时新闻。人生之而为传播的动物。人类因与自然抗争而传播，因传播而结成社会。人类在与自然和社会环境的相容相克的互动关系中，源源不断地创造着文明，更衍生出悲悲喜喜、悲欢离合的“故事”。这构成了新闻报道取之不尽、用之不竭的源泉。

新闻是时间的艺术，也是时代的艺术。究竟什么叫新闻？可谓众说纷纭。没有经过科班训练的我，也想冒昧凑数给新闻下这样一个定义：即许多人还不知道（特别是编辑还不知道）的新鲜事，由通讯员或写作者记录、整理、加工成的文章或画面。在这篇文章或画面中，要反映出某件事发生的时间、地点、过程及发展结果，等等。

新闻的最大特点是时效性强。阜阳大学新闻系教授张颖东在全市公安通讯员培训班会议上授课，讲新闻写作和新闻价值时说：当天的新闻是金子，隔天的新闻是银子，三天后的新闻是沙子。可见，时间会使新闻自动失去它应有的新闻价值。

（二）公安新闻。根据我给新闻下的定义，由此思考公安新闻的含义，可否确认公安新闻即公安机关内部参考、未被外界公众知道的刚刚发生的新鲜事。当然，这是敝人一家之言，值得与专家内行进一步商榷。

我与同事交流时，有的民警立马就说，公安新闻就是公安机关内部产生的有价值的新闻。

当前，公安机关是各级大小媒体共同关注的对象。我的一位新闻界的朋友说过：一个不能高度重视公安新闻的媒体，不是成功的媒体；一个不重视公安新闻的记者，也不是一个称职的记者。

作为民警，只要上班，每天都接触大量的社会治安信息，怎样从习以为常的工作中发现新闻，特别是重大新闻，这不是一个容易回答的问题，得有独特的视野和深厚的功力。

举例说明：公安局局长开会发表了一番讲话，对工作作出了部署并提出了要求，可以说这非常重要，务必不折不扣，保证落实，按期完成。但是，据此写一篇新闻稿件，很可能就难以被报纸采用，原因是编辑和公众对这些不感兴趣。

新闻在哪里？如何寻找有学问。世上无难事，只怕有心人。作为民警，只要有心留意，身边处处有新闻。大量的公安信息蕴藏着丰富的新闻线索。在整个新闻写作过程中，公安机关的通讯员就是新闻人，如果从事新闻写作，就要遵循新闻规律、严守新闻纪律、自觉按新闻要求办事。在主观上要以党的新闻理念为指导，在客观上更要接受到写作对象——事实的制约。自然界和人类社会中每日每时源源不断发生的事实是新闻产生的场域，离开了事实，就无所谓新闻；不被发现，它只是存在于场域中的客观事实。那么，新闻是怎样从这个领域中生发出来的？用新闻理念衡量，它得力于公安机关基层通讯员的艰苦努力。发现新闻、挖掘新闻是公安机关通讯员的一项基本功。发现公安新闻得靠民警自己的“新闻鼻”（即新闻敏感），从大量的工作信息中“嗅”出（发现）并锁定其中一个新闻线索，能预示着事实开始向新闻的方向转化。然后，顺藤摸瓜，锲而不舍地像刑警破案一样日夜奋战，连续公关，这样一篇新闻作品就会产生了。从这个意义上说，新闻线索是从某个领域中引爆新闻的“引信”，发现新闻线索是公安机关通讯员的专门技能，也是进入写作过程的行动起点。

所谓新闻线索，就是指新近发生的事实的简明信息或信号，是关于新闻事实的一个片段或“苗头”。新闻线索的功能，类似于诗歌中的“意象”：一片摇曳的“青萍”，一群戏水的“鸭子”。“风起始于青萍之末”——风先起，“青萍”后动，关于“风”的故事总因“青萍”而起始；再如“春江水暖鸭先知”——江先暖，鸭先知，关于“春”的降临总是“鸭”先预感。

新闻有其自身的规定性：先有新闻事实，后有新闻报道。新闻线索是沟通新闻事实与新闻报道的桥梁。沿着这个桥梁走过去，新闻写作者就进入了新闻的场域，新闻写作活动也就进入了色彩斑斓的“动感地带”。通常到手的新闻线索会引出三种不同的结果：一是有藤无瓜；二是藤儿连着藤；三是“藤儿连着瓜”。排除第一种情况，梳理第二种情况，实现第三种情况，即迅速占有和分析材料，为新闻写作做好准备。在占有材料方面，想写作者，无疑要“韩信用兵，多多益善”。

所以，从某种意义上讲，新闻就是“讲述新鲜事的文字”，写作就是实现其新闻价值的一种劳动。公安新闻是公安机关通讯员辛勤劳作的智慧结晶。

（三）公安新闻的来源。公安新闻备受全社会关注，因为它与公众的生存及生活紧密相关。社会之大，无奇不有。公安机关的一举一动，尤其是各种形形色色的案件令人眼花缭乱，这正是公众最感兴趣的话题。

公安新闻的来源：①公安部门出台的新政策，即将实施的新举措。比如，现在正在办理的二代身份证，在什么时间内到哪个具体位置办理、需要多少时间、办理的程序如何、交多少费用、出现问题找谁投诉等，对此公众非常想知道，因为身份证虽小，可它牵涉着每个公民。再比如，当前正在开展的二十项利民便民活动和出国护照、港澳通行证办理及交通法规的实施等同样如此。②令公众关注的刑事案件，特别是重大的恶性案件。公安机关怎样破获的、嫌犯是谁、其犯罪动机是什么、公众应该怎样规避伤害，这些都具有非常普遍的警示教育意义。在对公众有圆满交待的同时，也交给民众需要注意的事项。③公安治安信息的发布，提请公众注意的内容。比如，在“两抢一盗”案件高发期间，群众需要如何加强防范，歹徒具有怎样的作案手段、作案时间，等等。④具有反常性、奇特性的事件。比如，有悖常理、让公众难以想象的事件。典型案例有：一个犯罪嫌疑人的妻子主动向警方提供线索，抓住了自己的丈夫。这其中的原因，必然能引起人们的极大兴趣。⑤细微处见精神。以小见大，从一个小事中挖掘出背后的大内容。当然，这个需要具有相当深厚的理论基础、独特的新闻眼光和超前的预测能力。⑥对当前一种普遍现象作出理性反思。比如，青少年犯罪、网络犯罪等。

公安机关是产生社会新闻的宝藏。公安新闻十分诱人。媒体之所以关注公安机关，就是因为公安机关蕴藏着大量鲜为人知的新闻。我有一个在报社工作的朋友，名叫余英国，他在阜阳市局举办的全市公安机关通讯员培训班讲课时说：公安新闻的勃兴，来自于警察职业本身所具有的迷人特质。这种特质具体表现在：①公安新闻具有非常强烈的故事性。②能够挑动读者的阅读欲望。③内容十分丰富，涉及社会的方方面面。④能给外界打开了解具有神秘色彩的公安典型案例的一扇窗口，满足社会需求，即人们的好奇心，等等。

与此同时，公安机关基于自身宣传需要，只要不是涉密的内容，或者是带来负面效应的事件，都愿意尽可能地通过现代传媒，以最快速度提供给公众。因此，公安机关与新闻媒体的互动联动关系日益加强。对于公安机关来说，由此带来的好处也是显而易见的：①可以展示公安机关保护民众平安、维护社会稳定的坚强决心和不懈努力。②可以显示人民警察日夜奋战、不辞辛苦、服务社会、奉献自我的一面。③重大案件破案后，通过媒体报道可以对社会公众有所交待。④可以震慑犯罪嫌疑人，让具有犯罪意识或违法倾向的群体，最大限度地消弭自身的犯罪欲望和动机，有利于社会稳定。

二、怎样写公安新闻

公安新闻是具有公安特色的一种新闻。公安新闻具有独特的表现形式和写作方式。

公安新闻同样具有新闻稿的结构成分，一般由标题、新闻头、导语、主体、背景、结尾等几部分组成。公安新闻的结构表现形式，即作者对已过滤的新闻材料进行总体安排或布局的方式。

（一）公安新闻的结构形式

新闻的结构是在分析事实材料的基础上，对构成一则新闻故事的素材，在一篇作品中的前后顺序所作出的编排。“6W”理论，将构成一则新闻故事的材料细分成“何人”、“何事”、“何时”、“何地”、“为何”、“如何”六个要素。信息时态分析法则将一个新闻文本所包含的信息资料进行“现态”、“趋态”和“史态”的时态划分。按照不同类别进行划分的新闻素材，在一个新闻文本中被放置的前后顺序不同，就产生了不同形式的新闻的结构。“倒金字塔结构”是新闻的结构中最基本、最流行的一种。

新闻的结构表现形式主要有：

①时间顺序式。按新闻发生的时间顺序，通常未必有单独的导语，往往按时间顺序来安排事实。这种结构，叙事条理清晰，现场感强，且很适合写那些故事性强、以情节取胜的新闻，尤其适合写现场目击记。

例如，《冻死的孩子重新复活》。

在美国威斯康星州，一个名叫麦肯罗的孩子，今年只有两岁半。某日，在家里人没有注意的情况下，他穿着一身睡衣，只身来到零下29摄氏度严寒的室外。当家里人发觉后把他抱回屋里时，麦肯罗的一部分血液已经“冻结”，手脚也都僵硬了。当他被送往医院时，体温已下降到15.5摄氏度。但是，在经过了包括使用心肺泵等先进设备抢救以后，麦肯罗竟然奇迹般地复活了。像这样处于低温状态下的人能够死而复生，在世界上是没有先例的，就是参加抢救麦肯罗的医生，也对此感到惊叹不已。

现在，除了他的左手可能会留下由于冻伤后遗症引起的轻度肌肉障碍以外，身体的其他部位恢复都很正常，估计三四周内，即可恢复健康。

这条新闻满足了人们的好奇心，让人看了心里高兴。其缺点是开头平淡，难以一下子吸引受众。

②对比式。此种结构重在通过对比，揭示差异，从而突出新闻主题。

例如，《人民日报》1982年7月18日关于顺义啤酒厂和青岛啤酒厂的报道就用的这种结构。此则新闻首先用的是对比性的标题：

《两个厂为什么建设一快一慢？》

“权力下放争主动——顺义啤酒厂一年建成投产。”

“婆婆太多难办事——青岛啤酒厂扩建扯皮两年。”

后是对比性的导语，在对比性的导语下，又用了两个对比性的小标题：

“顺义厂：地方有主动权，领导重视，各方配合。”

“青岛厂：婆婆太多，公文旅行，相互掣肘。”

最后，又有一个对比性的结尾：

“两个厂情况如此悬殊，发人深省。”

鲜明的对比，不能不让人深思。

③积累兴趣式。此结构通常在开始设置悬念，使受众逐渐增加对事件的兴趣，最后形成高潮。因其材料的趣味性从导语至结尾递增，故名积累兴趣式。又因其要求设置悬念，故又有人称之为悬念

式结构。它尤其强调将最精彩的、出人意料的材料置于新闻结尾。

例如：《婚礼唁电，新娘寻死觅活》

春节前夕，解放军某部三连战士肖建军，收到“父病故速归”加急电报，匆匆赶回山西老家。

跨进门，却见室内张灯结彩，墙上贴着大红“喜”字，小肖一下愣住了。母亲连忙将他拉到一边说：为能使你参加大哥的婚礼，我瞒着家里人发了封假电报，你可要保密。母亲的一片“苦心”，使小肖只好撒谎骗父亲和家里人说自己出差顺路回家。

某日哥哥结婚，婚礼程序完毕。亲朋好友正在推杯换盏，频频敬酒时，邮递员送来一封加急电报，小肖父亲接过连忙展开，只见上写：“闻建军父不幸病故，三连全体官兵致电表示沉痛哀悼。”其父气得浑身颤抖，遂质问儿子。在座的新娘弄清原委，“哇”的一声大哭冲出门去，头撞墙寻死，多亏众人相劝事态才未扩大。其母悔恨地说：“都怪我荒唐行事，闯下如此大祸。”

此新闻描写生动、自然，悲喜交错，令人感触。

④问答式。此结构多用于记者招待会的报道。记者应善于组织问题；报道内容应忠于原意；行文时，也应注意内容的连贯和层次的明晰。

⑤提要式。此结构通常把新闻中最重要的事实概括到导语中，然后将多项需并列出示的内容以提要形式，用数字程序一一分列出来。其他的就不再一一赘述。

（二）公安新闻的结构成分

如前所述，公安新闻是由标题、导语（新闻头）、主体、背景、结尾等几部分组成的。

①公安新闻的标题。新闻标题作用很大。它主要引导受众获取自己喜爱和需要的信息，使读者在最短的时间里获取所需的信息。新闻标题的类型：新闻的标题有主体类、从属类和整合类。主体类标题是新闻标题最基本的类型。主标题是新闻标题的核心部分，通常揭示新闻中最重要、最吸引受众的信息。

新闻标题的制作要求做到准确、鲜明、凝练和生动。

②公安新闻的导语。新闻导语前，往往冠以“本报讯”、“本台新闻”的字样，即为新闻头。新闻头是版权所有的标志，标明新闻的来源。新闻头之后紧接是导语。导语是以简练而生动的文字介绍新闻事件中最重要的内容，揭示新闻的主题，并能引起读者阅读兴趣的开头部分。

因此，导语有三大功能：一是介绍最重要、最精彩的事实。二是揭示新闻主题。三是引起读者的阅读兴趣。按不同的分类方法，导语可有多种写法。一般是六要素导语或部分要素导语。

③公安新闻的主体。主体是新闻的躯干，它紧接导语之后，是新闻的重要组成部分。

主体的作用：一是对导语进行解释、深化和具体化。对导语中涉及的内容，进一步提供有关细节和背景材料，使其更清楚、明确、具体。二是补充新的事实。导语中未提及而又能表现新闻主题的事实和其他要素，由主体补充。

对主体部分的写作要注意以下几点：

一是紧扣新闻主题取材。主体部分内容较多，故而要重视材料的取舍。应紧扣导语中所确立的主题来选用材料。若与主题无关或无多大关系，即便生动、感人，也应割爱舍去。

二是叙事宜具体、内容应充实。有人因追求新闻的简明扼要，要求篇幅短小、语言简洁，故将新闻写得太概括、太抽象，空洞的导语之下，是几条干巴巴的“筋”，读完了还不知道这篇新闻讲了什么内容。新闻虽不如通讯那样能细致、深入地报道事实，但应使受众对新闻人物和事件有较完整而真切的了解，应传达出较为具体的新闻信息，让人看个明白，了解事件的真相。

三是叙述宜求生动，行文善兴波澜。新闻主体内容在要求具体、充实的基础上，还应力求生动。很多人写新闻时，内容虽有，但写得枯燥无味，前后脱节，或是一套死板而难以阅读的“新闻腔”。因而，我们应“让新闻笑起来”，写作手法应灵活多样、富于变化。新闻主体写作应尽量避免平铺直叙，可运用生动形象的描述，灵活多变的手法和自由灵活的层次、段落安排的写作方式。

④背景材料。狭义的新闻背景，仅指写作过程中涉及的与新闻人物和事件发生、发展相关的历史、原因和环境、条件等方面的材料。广义的新闻背景，除此之外，还包括对导致新闻事件发生、发展的广阔的时代背景的了解，也包含提供新闻、介绍情况的人的背景。背景材料运用得好，可以解释、烘托和深化主题；可以代替作者的议论而使报道显得客观；可以补充情况、介绍知识、增添情绪。背景材料在新闻中位置灵活，可独立成段，也可穿插于导语、主体或结尾之中。

⑤结尾。结尾亦是新闻的有机组成部分，并非可有可无。虽然并非任何新闻都有单独的结尾部分，但好的结尾，无疑对表现事物的完整性和逻辑的严密性、对突出和深化主题，均有重要作用。常见的结尾方式有小结式、展望式、补充式、含蓄式等。

（三）公安通讯

公安通讯也属于公安新闻类。通讯是比新闻详细而深入报道新闻事实的一种新闻体裁。

在西方传媒中，没有我们通常所说的“通讯”，它们的“新闻专稿”（又称特稿），即“比消息更详尽的新闻”，近似于我国的通讯。

通讯与新闻虽然同属新闻体，但有一定区别：从容量上看，通讯容量大、事实详细，一般篇幅长；新闻容量相对小些，事实概括，一般篇幅短。从报道对象看，通讯选材相对较严，新闻选材范围宽。从结构上看，通讯灵活多变，而新闻相对稳定。从表达上看，通讯以叙述描写为主，表达比较灵活自由，而新闻以叙述为主。从报道时效上看，通讯不如新闻快。

由此可见，公安通讯有三大突出特点：①容量大；②样式多；③写法活。

写法活具体又表现为结构的灵活多变、表达方式较新闻更自由，语言形象生动。应该指出的是，有些高校教材将新闻性、文学性、评论性作为通讯的特征，其实这并不准确。首先，新闻性固然是通讯所具备的基本要素，但它与其他新闻报道体裁并不一样。其次，文学性也非每篇通讯必备之要素。再者，较之新闻，通讯固然在表达方式上灵活自由，议论、抒情的运用略多些，但通讯毕竟习惯以叙述、描写为主，很多通讯并非一定要直接体现“写作者”的意志，而以遵守客观事实真相为最高标准，故评论性也非通讯之特征。

（四）公安新闻写作基础知识

公安新闻写作是公安民警，主要是通讯员对公安新闻自觉展开的“淘金”活动。为此，公安机关通讯员务必具有新闻学和写作学等相关学科的基本常识。

1. 新闻写作的传说。在人类的社会分工中，写作属于一种高级劳动。这个判断可以从一般的社会心理认知中得到验证。例如，在日常生活和工作中，我们常常能听到这样的对话：

“这盖房子的活儿，你会做吗?”

“盖房子不就是打墙封顶吗?又不是‘三篇文章’，有什么难学的?”

“三篇文章”是民间流行的“雅语”。本意是指封建社会科举制度下，学子为了“功名”而在朝廷设定的考场上完成的三个作文题目的答卷。经过民间的演绎，“三篇文章”就成了复杂的高级劳动的代名词。现代社会的新闻工作者，本质上与封建社会的考生不是一回事。但是，不可否认的是，新闻工作者也有求“功名”之心；他（她）面对日新月异的新闻题目（题材），要在“截稿死线”前提交出优秀的新闻作品，也不比写“三篇文章”轻松多少。新闻作品被界定为“急就章”，新闻写作活动的最高境界是“倚马可待”、佳作纷呈。至今，鲜有达到者。原因就在于它是一种复杂的高级劳动，其中必有新闻人员普遍无法超越的一些认识和实践问题。

发现问题是解决问题的前提。对实践中出现的问题进行科学的界定，是理论研究的任务和使命。而在一定意义上准确界定出困扰新闻写作过程的认识问题，将有助于公安新闻人在实践层面上实现从一般新闻写作到精品新闻写作的跨越，或者说是从感性认识向理性认识的攀升。

关于精品，在汉语词典中还没有明确的界说。按一般推理，精品应是在“产品”的基础上推导出来的：产品有不同的等级品类，等级高者为上品，制作精良者为精品。据此，精品是产品，但产品未必是精品。同理，作品与精品也是一样。通讯员一般写出的是作品，只有高级记者写出的优秀作品才能称得上精品。世人喜欢产品、作品，更喜欢精品。新闻产生精品，将是时代需求，媒体推动，全民共享。新闻报道的主要对象是社会生活。社会生活是丰富多彩的。以现代社会的发展为例，西方发达国家正在向人类展示着先进的科学技术的魅力，东方社会正在将优秀的传统文化转化为具有科学精神的现代文明。人是社会生活的主体，人能够创造丰富多彩的社会生活内容，也一定有能力创造出最具表现力的新闻报道形式。这将构成新闻精品产生的社会基础。

2. 新闻写作的基本问题。学理的探究，其目的全在于应用。新闻写作属于新闻学科，必然从实践层面反映出来。新闻写作学是新闻学的分支，它自身可能并不存在什么“基本问题”。但是，新闻学的基本问题必然在这里发生作用。将新闻学的基本问题纳入新闻写作层面，写新闻的人势必要回答这样的问题：如何实现从事实（素材）向新闻（作品）的转化？由此，我们可以确定：新闻写作的“基本问题”，是事实素材向新闻作品的转化问题，这同时表现为一个认识问题和实践问题需要回答。

马克思主义的认识论认为，人类对世界的认识是从感性到理性、从非科学到科学、从低级到高级持续地发展转化的。如果不经历这样的转化，人类就不会进步。新闻作为人类认识和反映社会生活的一个重要领域，也需要经历这样的转化。如果不经历这样的转化，事实已经发生，却只能停留在客观存在的自然状态，并不能为新闻人所用，也就不可能成为新闻。因此，从事实到新闻，首先是一个主体对客体的发现与认识问题，其次是一个主体对客体的选择与表述问题。

主体对客体的发现与认识，是从新闻学的基本问题直接推演出来的，它包含两个方面：一方面，主体面对的客体是不是新闻事实？另一方面，主体应当以何种态度看待客体？

主体对客体的选择与表达问题，是第一个问题的延伸，也包含两个方面：一方面，主体是否要选择眼前的新闻事实？另一方面，主体要以何种手法表达新闻事实？

对新闻写作过程的研究，就力图解决这两个问题，以奠定实践新闻写作的基础。

3. 公安新闻写作思考。写作是一项艰苦的脑力劳动，谁都不愿意耗时费力后出现“白费劲”的结果。就像企业生产，必然要求出正品，不出次品，杜绝废品。严格地讲，新闻也是一种社会产品，应讲究质量和效果。这就逼着我们公安机关的通讯员要千方百计地去挖掘有价值的新闻。新闻价值在于事件本身所具有的价值。是不是新闻，要看自己的眼力，只要能给人启迪的事情都可以成为新闻。如果在我们的现实生活中、自然界中发现了不寻常的人和事，你写出来，那就是新闻。发现新闻是机遇，制作新闻是加工。

“眼睛是心灵的窗口”。人的眼睛会传递出一个人的内心世界。因此，聪明的人看人首先看人的眼神。文章和人一样有眼，那就是文章的标题，必须精心制作。标题好，文章活。

“九龙壁画”的传说很能说明这个问题。据说：大画家张某先前在一座庙墙上画了十条龙，都没有点睛。观众不解问缘何，他说点不得，一点就飞了。众人不信，于是他大笔一挥为一龙点睛，结果这条龙破壁而出，腾云驾雾而去，而没点睛的龙还在墙上，这就叫“画龙点睛”。“九龙壁画”来历的传说，虽不可信，但其中的寓意之深刻，通讯员们应当体会或感悟其中的奥妙。

据我了解，因每日稿件多，编辑看通讯员的来稿，就是先看标题，看中的留下，看不中的丢掉。就此而言，我们说文章成活的关键看标题，可以说新闻标题占50%的“成活率”。

万事开头难，写文章也是同理，导语的制作是很重要的。导语制作得好，可以吸引编辑看你的文章，如果文章没个好的开头，好新闻也会被葬送。编辑在选稿件时，一般是先看标题，再看导语，即把留下来有好标题的文章再看一遍，有好导语的继续留下，没好导语的丢进纸篓里。标题、导语都好的话，这才去看你的内容，即文章的正文。因而，导语是决定文章“成活”的第二个关键问题，可以说占25%的成活率。标题、导语占文章“成活率”的75%，那么只要全文通顺，事件交待清楚，有价值，此文就算完全“成活”了，通讯员的手迹将很快变成铅字。

作者参加安徽省公安新闻宣传通讯员培训班时的留影

据了解，报社编辑一般有三个稿夹子，一是急用稿，二是备用稿，三是待用稿（这部分是经过三选的好稿）。当过通讯员的，大都知道撰稿、审稿、发稿的一些难处，所以通讯员在写新闻稿时，一定要高标准，严要求，精心制作新闻的标题和导语，特别是今天，编辑们也在忙着拉关系、赴宴，确实没时间看生人的稿件，这就要求业余通讯员更要注意稿件的质量，特别是要用好标题、好导语吸引报刊编辑。切记，这是公事公办的一个绝招。

通讯员要和记者一样具有较强的采访工夫。采访是一门艺术，是一门很高的艺术，尤其在采访问题素材时，没有侦探的本事、侦探的胆量是难以奏效的。

美国有家杂志登了一篇稿件，说记者职业是世界上最危险的职业之一，仅排在前沿战士之后，说明了新闻采访可能遇到的艰难险阻。

警察是世界上最危险的职业。据统计，我国每年都有三四百名民警牺牲，几千名民警受伤。基层公安机关的通讯员具有双重危险性，如果义无反顾地采访事实真相，同样具有难以想象的阻力。但是，公安机关通讯员的采访力和新闻记者不能比，专职记者，特别是权威报社的记者，他们可以摆摆架子，问这问那，要这材料要那材料，原因在于他们都是来自高头：一是受权采访，稿件质量好坏有人给他们发表，发不了长的，可以发短的。二是他们有阵地，应付一下采访，发不了“豆腐块”，起码发个“火柴盒”。这种优势，基层通讯员是没有的。

那么，我们如何力争“打哪中哪”一发命中呢？首先，要看我们在采访中能否抓住好素材、好新闻，也就是说价值很高的新闻。下乡调研时我是这样采访的，专题采访时注意“顺手牵羊”，主业（主要采访事项）万一不行，我有“副业”收获。其次，在采访中要眼观六路，耳听八方，各种信息，兼收并蓄。我采访时，总喜欢让被采访者围绕我要采访的主题漫无边际地谈，而且当主题材料觉得够用时，还让他们继续说，有关的无关的，好的差的事都要力争记下来，我特喜欢他们说一些有情节、有故事性的东西，大量的素材，就使我在从宏观上和微观上了解到某个事件真实状况的同时，还可以从中发现别的一些难得的新闻线索，有时甚至出现本来去“摘豆角，结果抱个大西瓜”回来的结果。有心栽花花不开、无心插柳柳成荫的事情，有时会意外发生。无巧不成书的稀罕事还是有的。

通讯员要有新闻敏感性。通讯员有没有对新闻的敏感，是能否发现新闻的最基本素质。新闻处处有，就看你能否及时发现。有些人开会、干事总是不动脑子，可有新闻头脑的通讯员，总能在无意中发现有价值的好新闻。

俗话说，“涉浅水者得鱼虾，涉深水者擒蛟龙。”出色的通讯员犹如艺高人胆大的“潜水员”，他的眼睛总是能捕捉到普通人难以知晓的“美观奇景”。用新闻的行话来说，这叫具备高度的新闻敏感性。公安机关通讯员应该成为“过敏”的人。我们常说要到某地采访，并不是全部的采访。全部的采访，应该包括经常的采访。一个通讯员无论何时何地，都应该是在采访。在公共汽车上，火车上，在酒楼旅馆里，在散步或同朋友聊天的时候……都应该是在采访。而这种采访，表面上看好像与报道无关，实际上关系大得很，甚至是我们完成特定采访任务的基础和关键。

作为公安机关的通讯员，谁都想出成果，更想出新闻精品。何谓新闻精品？迄今国内尚无权威性解释。一种说法是要符合四条标准：一是导向正确；二是意义重大；三是精心编写；四是效果突出。还有一种说法是：“精品即是思想深刻，艺术精湛，具有强烈的吸引力与感召力，在社会和人民群众中产生广泛影响的优秀作品。”实话实说，新闻精品非基层通讯员功力所能够达到的写作境界。

我们在写作新闻时，经常会遇到这样的矛盾和困惑：很希望能够写出一些能推动当代、影响后代的重大报道，可现实生活中的素材，却都是些“小鼻子小眼”的琐碎事。总觉得“巧妇难为无米之炊”，小事写不出大文章。其实，“以小见大”也是基层通讯员能出新闻精品的一条捷径。

我国著名新闻记者郭超人，曾经在新华社青年采编主任研讨会上推心置腹地说过这么一段话："我当几十年记者的最大体会是，我不大看重大的题材，一滴水可以反映太阳，记者的理论水平、思想水平高一些，小题材可以做大文章。大多数记者碰不上大题材，能用小题材反映大主题，这是判断有没有本事、真功夫。我能发现别人发现不了的问题，说出别人想说而又说不出的话，能认识别人认识不到的事物后面的东西，这就是真功夫。"从事公安新闻写作的通讯员可以深刻体会，予以效仿。

关于公安"大要案"的写作。"大要案"最能体现公安特色，显示公安水平，引人瞩目。

群众看公安，关键是破案。案件破了，只有内部办案人员知道仅仅破案是不够的，得让社会公众了解，起到警示和教育作用。对于"大要案"，小新闻解决不了，只有破案通讯才能够说明问题，因为它的容量大。这类案件写作是在拿到通稿后不要急于动笔，而要尽量找到案件的侦查员重新按照案件发案及侦破的过程进行认真采访，有条件的要尽量深入到案发地或基层派出所调查了解当事人有关情况，如果有必要探索犯罪原因，还要设法采访犯罪嫌疑人，因为通稿中往往会漏掉犯罪嫌疑人内心斗争或者是侦查案件时所走的弯路。其实，这些往往也是读者关注的内容。例如，在采访全国知名的杀人犯马加爵时，有的记者只是围绕他的潜逃经历来写，而有的记者则深入剖析了他的心路历程，把一个病态的心灵展现给了读者，并由此引发了一场"暴力倾向在司法实践中是否等同于心理疾病"的大讨论。采访对象一样，但采访角度和方向不一样，那么同一个新闻题材的价值和效果迥然不同。

（五）公安新闻写作感悟

打铁先得自身硬。无论干啥，思想是主导，文化是基础。从事新闻写作要求通讯员必须具有较高的理论水平和文化知识，不了解党的大政方针，过不了文字关，没有奉献精神，肯定做不了这项工作。正确的理论、先进的文化具有滋养人的精神、提高人的素质、激励人奋发向上的作用，是一个民族生存与发展的灵魂和血脉。尤其在当今世界，文化与政治、经济、科技之间相互作用，体现出非常强的社会功能，日益提升国家的“软实力”，越来越成为民族凝聚力和创造力的重要源泉，越来越成为各国之间综合国力竞争的重要因素。

胡锦涛总书记在《人民日报》创刊六十周年之际发表的重要讲话中指出，新闻舆论处在意识形态领域的前沿，对社会精神生活和人们思想意识有着重大影响。当今社会，随着经济社会快速发展和科技不断进步，信息传递和获取越来越快捷，新闻舆论的作用越来越突出。做好新闻宣传工作，关系党和国家工作全局，关系改革和经济社会发展大局，关系国家长治久安。我们要充分认识新闻宣传工作的重大意义，更好地发挥新闻宣传工作在推动经济发展、引导人民思想、培育社会风尚、促进社会和谐等方面的重要作用。新闻宣传工作者要加强自身思想道德修养，带头实践社会公德，恪守职业道德，做积极实践社会主义荣辱观的表率。

公安文化作为社会主义先进文化的一个重要组成部分，不仅具有艺术性和渗透性的相同特点，而且体现出更强的政治性和思想性，对于培养民警的浩然正气、英雄豪气、昂扬士气，强化整个队伍的团队精神和战斗精神，有着不可替代的作用。

公安新闻对公安事业发展和队伍建设至关重要。2007 年 12 月 29 日，国务委员、公安部部长孟建柱同志在与公安部直属新闻出版文化事业单位负责人座谈时强调，新时期公安宣传思想工作的职能是对内鼓舞士气、凝聚力量，对外树立公安机关、公安民警的良好形象。对内，要通过强有力的宣传思想工作鼓舞公安民警的士气，凝聚公安队伍的力量，使广大公安民警紧密团结在中国特色社会主义伟大旗帜下，为完成党和国家赋予我们的历史使命而努力奋斗。对外，要通过新闻舆论、文艺作品等形式大力宣传公安机关为维护社会稳定，构建社会主义和谐社会所做的工作，宣传公安民警可歌可泣的感人事迹，树立公安机关、公安民警在社会各界和人民群众中的良好形象。

这一职能定位，揭示了公安宣传思想工作的极端重要性，明确了新形势下公安宣传思想工作的主要任务和方向。据此，可以说公安新闻写作任务艰巨而又繁重。

当前，随着以互联网为代表的新兴传媒异军突起，大众传媒日趋竞争和分化，使得传媒受众逐渐由“聚众”时代进入“分众”时代，这对公安新闻宣传工作提出了新的更高的要求。

在信息化时代特色日趋鲜明的今天，世界上大多数国家的舆论生态，实际上都形成了两个“舆论场”。一个是由报纸、广播、电视、期刊等传统媒体形成的传统舆论场；一个是由互联网、手机等新兴媒体形成的新兴舆论场。在我国，这两个舆论场的势力都很强大，然而，我们注意到，这两个舆论场发出的声音，有的情况下能够基本一致，有的情况下却完全相反。这需要我们高度关注。预计今后网络很可能会变成第一媒体，影响和改变人们的生活方式，手机也开始作为一种重要的传媒手段，其作用和影响日益扩大，我们必须自觉地适应社会形势发展的需要，研究新情况，解决新问题，谋划新思路，探索新办法，既要善于利用传统媒体，又要善于利用新兴媒体，坚持传统手段和现代手段相结合。公安机关与许多部门联系都比较密切，工作中要务必注意加强与相关部门和单位的合作，充分利用好新兴媒体的影响和作用。

互联网已成为思想文化信息的集散地和社会舆论的放大器，党中央把发展主流媒体作为战略重点，逐步加大支持力度，扩大覆盖面和影响力。据此，我们要充分认识以互联网为代表的新兴媒体的社会影响力，在高度重视互联网建设的同时，努力把公安网建设成为传播社会主义先进文化的前沿阵地、提供公共文化服务的有效平台、促进人们精神生活健康发展的广阔空间。

需要说明的是，公安机关网络建设和新闻宣传工作急需加强，否则就适应不了形势发展的需要。

目前，公安内网和外网在硬件保障方面做得比较好，但在信息发布方面还存在反应慢和数量少的问题。同时，网站版面也需要进一步改进。衡量网站建得好坏与否，不仅要坚持正确的政治方向，而且要一看点击量，二看反应速度。一个好的网站应该在第一时间对各种事件、事态作出反应。公安机关要对内网和外网进行认真整合，将其办成广大民警和人民群众喜爱的、有影响力的网站。此外，还可以组织一些专家学者、先进模范人物、老公安民警通过举办学习讲座等形式，利用现有的电视电话会议系统，直接把声音首先传到基层公安民警中去，然后再辐射到社会不同群体。

警察职业富有挑战性，新闻写作更让人充满成就感。只要你把壮志豪情留在每个格子里，灵感就会自然而生，成功就随之而来。通讯员职业，从广义上说就是记者职业，这个职业同样具有挑战性，充满成就感。通讯员和其他人一样，在人生旅途中，会毫不例外地遇到一些难以通过的“峡谷”，要想通过“峡谷”同样需要勇气和毅力，甚至要历尽艰难和屈辱，否则那无情的“峡谷”就永远不会成为你脚下的坦途。要化“峡谷”为坦途，那就只有“学”和“写”，这是步入新闻殿堂的必由之路，尽管没有生而知之的天才，但在用“学”和“写”铺设的新闻宣传路上，却能出现很多奇才。

新闻创作的生活像一团火光，能把一切角落真诚地暴露在光天化日之下。既能使那些相貌堂堂、语言神奇的魁伟者一瞬间缩小，也能把其貌不扬、心底美好的渺小者顷刻放大，还能照出那些既美又丑混合成型的人像。正是这种秉笔直书的性格，维护了社会公平，伸张了人间正义，促进了经济发展，推动了人类进步。

“学”和“写”是当好公安通讯员的前提条件。“书中乾坤大，书外学问深”。这句古老的格言，说明了学习的范围很宽广，有学不完的知识，练不透的思想，人生既要读书又要深入实践。“读书破万卷，下笔如有神”。熟读唐诗三百首，不会做诗也会吟。这说的是“学”和“写”的关系。公安机关通讯员应具备各方面的常识，不但要有深厚的理论功底，还要有丰富的社会知识，否则就难写出好新闻，好文章。文章就像人一样，光有骨头没有肉是不行的。文章要有骨头有肉，匀称得当，编辑一看，爱不释手，那你的新闻稿件就成功了。

公安机关通讯员要努力做到“五勤”，即脑勤、眼勤、嘴勤、手勤、腿勤。勤学苦练，才能成为一个合格的通讯员。再好的新闻稿件，你不写就不能变成你自己的文章。要成功，就要不怕困难地去写，碰上好素材立即写，立即发，分秒必争，更不要怕失败。失败是成功之母，“泥牛入海”也别怕，下次再来。一次成功者有，但大多数人是经过长时间的磨炼才成功的。只要你认真地学，刻苦地练，积极地写，即使是写作新手想步入新闻殿堂也不难。

三、写公安新闻应注意的事项

（一）坚持“实事求是”的采访原则，严格遵守公安部和省厅有关新闻宣传纪律规定，凡是采写案例尤其是重大案件新闻稿件，一般是先请办案单位和业务部门审核、把关，局领导签字后再发。这样，可避免出现泄密、虚假、失实和不应出现的公安术语等现象。

（二）尊重犯罪嫌疑人的权利，即使是涉嫌犯罪的，在新闻报道中也最好使用化名，不要节外生枝，更不能暴露其隐私。

（三）稿件要符合新闻写作的有关要求，标题醒目，结构合理，要素齐备，语言通顺，数字准确，案情真实，不能像工作汇报，面面俱到。

（四）对重大刑事案件的采写报道，注意不渲染凶杀场面，不暴露侦查手段。对没有结案或者主要犯罪嫌疑人尚未抓获的案件，尽量不要报道。切忌不要把公安机关不允许报道的内幕公开。有时为了侦破案件方便，可能会故意隐藏一些案情不对外公开，暂时保密。但是，有的通讯员为了显示自己的能力而通过各种渠道打听到不允许发布的信息内容予以发表，结果是稿件发表、嫌犯潜逃、记者下岗，民警受处分，有的甚至结果更惨，蹲了班房……

总之，公安新闻是一个迷人的领域，只要积极学习，不懈努力，认真实践，公安新闻写作者必定会大有作为。这就是我多年来不断探索公安机关新闻写作知识的真实体会。

警务管理创新初探

近年来，紧随我国政治经济体制改革的不断深入和城乡一体化进程的加快，各类社会矛盾集中凸显，治安、经济、刑事等各类犯罪案件居高不下，新型违法犯罪活动呈现科技化、智能化、信息化的特点，而公安机关打击新型犯罪的手段相对滞后，已明显不适应新形势下社会管理工作的需要。2011 年年初，胡锦涛总书记在省部级主要领导干部社会管理及其创新专题研讨班开班式上明确指出："加强和创新社会管理，是继续抓住和用好我国发展重要战略机遇期，推进党和国家事业的必然要求，是构建社会主义和谐社会的必然要求，是维护最广大人民根本利益的必然要求，是提高党的执政能力和巩固党的执政地位的必然要求，对实现全面建设小康社会宏伟目标、实现党和国家长治久安具有重大战略意义"。中央政治局常委、中央政法委书记周永康在全国公安厅局长座谈会上指出，要全面梳理、系统总结近年来在一系列重大活动安保工作中创造积累的宝贵经验，积极适应国际国内形势的发展变化，把握规律，创新理念，完善机制，坚持不懈地抓好公安队伍建设，全面提升维护国家安全和社会稳定的能力和水平。据此，如何贯彻执行中央领导指示精神，积极做好公安机关警务管理创新，无疑这是摆在我们面前的一项重要研究课题。公安机关警务管理创新就是公安机关积极适应经济社会发展，以充分发挥自身职能作用为前提，以党委、政府为主导，以社会安定和谐为目标，最大限度地组织动员所有社会团体和成员参与公安工作建设、促进公安事业全面发展进步的能动过程。公安机关务必紧跟经济社会形势发展，不断创新社会管理形式和方法，勇于探索，大胆创新，积极搭建警民互动平台，妥善解决广大群众日益多元的合理诉求，努力把公安机关警务管理创新工作落到实处。

一

强化公安警务管理创新，对于推进社会管理创新，落实“十二五”规划纲要，坚持科学发展观，全面建设小康社会意义重大而深远。

第一，强化公安警务管理创新是落实党中央、国务院关于加强“社会管理创新”指示精神的重要环节。2011 年 2 月，举办的省部级主要领导干部研讨班就是以“社会管理及其创新”为主题，胡锦涛总书记在开班式上连用多个“必然要求”来阐述“加强和创新社会管理”的重要性。在国家“十二五”规划纲要中，社会管理内容首次单独成篇而成为事关我国发展的重大问题之一。国务院总理温家宝在政府工作报告中也首次提及社会管理创新，要求各级政府一定要把社会管理和公共服务摆到更加重要的位置，切实解决人民群众最关心最直接最现实的利益问题。由此可见，社会管理创新是党中央审时度势，从维护社会稳定、促进社会和谐的高度作出的一项重大战略决策。公安机关作为政府重要组成部门和政法机关的重要组成部分，担负着重要的社会管理职能，在强化社会管理创新工作中负有特殊使命，责任重大。公安机关警务管理创新既是加强社会管理的内在要求，也是创新社会管理的可靠基础。强化社会管理创新紧紧抓住了社会管理中的薄弱环节，注重发挥社会和社会组织的职能作用，进一步明确了公安机关、基层组织和社会成员等主体在社会管理中的责任义务，有力推动社会结构的有序优化、社会资源的合理配置，从根本上能够实现管理主体由单元向多元转变。

第二，强化公安警务管理创新是适应经济社会形势发展的迫切要求。当前，我国正处于经济转轨、社会转型的重要战略机遇期。在推动经济社会快速发展的同时，随之出现了历史遗留问题与改革中的问题相互交织，经济领域的问题与社会领域的问题相互影响的局面，这给公安机关改进社会管理、营造和谐环境、服务经济发展赋予了新的使命。国务委员、公安部部长孟建柱在分析当前公安工作面临的形势和任务时指出，面对前所未有的风险挑战和繁重艰巨的公安保卫任务，各级公安机关一定要从全局和战略高度，深刻认识、准确把握世界发展大势和我国基本国情，切实增强政治敏锐性和历史使命感，居安思危、直面挑战，抓住机遇、乘势而上，以与时俱进的精神加强和改进公安工作，为经济社会发展创造良好的社会环境。面对前所未有的新情况、新问题，全国公安机关和广大公安民警一定要准确把握社会生活的新变化和群众工作的新特点，积极探索群众工作的新思路，不断创新群众工作的新方法，进一步提高做群众工作的本领，切实在加强同群众沟通联系、争取群众理解支持上下工夫，切实在改进工作作风、提高服务水平上做文章。公安机关要善于借助网络微博等新型媒介搭建警民互动平台，主动听取群众意见，自觉接受群众评议，进一步拓宽联系群众、服务群众的渠道，这充分说明强化公安警务管理创新的重要性。目前，我国拥有世界上数量规模最大的网民群体，如何将“执政”和互联网结合起来，是个新课题。公安机关是将微博作为警民互动新型平台的“先行者”。早在 2010 年 2 月，广东省公安机关率先建立中国首批公安微博群。北京市公安局的微博“平安北京”也因为快速跟进热点话题，发布权威消息而受到各方好评。公安微博从建立之初至今，在全国各地掀起了民间与官方的多次有效联动。据此，公安机关必须准确把握经济社会形势发展所呈现的阶段性特征，从思想认识上、工作布局上更加重视社会管理创新基本建设，自觉审视和谋划整个公安工作，最大限度地缓解社会冲突，最大限度地减少社会对抗，最大限度地激发社会创造活力，积极做服务经济社会发展的保障者和实践者。

第三，强化公安警务管理创新是践行专群路线相结合方针的有效途径。群众路线是我党的根本路线，专群结合是公安工作的指导方针，也是公安工作立足不败之地的重要法宝。孟建柱部长强调，任何时候任何情况下，党的群众路线都不能丢，党的群众观点都不能忘。越是面对长期执政、改革开放、市场经济、外部环境的考验，越是要始终保持同人民群众的血肉联系。在新的历史条件下，如何贯彻群众路线，是对公安机关回应人民群众对社会平安、公共服务、公平正义的新期待、新要求的重要检验。公安机关警务管理创新恰恰体现了群众路线的要求，内涵更深、外延更广，以社区警务为核心，以微博为平台，密切联系群众，充分发动群众，紧紧依靠群众，把各种资源联结起来，积极实践群众路线的工作方法，为维护社会和谐稳定探索出新路子。“微博”，意指每次发布百十字的微型博客，是表达自己、传播思想、吸引关注、与人交流的最快、最便捷的网络传播平台。2010 年，被称为“中国微博元年”。微博目前已成为备受追捧的舆论新阵地。通过微博及时了解社情，既可有效弥补警力不足，又能让人民群众直接参与公安工作，增进警民“鱼水情”，夯实公安工作健康快速发展的根基。当然，如何因势利导，使微博成为促进社会安定和谐的润滑剂、加强政府与民众沟通的有效平台，一方面需要政府以主动积极亲和的姿态发声，同时也需要广大网民的共同努力与配合。

第四，强化公安警务管理创新是实现公安工作科学发展进步的最佳选择。随着社会开放、动态特征日益凸显，公安机关的工作领域不断拓宽，管理范围不断延伸，如果沿袭过去单打独斗、连续作战、拼体力消耗的粗放发展模式，必然捉襟见肘、步履艰难。特别是在警力相对不足的矛盾难以在短期内从根本上解决的情况下，民警将被困于大量繁杂的事务性工作和低效劳动中超负荷运转，极大地桎梏公安民警发展空间，严重制约了公安工作的科学快速发展。2011 年 5 月 22 日，孟建柱部长在全国公安厅局长座谈会上强调指出：各级公安机关要认真贯彻落实胡锦涛总书记的重要指示精神，深入梳理、系统总结公安机关创造的宝贵经验，牢牢把握新形势下公安工作的规律，创新工作理念、完善工作机制，进一步提升维护社会公共安全的能力与水平。对此，如何强化公安警务管理创新，是我们需要面对和认真思考的重要问题。公安机关警务管理创新就是充分发挥党委、政府和其他社会主体的职能作用，高度整合、合理配置各类资源，建立党委领导，政府负责，公安主动，社会协同，公众参与的一种积极创新警务发展模式，真正做到资源整合最优、付出成本最低、工作成效最大，逐步实现公安工作科学化和公安事业蓬勃发展。

总之，强化公安警务管理创新是全面建设小康社会的必然要求，也是实现社会长治久安、确保人民群众安居乐业的重要举措。

作者与安徽省参会代表合影

二

目前，公安机关警务管理创新工作面临的难题是：

1. 社会治安管理呈现许多新情况，管理难度越来越大。改革开放三十多年来，我国经济社会飞速发展，但社会分配不公、收入差距拉大等问题随之出现，教育、医疗、住房、就业、征地拆迁等矛盾冲突不断，成为影响社会和谐稳定的因素。社会矛盾触点多、处理难，利益纷争交织错杂，涉及多个领域。面对这些矛盾和问题，应先抓主要矛盾的解决。从目前情况看，我国社会发展的主要矛盾仍然是人民日益增长的物质文化需要同落后的社会生产力之间的矛盾，社会管理领域出现的问题是我国经济社会发展水平和阶段性特征的集中反映。因此，有效化解当前社会矛盾的关键就在于全面贯彻落实科学发展观，加快转变经济发展方式，推进产业结构优化升级，提高自主创新能力，逐步解决经济社会发展同人口、资源、环境压力较大的矛盾，更好地满足人民日益增长的物质文化需要。在经济转轨和社会转型中，越来越多的“单位人”变成“社会人”，非政府组织日益增多，原有的一些管理手段不能适应社会形势发展需要，新的有效管理措施又跟不上，导致一些地方对极易滋生和诱发违法犯罪的娱乐场所、茶楼会所、典当交易所等新兴行业、特种行业的监管力度日趋削弱甚至缺位。

2. 群体性事件的预防和处置越来越难。随着我国第十二个五年规划的实施，产业结构调整不断深化，新的矛盾和问题不断增多。由于整个社会利益诉求渠道不够畅通，社会管理机制不够健全，导致很多问题得不到及时解决而积累民怨，很多矛盾得不到及时化解而引发冲突，其中不少矛盾和问题最终演变为影响社会稳定的群体性事件。因此，如何预防和妥善处置因人民内部矛盾引发的群体性事件，成为摆在我们面前需要认真研究的重大课题。

3. 民间纠纷突出，公安民警调处困难。据不完全统计，一般的治安和民事纠纷，占公安所有接处警总量的三分之二以上。由于治安纠纷多发，又难以处理，牵制了公安派出所大量的警力，使基层民警始终忙于应对面上的各类治安纠纷调处，被动应付，以至于形成治标行动多，治本措施少，一些深层次的问题得不到根本解决。一方面，经济发展要求社会管理要着眼于稳定，着眼于和谐；另一方面，人民群众的人权意识、民主意识、法治意识随着国家民主法治进程的加快进一步增强，对社会管理的要求往往偏高。这就要求公安机关警务管理创新既要注重保护公民的合法权益，又要注重提升服务水平，注重提高管理效率，有时难免陷于困境。

4. 虚拟社会管理面临新课题。现在虚拟社会和实体社会很难区分了，一个人可能白天生活在实体社会中，夜晚可能生活在虚拟社会中。虚拟社会是很多犯罪分子容易活动的空间，对此，我们要有一系列的防控措施，力争及时发现一些违法犯罪行为。同时，计算机犯罪及网络和数字化犯罪正在明显地成为快速增加的违法行为。因此，如何有效地加强虚拟社会管理和计算机网络管理将是公安机关面临并亟待解决的一个新课题。

三

今天的中国，社会变革日新月异，群众活力不断迸发，经济发展速度世界瞩目。加强和创新社会管理已成为事关我国发展全局的崭新课题。树立科学的社会管理理念，正确处理各方面矛盾，妥善解决广大群众的合理诉求，是强化公安警务管理创新的必要前提。公安机关要用科学的思维方式，把握工作方向、明确具体任务、破解实际困难、确保目标实现。强化公安警务管理创新必须遵循以下“四种理念”：

1. 多元理念。原广东省省委常委、政法委书记、公安厅厅长梁伟发在全国公安厅局长座谈会上指出：“理念创新和警务机制创新是今后公安工作努力的方向，要结合不同警种实际，在工作创新上进行大胆尝试。”由此可以看出，公安理念在社会管理创新中的重要作用。思想指导行动，理念决定成功。公安工作发展建设需要群策群力，共同应对，综合治理，仅凭公安机关一己之力，不仅是定位的短视，更是发展的缺失。加强社会管理创新不再是公安机关自我封闭运行，而是要把开放、多维、动态、共享的思维贯穿于公安工作始终，注重加强与党委政府、人民群众、社会团体、行业组织、中介机构和其他组织互动，通过行政化、市场化、协作化、规范化等多元方式，谋划公安工作快速科学发展目标。

2. 共享理念。作为全国公安厅局长座谈会特邀代表的吉林省辽源市市委书记马明在参观苏州公安“创意警务”时说：“正是基层千千万万个小的创意，构成了整个公安机关的创新，更成为社会管理创新的重要内容，这是值得当前所有政府部门研究的课题。”社会管理创新是公安机关与社会组织和成员之间的互动过程，更要强调公安机关内外部资源共享。特别是在社会信息化的今天，推进公安信息资源服务共享工作，是公安机关服务经济社会发展大局的重要体现。共享政府有关社会机构掌握的信息，通过不断拓展社会公共安全信息渠道，对公安基础信息与社会公共安全信息的综合研判，最大限度地利用社会信息资源，减少公安执法成本，提高管理效益，增强服务经济社会发展的能力。

3. 能动理念。实现公安工作的快速发展必须充分发挥公安机关和广大民警的主观能动性，要以深入推进“大走访”开门评警、“争做人民群众心目中的好人、亲人、能人”等活动为载体，主动走进党委政府、社会组织和成员中，问计于民、问需于民，在为群众办实事、做好事、解难事中，更多地让群众融入和参与公安工作，为加快社会管理创新提供强大支持。

4. 双赢理念。在社会管理创新活动中，公安机关要坚持以有为争有位，以贡献求支持，切实履行三大政治和社会责任，积极调整社会利益关系，主动回应社会诉求，化解社会矛盾，维护社会公正、社会秩序和社会稳定，为经济社会发展创造良好治安环境，不断赢得党委、政府和人民群众的满意。公安机关警务管理创新是一项长期性、战略性工作，是在继承传统模式合理内涵基础上的转变。同时，这种模式也是一个不断创新的过程，需要在实践中不断进行修正完善。加强和创新社会管理，必须审视时代要求，从警务理念、管理方式、机构设置以及实战方式、保障机制等各个层面适时地进行变革和改进，并将其有机结合，形成规模集约效应，从根本上解决公安发展模式滞后时代发展需要的问题。公安机关应主动适应新任务新要求，寻找差距，弥补不足，更好地破解公安工作科学发展难题，努力取得警民互动，争取达到“双赢效果”。

四

胡锦涛总书记指出："解决社会管理领域存在的问题既要增强紧迫感、又要长期努力，加强实践探索和工作落实，深化认识，总结经验，把握规律，开拓创新，全面提高社会管理科学化水平。"孟建柱部长要求各级公安机关要认真贯彻落实胡锦涛总书记和习近平、周永康等中央领导同志在省部级领导干部社会管理及其创新专题研讨班上的重要讲话精神，牢牢把握"三个最大限度"的总要求，积极适应工业化、城镇化加快发展的新要求，深入推进社会管理创新，完善人口服务管理机制、重大突发事件应急管理机制、警务合作机制，着力提高公安机关社会管理科学化水平。社会管理创新是当前摆在公安机关面前的紧迫任务。公安机关必须认真总结经验，创新理念，大胆实践，坚定不移地走公安管理创新之路。为此，要做到以下几点：

1. 强化公安警务管理创新，务必牢固确立以服务经济社会发展为中心的工作思路。公安工作是党和政府工作的重要组成部分。为此，各级公安机关必须满腔热情地为发展大局服务，妥善处理改革、发展、稳定三者之间的关系，真正实现公安工作的根本宗旨和全部价值，推进公安工作与社会经济发展同振共兴。这里仅以阜阳市公安局为例。近年来，阜阳市公安局在追求自身加快发展的过程中，时刻与党委、政府保持高度一致，时刻把推动经济社会发展的中心工作当做公安主业，主动作为，积极作为，赢得了党委、政府的满意和巨大支持。市委、市政府对公安工作的关注度、理解度、认可度、支持度、保障度逐年提升，解决了长期制约公安发展的经费、警力、待遇等一系列体制性、机制性、保障性等问题。特别是将关系公安工作科学长远发展的重点工作全部上升为党政行为，由政府主导、政府立项、政府规划、政府投入、政府推进。公安机关经过"三基"工程建设、"三项建设"和"三项重点"工作夯实了基层基础，改变了工作环境。2011 年以来，市委、市政府继续加大政策、保障倾斜力度，牵头推进户籍管理制度改革，实现了真正意义上“八统一”；对投入大、标准高的公安科技建设、扁平化动态指挥体系建设全部纳入政府重点建设项目，强力推进“数字化城市”建设，加强对重点部位、重点场的数字化监控力度，拓宽公安信息化建设的应用领域和深度，提升动态社会的打防管控能力；建立全市应急指挥中心，改造升级350兆集群基站、建设警车GPS定位系统、购置高端通讯指挥车，推进110接警系统与350兆集群接入，有效提高了全市应急指挥处置能力和水平，在社会治安社会化管控体系建设上迈出了坚实步伐，形成了“有为公安”到“发展公安”的良性循环。

2. 强化公安警务管理创新，务必以政府职能转变为契机，构建多元建设联动格局。当前，我国改革正处于以政府职能转变的实质性改革阶段，对各级政府及政府各职能部门履行职能特别是社会管理职能提出了新要求。公安机关必须抢抓这一有利契机，积极争取和动员各政府职能部门参与到公安发展建设中，特别是针对那些涉及众多职能部门社会问题的管理，要本着“履职到位不越位”的原则，切实加强相互之间的配合，建立联席联动工作机制，共同推动公安工作发展建设。近年来，阜阳市公安局在维护社会稳定工作中，加强与宗教、民政、劳动和社会保障、教育等重点部门配合，第一时间掌握各类动态性、预谋性、行动性情报信息，及时采取稳控措施，掌握工作主动权。在推进治安重点地区整治中，加强与交通、安监、工商、文化等部门配合，形成整治合力，建立完善网吧、旅店等行业场所定期联查制度、等级评定制度，实现了合力高效整治。在治安防控体系建设上，依靠市场机制形成内在牵引力，采取市场化运作方式，强化社会系统在安全防范方面的自我调节能力，提升各方参与治安防范的积极性和能动性。在公安信息化建设上，加强与司法、民政、工商等行政管理部门和金融、保险、证券、水电气热等行业监管部门的配合，高度整合各类数据信息资源，建立动态长效信息更新机制，为公安信息体系建设奠定了坚实基础。在改进公安行政管理上，充分发挥社会组织和中介机构的作用，共同参与社会管理。同时，对于党委、政府在推进经济建设和城市建设中，要求公安机关牵头组织或积极参与的工作；对于出现的其他职能部门缺位或者履职不力等情况，积极履职尽责，充分发挥作用，真正做到了下好先手棋，打好主动仗。

3. 强化公安警务管理创新，务必以做实社区警务为突破，实施抓点带面推进模式。社区是社会组织的细胞，社区警务是公安工作的最基础单元。为此，强化公安警务管理创新首先应从社区警务抓起，以点带面，整体铺开，逐步实现公安工作社会化。从公安机关内部看，做实社区警务不仅实现警力下沉、警务前移，而且对夯实联系群众、人口管理、治安防控、化解矛盾、服务群众等公安基层基础工作具有重要意义。从公安机关外部看，近年来通过深入实施社区和农村警务战略，使各级党委、政府和广大群众充分认识社区警务的联结纽带作用，把警务室当成了解民意、化解民忧、保障民生的基层政权组织来看待，各类综合治理资源高度整合、各种社会力量主动融入到社区警务中来。在社区人口管理上，依靠计生协管员、外来人口协管员、治安保卫人员、单位内部保卫人员和劳动监察部门工作人员，通过重点入户访查、抓好常住人口、外来人口、重点人口核实登记，加强出租房屋和外来务工人员登记，并建立社会综合信息数据库，夯实人口管理业务基础；在社会治安防控上，协调政府出资聘用协警力量、下岗人员、低保人员共同开展社区的巡逻防范工作；对一般治安案件、民间纠纷、利益问题引发的矛盾纠纷的调处，主要会同综合治安协管员、司法办人员、乡镇法庭人员、治保调解人员进行社会矛盾公开调解，力争将矛盾纠纷化解在基层，保障社区稳定。通过做实社区警务，使社区每个职能部门和工作人员，都为维护社区治安发挥重要作用。

4. 强化公安警务管理创新，务必以完善体制机制为保障，坚定科学发展努力方向。公安机关警务管理创新是一个复杂系统工程，必须有完善的体制机制作为保障。首先，公安机关必须坚持制度建设和机制建设，前瞻性考虑公安机关警务管理创新过程中可能出现的各类问题，破解前置，跟踪完善，长效保障。正确处理当前与长远的关系，克服“急功近利”，研究投入和产出绩效，在平时积累经验的基础上强化制度设计，立足当前，着眼长远，是强化公安警务管理创新、开创经济社会发展新局面的一个重要原则。这是由社会管理的紧迫性、艰巨性和长期性决定的。我国的社会管理是一项无从借鉴的开创性事业，头绪很多，涉及面宽，要求更高，任务繁重，既要立足当前加紧谋划、加快落实，又必须着眼长远，做好持续奋斗的思想准备。强化公安警务管理创新需要制度先行。在社会管理创新过程中，一方面，要致力于社会自身灵活而有效的运行，善于在管理中发现、总结、提炼，及时把实践经验上升到理性认识，把实践创新上升为理论创新，不断推进社会管理实践创新、理论创新，鼓励民警出谋划策；另一方面，要致力于长效机制的建立，把平时在管理实践中形成的好经验、好做法形成制度，作为长效机制固定下来，才能使社会管理创新程序更规范、方法更科学、过程更透明、节奏更快捷、效果更理想，不断推进公安机关社会管理的制度创新。其次，建议把公安机关警务管理创新上升到党委、政府意志。在制定地域“十二五”规划纲要时，切实加大公安工作的比重，为公安机关警务管理创新拓展更加广阔的空间。第三，紧紧围绕党委、政府问责机制，建立完善典型引路、跟踪督办、绩效考核等推动机制，形成了一级抓一级，层层抓落实的工作局面。

公安警力配置新思考

全国“二十公”会议强调要从全局和战略高度把基层基础工作置于优先发展的位置，并从政策导向、制度设计、机制建设上倾斜基层，逐步实现公安工作重心下移、保障下倾、警力下沉，增强基层实力，激发基层活力，这不仅是公安部领导的重要指示，也是县级公安机关适应社会经济形势发展，履行三大政治和社会责任的迫切需要。

县级公安机关是各项公安保卫任务的直接承担者，是公安工作各项方针、政策的具体落实者。其职能作用发挥的好坏，对整个公安工作成败和农村社会稳定具有重大影响。众所周知，维护社会治安离不开公安民警，夯实公安基层基础工作离不开警力配置，可以说，县级公安机关警力配置是做好公安工作的首要问题和必要前提。

据此，如何贯彻党的十七届六中全会精神，坚持科学发展观，加强公安队伍建设，科学设立机构，合理配置警力，最大限度地发挥现有警力的整体效能，这不能不成为各级公安机关亟须研究解决的一个重要课题。为此，本文试图从县级公安警力配置现状入手，分析目前存在问题及其原因，同时有针对性地提出几点建议，以求对县级公安机关警力配置工作实践有所裨益，也为今后公安整体工作长远发展奠定坚实基础。

一、县级公安机关警力配置工作现状

这里仅以安徽省太和县公安局为例，以点带面，力求真实反映情况，供领导决策时参考。

（一）机构设置与人员定编情况。根据省编办与省公安厅《关于规范全省县市公安机关机构设置的指导意见》（皖编办〔2007〕239号）和太政办（2010）第82号关于《太和县公安局主要职责、内设机构和人员编制规定》等文件精神，该局政法行政编制定编617人，其中机关行政编制50名。局长1名、副局长2名；政委1名；纪检组长1名。党委、纪检（监察）机构设置，按有关规定执行（详见该规定）。

该方案将县级公安机构设置总体上分为4大部分：一是局综合管理机构，主要包括局领导及内设三室：政工室（加挂督察大队牌子）、法制室（纪检监察室）、警务保障室，三室均为副科级建制，这部分定编50人。二是执法勤务机构，即8个局直一线单位：指挥中心（正科级建制，加挂办公室、情报信息大队牌子）和7个大队（国保、治安、刑警、巡警、经侦、交警、网监，均为副科级建制），这部分定编229人。三是监管机构，看守所、拘留所实行单列，副科级建制，这部分定编38人。四是派出机构，即派出所建制按行政区域重要位置划分：县城7个所（含1个火车站派出所），农村30个所，每个乡镇各设1所，这部分定编300人，37个派出所均为副科级建制。

（二）职位确定和警力分布。根据机构改革方案要求和警力配置。目前，全局警力现有606人，全部定为行政编制。实有警力总体部署是：

（1）局综合管理机关，现有局长1名、政委1名，副局长3名、副政委2名，局党委委员2名，加上“三室”民警，合计45人，约占全局警力的7.5%。

（2）执法勤务机构，即“一中心七大队”。公安改革几年来，基本上维持原设机构，但略有变动。这部分合计189人，约占全局警力的30%。

（3）监管机构，看守所、行拘所实行单列。各设所长、教导员1名，副所长2～3名。监管机构合计52人，约占全局警力的8.5%。

（4）基层作战单位，即37个派出所，现有民警300人，约占全局警力的51.5%。

此外，地税办、保安大队、公安医院等单位计有民警10余人，约占全局警力的2.5%。

（三）年龄结构和文化素质。全局603名民警中，男538人，女65人。党员共517人。

年龄结构。按黄金年龄段划分：45岁以下民警465人，其中35岁以下民警252人；46岁以上民警138人，其中55岁以上民警34人。老民警大都是过去经组织人事部门从外单位调入或部队转业军人；新警则是警校毕业分配和近年省厅统招录用的大专毕业生。

文化程度。按现有学历统计：在实有民警中，研究生5人，大学本科249人，专科275人，中专以下74人。

（四）职级待遇和警衔评授。据调查，全局民警603人中，享受副处级待遇的2人；享受正科职级待遇的24人；副科级待遇的161人；科员415人。同时，现有民警经过首授、微调及正常培训晋升中、初级警官警衔的589人。其中，警督281人，即一督16人，二督115人，三督150人；警司304人，即一司102人，二司45人，三司157人；未授警衔18人。

（五）现有辅警人员使用情况。据统计，全局使用辅警及工勤人员有450人，其中局综合管理机关使用辅警10人，主要从事收发、驾驶及后勤服务工作岗位等；局直二级机构使用辅警200人，主要从事微机操作及驾驶员、炊事员、保洁员等；基层作战单位即37个派出所使用辅警240人，主要从事辅警联防及后勤服务等。辅警人员中：男360人，女90人。年龄：45岁以下380人，45～60岁之间50人，60岁以上20余人。辅警时间：5年以下230人，5～10年之间110人，10～20年之间85人，20年以上24人。

二、目前公安警力配置工作存在的问题

自1997年太和县公安局首次进行机构和人事制度改革以来，既有成功经验，也有深刻教训。无疑它为贯彻党的干部路线，开创公安工作新局面注入了活力，为推动公安事业发展作出了一定贡献。实践证明：两次改革及实行多年的警力配置方案，都明显存在一些弊端。

（一）机构设置不够合理。改革的目的是精简机构，做到“精兵简政”。可是，十几年来，公安机关机构没有精简却有不断增多的趋势。1997年公安机构改革方案定编三室七大队；2010年年底公安机构改革方案定编三室八大队（含指挥中心），另加两个单列所。按照公安部公委通字〔2010〕8号文件（以下简称公安部8号文件）关于进一步加强县级公安机关纪检监察部门建设的意见，应设纪检监察室而新方案未设。为落实公安部8号文件精神，2011年公安局纪委成立，纪检监察室开始单设。除此还有警务督察大队、情报大队与出入境管理机构等需要考虑增设。据此不仅说明1997年的公安机构改革方案已过时，而且也说明2010年年底的公安机构设置方案也已明显不适应社会经济形势发展需要，急需纠正。

（二）警力分布不够合理。公安工作的重点在基层，警力及财力应向基层倾斜，可是通过调查了解，不少基层所队警力严重不足。同时，不少基层单位反映，一方面人手本来就少，难以扎扎实实地去搞基层基础工作；另一方面却又被随意抽人搞其他工作或非警务活动。同时，一些老民警没有发挥应有作用，新警缺乏经验，遇突发事件，凸显警力匮乏的现象。有时不得不依靠辅警，可辅警待遇低，没编制，辅警人员难以安心工作。

（三）工作机制运行不够合理。如“8+3”模式精简了公安办公室，可办公室职能依然存在。事实上，省、市公安机关有办公室，县委、政府、人大、政协等领导机关及各部委办、各乡镇都有办公室，而公安局没有办公室。说没有，有人却说文件上有，公安局办

公室挂靠指挥中心，但指挥中心是否能对外指挥接轨运行，是一个值得探讨的问题。由于机构设置欠缺，上下不对口，左右不一致，形成有的工作不协调或难以协调，好办或有利的工作争着办，难办或不利的工作没人办，不同程度地影响了公安工作的正常开展，既影响了公安机关的形象和声誉，也损害了党和政府在人民群众中的威望。

分析问题产生的原因自然是多方面的，如机构设置之初没有经过充分调研，科学论证，缺乏综合考虑、系统观念不强、思想重视不够以及领导监督不力等条件限制。

三、加强县级公安机关警力配置工作思考

综上所述，可以说县级公安机构与警力配置工作是一项非常重要的基础性工作。因此，改进和完善县级公安机关警力配置势在必行。为此，笔者初步思考如下：

（一）转换思想，更新观念，切实把县级公安机关警力配置工作摆上重要位置。

首先，提高认识，端正思想。各级公安机关领导务必把警力配置这一工作摆上重要议事日程，真正从思想上高度重视，进一步认清强化公安机关警力配置工作的重要性和必要性，增强做好警力配置工作的责任感，确保机构编制科学，警力配置合理。

其次，申请编制，增加警力。为了稳固农村社会治安形势，按照农村社区人口警力协调发展的要求，太和县公安局应配警力千余人（据了解，目前全局现有民警数约占全县总人口的万分之三点五），现实警力只有应配警力的二分之一。所以，适当增加警力是当务之急。警力不足谈不上科学配置，合理使用。

第三，开展调研，科学预测。建议按照省、市领导要求和社会治安形势需求，把这一工作重点放在调研、规划、调控和管理上，使机构设置和警力配置工作运行逐步纳入正常发展的轨道，并紧紧围绕全局中心工作和整体目标开展活动。警力不足是突出问题，在短期内大量增加编制和警力的设想也是不现实的。破解难题只有先

在现有警力上做文章。警力有限，民力无穷。建议在调动民警积极性的同时，充分利用社会力量和发挥众多辅警作用。

（二）合理设置机构，科学调配警力，积极推行警务机制改革。

机构设置、警力配备是公安机关职能作用发挥的载体。如果随意设置，配置失衡，必将严重制约其职能作用的充分发挥。作为县级公安机关应随着社会治安形势的发展，根据实战要求，本着精简、统一、高效、对口的原则，科学设置公安机构，逐步建立适应市场经济形势发展需要的系统、高效的公安工作运行新机制。

县级公安机关是担负保一方平安重大责任的作战实体，其机构设置总体要求应逐步改变机关化倾向，力争向一线执勤实战方向发展，以适应动态环境条件下快速接处警作战的现实需要。机构改革一般应稳妥推进，避免大起大落，更力戒决策失误，朝令夕改。为此，建议县级公安机关机构设置应在原来的基础上不断修正和完善，努力争取上下对口，左右一致。要尽可能地把警力充实到实战部门，逐步实现公安机关总体作战、统一指挥的现代化信息管理系统。这就要求基层单位各警种务必在公安指挥中心统一调度下，彻底转变作风，提高快速反应和驾驭社会治安局势的能力。

为此，要积极推行警务机制改革，建立健全和完善辖区社会面巡防机制，努力实现高效警务和科学警务。切实加强对农村社会治安形势的动态研判，并根据警情的重要复杂程度，及时调整防控重点和力量部署，真正把有限的警力用在“刀刃”上。

警务机制改革是一场革命，涉及公安工作的方方面面。关键是推进警力下沉，即通过制定公安编制管理办法和基层警力配置标准，全面试行非警务及辅助性岗位聘用员工制度等，从制度上确保基层一线实有警力达到总警力的85%以上。坚持科学布警巧妙用兵，关爱基层民警。同时，建立完善奖惩激励制度，制定符合基层不同岗位特点的工作绩效考核办法，科学评价基层民警的工作实绩，逐步建立既适应基层特点，又符合财政要求，保障一线民警收入待遇不断增长或高于机关的一种警务机制。

（三）实践社区警务战略，推行警力前移，管理下沉，大力加强基层基础工作。

在当前刑事犯罪猖獗、治安形势严峻的情况下，加强公安基层基础工作，要以有限警力充分向社会治安第一线倾斜，包括财力、物力等。“三所三队”是公安机关的最基层单位，也是公安基础工作的主要落实者。县局应根据精简机关、充实基层、优化配置的原则，尽快落实“三所三队”警力占全局警力85%以上的要求。上边千条线，下面一根针。警力严重不足就难以完成抓基础、促防范和严厉打击刑事犯罪的繁重任务。为此，建议试行农村社区警务运行新模式，即按照社区规模、治安状况、人口因素、地理位置等，配足应有警力，如能实行“一区一警”或“一区多警”更好。

对县城公安派出所，以一个责任区民警负责千户或实有人口3000人为标准，落实“一区一警”；对规模较大、治安状况复杂的社区则实行警长负责制，“一区两警”或“一区多警”。

对农村公安派出所，一种方法是参照县城所模式配置警力，另一种是将相邻的几个行政村划为一个警务区。以便于派出所统筹兼顾，合理调配，依托村干部和热心群众，积极做好安全防范，确保辖区长治久安。

（四）强化公安队伍建设，开展在职教育和全员培训，向素质要警力。

公安机关直接担负着维护政治稳定、社会安宁、打击刑事犯罪、管理社会治安的重要职责。民警文化素质的强弱、执法水平的高低，不仅关系着公安机关的自身形象，影响公安机关职能作用的发挥，甚至关系到整个公安事业的成败。当前，从总体看广大基层民警在警力不足、任务繁重、待遇不高的条件下，充分发挥艰苦奋斗、顽强拼搏的精神，圆满完成了各项保卫任务，为农村社会治安稳定作出了重要贡献。但在公安队伍中，有一些人不安心本职工作的现象也是非常明显的。对此，我们要有清醒的认识，除了有针对性地加强教育和管理外，还要强化对民警的在职培训，开展岗位练兵，自学成才。同时，畅通公务员流动渠道，设法解决民警两地分居问题，以稳定年轻民警扎根农村，用心做事。

（五）积极改善基层基础设施和后勤装备，向科技要警力。

经费困难、装备落后一直是制约公安机关充分发挥职能作用的老大难问题，也是在实际工作中迫切需要解决的突出问题。因此，建议公安机关一方面，要积极争取各级党委、政府的重视和支持，逐步加大对公安工作的投入；另一方面，也要切实贯彻执行向基层一线倾斜的政策，把有限的财力、物力用在“刀刃”上。

改善公安机关后勤装备，首先，是要改造和完善基础设施建设，包括局机关和基层派出所的办公用房、交通工具、通讯设施、刑侦技术装备、治安防暴器材及办公用具等。其次，是要建立局机关与业务队室、基层派出所通讯管理系统和民警档案管理系统。最后，是要建立自动化报警、自动化监控指挥管理系统等。

总之，公安机关必须加强与现代化信息管理系统相适应的基础建设，夯实硬件，开发软件，崇尚科技，激励创新，拴心留人，这样才能显示出现代化信息管理系统的强大威力，真正为公安机关履行神圣职责、打击违法犯罪创造必要的工作条件。

作者与文友刘天德（右一）、黄敦（左二）、盛凯合影（黄山）

试谈调研文章撰写

毛泽东同志曾告诫我们：没有实践的理论是空洞的理论，没有理论的实践是盲目的实践。

2011 年 11 月 16 日，习近平同志在中央党校秋季学期第二批入学学员开学典礼上的讲话中明确指出："调查研究是做好领导工作的一项基本功，调查研究能力是领导干部整体素质和能力的一个组成部分"；"调查研究不仅是一种工作方法，而且是关系党和人民事业得失成败的大问题。重视调查研究，是我们党在革命、建设、改革各个历史时期做好领导工作的重要传家宝"；"调查研究，是对客观实际情况的调查了解和分析研究，目的是把事情的真相和全貌调查清楚，把问题的本质和规律把握准确，把解决问题的思路和对策研究透彻。这就必须深入实际、深入基层、深入群众，多层次、多方位、多渠道地调查了解情况。既要调查机关，又要调查基层；既要调查干部，又要调查群众；既要解剖典型，又要了解全局；既要到工作局面好和先进的地方去总结经验，又要到困难较多、情况复杂、矛盾尖锐的地方去研究问题。基层、群众、重要典型和困难的地方，应成为调研重点，要花更多时间去了解和研究。只有这样去调查研究，才能获得在办公室难以听到、不易看到和意想不到的新情况，找出解决问题的新视角、新思路和新对策"。这充分显示调研工作的极端重要性。

做好公安工作离不开公安调研。从"公安实践—理论总结—实践改进"的过程来看，通过调研分析和检查反思来修正完善各项工作计划落实、确保公安任务顺利完成势在必行。

公安理论研究是实现公安工作不断跨越发展的动力，而公安理论的形成和产生又有赖于专家学者和广大民警的思考与提炼。在实际工作中，基层民警的调研文章在提供决策参谋、指导具体工作等方面具有专家型人才无法比拟的优点。

作者与同学李春良（左二）、胡冰（左一）、盛井泉在公大校园宿舍留影

实践无止境，创新无止境。在新的历史条件下，公安工作越来越呈现多样性，各种新问题和新情况不断发生，这就需要我们不断地去发现问题、研究问题、解决问题。实践出真知。在具体的执法执勤过程中，广大民警或多或少地会有所思有所想，但基层往往缺乏把这种实践中的想法即理性的思维上升为实践理论的愿望，有的民警讲起话来头头是道，层次分明，逻辑性很强，但让他写篇总结和报告却感觉十分头疼。过去的工农干部说：能拿起锄头，掂不起笔头。笔者是“文革”时期的知青，拥有两年农民，十年工人的阅历，初中文化水平在学工学农磨炼中还能够应付。“以工代干”尤其是转干后深感自己知识匮乏，于是发奋读书，刻苦自学，决心把失去的时间夺回来，在职求学，节假日是最好的学习时间，学至今天，发表几篇文章，写篇短文，自感不在话下。从个人成长经历

看，实话实说。写文章并不难，只要你愿意掂笔把自己的观点和想法写下来，经过独立思考或一段时间沉淀或请人帮助修改之后，就是一篇调研文章，不要怕写不好，也不要怕调研文章不被采用，只要你经常去写，认真总结，日积月累，总有一天会有彩虹满天和意外惊喜出现。可以说，每一位成熟的调研高手无不是从多次退稿和失败教训中“闯荡”出来的。

下面，本人结合基层调研工作现状和实际，就如何写好调研文章略作阐述，与大家交流。

一、调查研究的深刻含义

调查研究是马克思主义认识论和方法论的应用科学。学习和掌握科学的调查研究方法，对于全面贯彻党的路线、方针、政策，系统认识公安工作规律，有效地进行辅助管理，充分发挥调研工作的参谋、助手作用，无疑有着重要的现实意义。

（一）调查研究的概念及相互关系

调查研究是人们认识世界、改造世界的一般过程。调查和研究是两个既有联系又有区别的概念。

调查是考查、了解客观事物运动现象，形成感性认识的过程。研究是分析、探求客观事物内在本质和发展规律，形成理性认识的过程。调查和研究是完成某种认识过程中两个不可分割的方面。据此，可以说认识和了解调查研究是开展调研工作、撰写调研报告的前提和基础。

在人类从事的各种社会活动中，人们为了有效地进行和完成各种改造世界的实践活动（包括改造主观世界和客观世界）首先必须解决思想认识与客观实际的统一问题。解决这一问题的一般过程就是调查研究的过程。在实践中通过各种调查方法，搜集反映客观事物运动现象的感性认识资料并进行全面、系统地研究，完成对客观事物本质和发展规律的理性认识，同时用以指导新的实践。在新的实践活动中，作为前阶段的调研成果，只有通过再实践才能得以验证、完善和提高。

调查研究二者关系。调查和研究是辩证统一的关系，这是由感性认识与理性认识的辩证统一关系决定的。单从某一调查研究环节或阶段来看，调查是研究的基础和前提，研究是调查的继续和升华。单从调查研究的整个过程来看，调查与研究又是相互联系、相互渗透、相互区别，协调运动的过程。因此，必须以连续发展的观点认清调查研究，克服主观片面认识，从而科学地开展调查研究。

（二）调查研究的基本任务

调查研究的基本任务，是在领导的统一安排下，围绕公安工作中心，对敌情、社会治安和工作中的情况进行调查研究；发现问题，提出问题；掌握全面情况；开展综合分析、研究，提出解决问题的意见、方案；搞好各项统计数据的收集和汇总分析，提供准确的信息，供领导研究、制定决策、政策时参考。因此，调查研究时，一是要紧紧围绕领导决策提供依据进行调查研究。二是要紧紧围绕贯彻党的方针政策进行调查研究。三是要紧紧围绕开展公安中心工作进行调查研究。四是要紧紧围绕如何加强对敌斗争和社会治安管理进行调查研究。五是要紧紧围绕法制建设进行调查研究。

（三）调查研究的准备

调查研究前的准备工作，主要有四个方面：一是学好有关指示、文件精神，明确调查目的，了解全面情况，使调查研究始终在正确的思想指导下进行。二是选定调研题目。选择调研课题，就是确定调查所要解决的问题。问题提出来后，调查才有明确的方向，才能根据所要解决的问题，确定调查对象、内容、范围、地点以及决定调查的具体方法和制定调查实施计划。选题是进行调查的起点，也是整个调查研究过程中的重要环节。调查课题选择的是否正确和有价值，是直接关系调查研究成败和价值大小的关键。三是组织安排力量和选定调查地点。一般来说，组织调查力量是根据调查任务确定的。调查地点的选择是根据调查的任务、课题的需要，从实际情况出发，有目的、有针对性地选择和确定。四是制定调研计划。调研计划是调查课题的深化和展开，是整个调查活动的纲领和指南。

（四）调研报告的撰写

“十月怀胎，一朝分娩”。调查研究的结果，是撰写调查报告，这是出成品的最后一环。公安机关的调查报告，没有固定的一成不变的程式。如何撰写，要看调查的对象与任务的要求而定。一般来说，要掌握以下几点：一是要掌握丰富的材料、情况、数据，包括现状和历史；既有典型材料，又有综合情况，弄清事物的背景和来龙去脉，弄清事物各方面的真实情况和它们之间的内在联系。这是写出质量较高的调查报告的基础。二是要注意用观点统率材料，善于把观点和材料结合起来。三是布局要合理，结构要严谨。调查报告一般分标题、前言、正文、结尾四部分。标题力求醒目、鲜明，能够吸引人。前言要简明扼要。能够说明调查的对象、目的、方法、结果，使读者有个概括的了解。正文是调查报告的主体，是报告最精彩的部分。要先后有序，主次分明，层层深入，紧密联系，详略得当，表意完整。为说清问题，可根据调查内容分成几个小部分，每节加上鲜明、概括的小标题。客观事物是非常复杂的，往往需要从各个侧面、不同角度去说明、叙述，才能全面、透彻地回答问题。这要注意各部分之间的逻辑联系，要有合理的顺序，自然的衔接。要紧紧围绕中心，逐个阐明，突出重点，最后提出对策性意见。结尾，即结束语。写法比较多，如有的概括全文，深化主题，提高人们的认识；有的提出新的问题，启发人们去深思，去做新的调查研究；也有的写出存在的问题、处理意见或今后打算。

总体说，调研文章是具有共性特征的，也是有规律可循的，它的一般结构是：开头语——分析现状和不足——提出对策和思路——结束语，也可以形象地比喻为：一个调研观点就是一个人的穿衣戴帽，作者就是按照“帽子（开头语）——衣服（现状和不足）——裤子（对策和思路）——鞋子（结束语）”的程序给其配上行头戏装，这样一篇形象丰富的调研文章就自然而然地出现了。

二、调研文章的撰写要求

调研文章靠实践总结，又反过来指导实践。它不但需要思维要件，也要符合几项要求：

（一）符合社会形势和时代背景

譬如，党的十七大召开后，“和谐社会”、“可持续发展”和“社区警务”讲得比较多，可以写“基层民警如何在和谐社会和新农村建设中有所作为”、“社区和农村警务可持续发展的几点思考”等内容。再来看公安业务工作，近几年“三基工程建设、群众思想工作”等讲得比较频繁，也引起了全国公安机关的关注，“基层民警谈三基”、“谈新时期群众工作”等文章被采用的可能性和受上级重视的几率就很高。例如，中央政法委决定开展社会主义法治理念时，我写了《社会主义法治理念思考》；公安部要求开展“三基”工程建设时，我写了《公安机关“三基”工程建设现状、问题及思考》，2009 年在九华山参加省厅理论研讨会议后，我写了《对强化基层公安调研工作的几点思考》等均被省级以上公安报纸杂志采用。

2007 年 1 月 9 日，省委常委、政法委书记、公安厅厅长徐立全在听取省厅办公室工作汇报时说，调研工作要实际、实用、实效。讲的就是这个道理。所以说，与时代精神要求合拍，符合主流形势需要，这一点是最重要的。有很多学者认为柳永的词是唐宋元明清所有词人中写得最好的，但他为什么没有李清照、李煜等人名声大，主要是因为他写的都是一些落魄公子和赞颂烟花柳巷歌女的文章，所以无法真正成大器而引人瞩目。

（二）找准切入点

文章的切入点很重要，一般的基层民警写的文章与专家的文章不同之处就在这里。专业理论可以写得很大，如中国人民公安大学王大伟教授有一本书叫《论社区警务》，在书中，作者对国内国外、理论实践、警务战略、思想观点等都加以谈论，具有很高的理论功底和高瞻远瞩的气势，当属专家型文献了，但我们基层民警接触面很小，眼界不会很高，就应该选择一个相对小一点的切入点，可以写工作中的某一方面或者某一点，切忌空谈泛指。我们局按照公安部和省、市领导要求，积极开展警务室建设，反复实践，总结经验，摸索出“一室两站三员”的社区警务模式，引起社会各方关注。据此，我经过深入基层，认真调研，很快写出了《筑牢乡村平安第一道防线，太和推出“1+2”警务模式》一文，于2007年10月5日被《人民公安报》刊登。同时，我根据安徽省公安厅领导指示精神，写了几篇调研文章，出了一本论文集就是《公安基层基础工作思行录》，没想到它能为太和公安争光，也为阜阳市局争了光，更深受省、市公安领导同志的厚爱，褒奖有加，这纯属于意外收获。对此，我的最大体会就是人要干出成果，必须执著追求，勤于思考，日夜写作。作为公安机关民警尤其是派出所民警，管的事多，了解社会情况多，可写的素材也多。如内勤可以写“涉案财物的管理难点和对策”、“派出所内勤的素质要件”、“基层派出所内勤工作思考”；警务室民警可以写如何深入乡村，做好辖区群众基础工作等。当所选择的题目内容比较宽泛时，可以在题目中加定语修饰，比如“浅谈、浅析、初探、小议、试论、简析”或者在主语后面加补语，如“两抢一盗犯罪的打击策略”、“三基工程建设的基层实践”、“群体性事件的及时打击处理”，等等。

（三）作文必须原创

好多人以为“天下文章一大抄”，认为调研文章可以通过借鉴别人的思想来坐享其成，这是非常有害的，现在搜索技术发达，一篇文章是否抄袭来的，一搜即知，而且一些资深的专家一看就知道这类文章“眼熟”。所以，我认为写文章必须坚持原创，坚定地走“农家菜”特色之路。经粗略分析，现在有三种写调研文章的模式，第一类是纯粹的整段复制、粘贴，大抄特抄，只是改改名称和标点符号，这是最低档次的，适用于行动方案之类的，不能真正称做写文章，应付上级检查，图省事可以。第二类是有限借鉴，这类人在写文章时先找同类文章阅读，然后根据记忆写出自己的观点，这种文章已经有进步了，但是思路容易受范文的影响，文章结构会感觉比较松散，有些借鉴的语句会让人感觉偏离主题、生硬衔接。第三类状态才是我们要锻炼的，那就是平时多看调研文章，注意在日常吸收别人的精华观点和优秀文采，然后在自己的写作过程中自然流露，一气呵成，真情表达，这样写出来的文章才能经得起推敲。所以，我认为文章必须原创，写好写坏不要紧，自己的“心血”值得珍惜，真吃还是家常饭，真穿还是粗布衣。

（四）写好开头和结尾

单就写作来讲，整篇文章最吸引人的地方，除了标题就是开头。对写文章，许多大家都有重要论述，乔梦符提出“凤头、猪肚、豹尾”六字，谢榛主张“凡起句当如爆竹，骤响易澈；结句当如撞钟，清音有余”，因比喻贴切，形象生动，而成为经典之论。文章的开头有很多方式，有的开门见山，有的圆滑过渡，有的故留悬念。一个好的开头，会让读者有兴趣往下读，会让读者产生一种想了解文章思想的欲望，这你就成功了。结尾也同样，一篇好的文章必定需要有一个精彩的概括性结尾，一般具有展望、探索性质，有时也可按照首尾照应的方法写。

（五）要有独特见解或创新思维

创新思维，可表现在各个方面，如词句、观点、方法、表述、结构等。“动人春色不须多”。一篇文章创新思维、形成亮点之处，可能就一两个警句，几十个字。有了它，就能使文章亮起来，让人爱不释手。近年来出现一些新亮点，为人们喜闻乐道。例如，“空谈误国，实干兴邦”；“聚精会神搞建设，一心一意谋发展”；“以人为本，科学发展”；“金奖银奖，不如群众夸奖；金杯银杯，不如群众口碑”；“一个国家、一个民族、一个政党，最大的忧患是没有忧患意识，最大的问题就是对问题缺乏警觉”，等等。创新思维宛如闪光的宝塔尖，而塔尖则需要坚实的塔基、塔身来支撑。

独特与创新就是魅力，只有个性化才能体现出你的与众不同，一般在写文章时先要想好文章要传递一个什么样的信息和观点，使读者看过以后要有一种“讲得在理，讲得透彻”的感觉。有的同志在写有关“外来人口”或“队伍管理”等问题的文章时，总以为有很多人在写同一个话题，我不一定写得过人家，其实你根本无需多虑，因为这种难点、热点问题本身就没有标准答案，别人谈的不一定对，你谈的也不一定错。只要在一篇文章中讲出一个亮点，解决一个问题，就是一篇好文章。

（六）文风要严谨，作风要扎实

基层民警写文章，不同于专家学者，要尽量少用一些专业术语和华丽的辞藻，只要“讲清了问题，讲明了方法”即可。文字要简练，自然质朴。不矫揉造作，不故弄玄虚，文从字顺，平淡清纯。例如，“满招损，谦受益”；“兼听则明，偏信则暗”；“采菊东篱下，悠然见南山”；“问渠那得清如许，为有源头活水来”，等等，可谓“清水出芙蓉，天然去雕饰”。有些调研文章用的句式偏长，双定语、双谓语的情况经常出现，一些生僻字和冷僻词也常常被引用，笔者认为没有这个必要，能一句话说明问题的，就不用两句话。文章要力求思路清晰、文笔流畅、句式尽量短，不应求“花”而应求“实”，这就需要基层民警平时的积累，多在日常工作和学习中注意吸收别人的好方法。

可以说，写好调研文章是一个民警的综合素质体现，也是体现个人工作能力和得到领导认可的一个有效载体，在这个开放而且多元的时代，只要自己想写、敢写、多写，日积月累，持之以恒，那你一定能够写出令人信服的好文章，让人刮目相看。当然，站得高才能看得远。如果怕淹而不敢下水，那就永远到达不了理想的彼岸。写作只要你写得多就能写得好、写得妙，熟能生巧，令人称道。

婴儿的第一声啼哭不是最好听的，但是声音最美最好的歌手也是从婴儿的第一声啼哭开始的。

"从优待警"分析

近年来，通过全国各级公安机关的不懈努力，从优待警工作不断取得新的进展和突破，在工作中也逐步积累了一些好的经验，成效是显著的。但是，我们还要清醒地看到，由于受到地方经济发展水平等因素的制约，从优待警工作进展很不平衡，与严峻复杂的社会经济形势和民警的牺牲奉献相比还远远不够。据我多年的观察，目前从优待警工作仍然存在一些薄弱环节。

一、部分公安机关领导和政府相关部门对从优待警重要性认识不清。有的公安机关领导片面强调从严治警，缺乏从优待警理念

在队伍管理中从严治警力度大，从优待警力度小，认为从优待警是"软任务"，"说起来重要，做起来次要，经费紧张起来不要"。个别单位领导片面强调用警，忽视惜警、爱警、练警、育警。还有的公安机关领导片面理解从优待警就是经济待遇问题，忽视了民警政治、精神和心理上的需求。认识偏差必然造成某些工作滞后。例如，某市公安机关做了一项"民警最需要什么"的专项调查，调查结果表明民警最需要的五个项目依次是：个人发展、工资待遇、休假、工作减负、体检就医。其中，个人发展占58.3%，成为民警的"第一需求"。这说明，在某种程度上，民警对实现自我价值的期望超过对物质待遇的追求。除此，负责政策制定的国家相关部门对公安机关的特殊性理解不够深入。从优待警最主要涉及的就是民警的工资待遇和伤亡抚恤问题，而工资待遇是由人事部负责，伤亡抚恤由民政部负责，只有人事部、民政部出台政策之后，

公安部才能出台相应政策来进一步落实。也就是说，只有各部委相互支持，公安机关才能真正落实从优待警的相关措施。而现状是公安部一家发文，没有其他部委支持，到头来只是给基层民警开了许多空头支票，政策上的种种优待落实不了，造成民警心中有想法，思想有情绪。此外，警察的职业特点决定了它的特殊性，而特殊性又决定了公安机关不应该与社会其他行业统一优抚标准。政府有关部门应该树立一种区分意识，充分了解公安工作的特殊性，在政策上给予相应倾斜。

二、公安民警的政治待遇与同级其他政府部门相比明显偏低

我国公安队伍的总人数有二百万，是公务员中规模最大的一支队伍。然而，按照现行以单位确定领导职数、以领导职数确定非领导职数的规定，同一级别的警察部门因为人员多、领导和非领导职数比例大大低于同级别的其他政府部门，致使公安机关尤其是基层警察的职务职级与其他部门人员相比出现巨大差距，基层和一线绝大多数民警到退休也难以解决副科级待遇，造成了严重的不平等。据公安部政治部人训局课题组调研了解，民警对职级待遇过低反应强烈。许多民警虽然年龄和工龄都达到一定条件，但是受职数限制，职级待遇问题仍然没有解决，和同级党政机关以及人民检察院、人民法院相比，有很大的差距。由于职数比例的限制，公安机关不得不在警察职级晋升上规定许多苛刻的条件，限制了民警的职业发展空间，严重挫伤了民警的工作积极性。

三、当前我国公安机关从优待警工作缺乏财政支持和物质保障

虽然从优待警的渠道和措施是多方面的，但经费问题仍是影响从优待警的重要因素之一。近年来，虽然部分地区经济发展很快，但各地经济发展水平差距很大，在发达地区不成问题的“工资待

遇”，在内地大多数地区仍是一个困扰公安机关的“老大难”问题。尽管国务院早已明确规定，对政法机关编制内人员，按照国家有关规定，其应享受的基本工资、补助工资、岗位津贴等政策性经费，必须按时、足额发放，政法机关的人员经费、行政经费等维持机关正常运转所需基本经费要坚决予以保证。但是，由于受经济与社会发展水平的制约，一些基层公安机关的工资得不到保障，拖欠问题十分突出。同样，部分公安机关在硬件设施及装备方面条件也很差，基层一线民警个人防护装备相当缺乏。

四、民警的正当执法权益受侵害问题比较突出

保护公安民警的正当执法权益，既是关心爱护民警的体现，也是维护国家法律尊严的需要。当前，在社会转型、经济转轨的大背景下，违法犯罪活动暴力化倾向日益严重，犯罪分子与民警的暴力对抗程度不断加大。民警在执法活动中遭受诽谤、侮辱的事件时有发生，给民警执法带来了很大的压力。要弘扬正气，改善执法环境，解除民警的执法心理压力，就必须依法保护民警的正当执法权益。同时，医疗、保险、抚恤费方面保障不到位。我国公安机关的医疗、保险、抚恤费大都不尽如人意。一位民警谈到，他每年的医疗保险费用过不了半年医药费就得自己掏，这给本来工资就不高的他又带来了额外的压力，让他觉得不满。的确，在警察这种职业的特殊性面前，在没完没了的案件面前，在一个又一个“突击”行动、专项战役面前，在各种各样的社会服务面前，警察的自身需求一次次被延误甚至成了被牺牲的对象。据统计，全国每年平均有几百名民警因公牺牲，负伤致残的更多，不断有民警因积劳成疾倒在工作岗位上；在岗工作的民警中，患有各种慢性疾病的占到了民警总数的38.7%。然而，现行的医疗保险制度不适合民警的患病医疗需求，民警个人医疗支出负担过重。医疗费无法报销，一些地方甚至民警因公负伤也无法解决医疗费问题。特别是经济落后地区，民警每年的医疗费、保险费、抚恤费不到位，常常得不到及时治

疗，导致伤病情恶化，让民警失去了最基本的保障，心理当然会不平衡，必然会影响到民警的工作情绪。

五、正常休息时间得不到保证，严重影响民警的身心健康

目前，我国公安机关普遍存在着警力资源紧缺的状况，加上公安机关内部在用警机制方面不科学以及过度参与非警务活动，导致民警经常加班加点，身体出现超负荷运转，处于一种身心俱疲的状态。据统计，民警中约有 50% 患有不同程度的慢性病，呼吸系统疾病、胃肠系统疾病、心血管系统疾病等公安职业病占据了绝大部分比例，不少民警长期处于亚健康状态，以致出现“年富力强患绝症，未到退休身先死”的现象。这种疲劳不仅是身体上的，更主要是心理上的。压力感、焦虑感像挥不去的铅云，压在民警疲惫的心头。再加上警察职业特有的“招之即来，来之能战，战之要胜”的应急要求，使青年民警的精神长期处于一种高度紧张状态，心理压力长期得不到缓解，大脑皮层神经长期处于兴奋状态，神经整日绷得紧紧的，极易患上“慢性疲劳综合征”，变得烦躁不安，注意力不集中，缺乏耐心，记忆力减退，或出现焦虑、抑郁、失眠等症状。对此，有的地方虽然建立了休假、体检制度，但落实得不够，许多工作没有真正地开展起来，一些从优待警的措施只停留在口头上、文件上，没有落到实处。

分析从优待警存在这么多问题，那我们应该为从优待警做些什么呢？

一、努力提高对从优待警保障重要性的认识

众所周知，全国公安民警在打击犯罪、维护治安、抢险救灾、救助服务等各项工作中，忠实地履行宪法和法律赋予的神圣职责，付出了巨大的牺牲。特别是基层公安机关处在维护社会和谐稳定的最前沿，而公安民警的待遇却相对较低，如果这种状况不能得到改

善，将会严重挫伤民警的工作积极性，降低工作质量，对整个公安机关的队伍建设发展和战斗力的提高都会带来极其不利的影响。因此，各级公安机关和政府相关部门，必须要不断加大从优待警工作力度，真正做到政治上关心民警，精神上鼓励民警，工作上爱护民警，生活上体恤民警，努力解决民警的后顾之忧，才能不断提高公安队伍的战斗力。各级公安机关领导首先要转变思想，正确处理从优待警与奉献精神的关系，把从优待警和从严治警放在同样重要的位置来抓。要充分认识到人民警察这个特殊群体既需要奉献精神和严格的组织纪律，也不能不讲合理的待遇。从优待警作为保障因素和激励因素相结合的管理方式，对于激发民警内在动力，提高工作积极性有着重要的意义。中央政治局常委、中央政法委书记周永康曾经强调："我们既要从严治警，也要从优待警"，辩证地指出了从严治警与从优待警互为依托、不可分割的内在联系。

二、建立单独的警察职务序列，缓解民警政治待遇偏低问题

《中华人民共和国公务员法》第十四条规定，公务员职位类别按照公务员职位的性质、特点和管理需要，划分为综合管理类、专业技术类和行政执法类等类别。国务院根据本法，对于具有职位特殊性，需要单独管理的，可以增设其他职位类别。《中华人民共和国人民警察法》第二十四条也规定，国家根据人民警察的工作性质、任务和特点，规定组织机构设置和职务序列。这为公安机关建立单独的职务序列提供了难得的机遇。

设立单独的警察职务序列，应当进一步明晰公安机关的指挥管理关系，确保实现统一指挥、快速反应，拓宽警察特别是基层一线警察的职业发展空间，充分调动民警的积极性，在政策上促进警力流向基层和一线，加强基层基础工作；适应公安机关队伍大、层级多、实战性强的实际需要，在职务名称、职务层级上充分体现公安特色，尽可能实现职务与警衔合一，解决好职衔倒挂问题。此外，

对工作扎实、成效显著的公安民警及时予以表彰奖励，以此激发公安民警的政治荣誉感；应当建立公正、完善的晋升、提拔、考核、奖惩等管理制度，以此激发公安民警的工作成就感，满足其政治上要求进步的需求。应当设法解决民警的职级待遇问题，积极向当地党委等部门争取解决一部分中层领导的职务高配问题，从而使基层普遍反映的职级工资待遇问题得到缓解。

2011 年 12 月底，公安部召开公安民警工资待遇研究专家评审会，对公安民警工资待遇研究课题报告进行评审。无疑，这是一个好消息，希望能早点贯彻落实。

三、配套保障，系统推进，充分落实从优待警的各项规定

各地公安机关特别是政工部门要充分发挥自身职能作用，积极争取党委、政府的支持，提高民警的工资津贴等各项待遇。经济欠发达地区公安机关，应当注意用好、用足国家的有关政策；经济条件好的地方，应当争取在津贴、补贴方面给予进一步倾斜，实行优惠政策。目前，还没有解决特别抚恤金经费的地方，应当进一步加大工作力度，尽早予以解决。各级公安机关政工部门应当切实负起责任、胸怀全局、主动工作、百折不挠、不等不靠、始终保持优抚工作的连续性和主动性，扎扎实实地把这项事关民警切身利益的工作做好。采取多种措施，保障民警的身心健康，解决民警的实际困难，切实消除民警的后顾之忧。

四、加大民警执法权益保护力度

针对近年来侵害民警执法权益案件逐渐增多、公安民警职业风险不断增大的情况，各级公安机关应当高度重视民警正当执法权益保护工作，尽快建立健全民警正当执法权益保护委员会，争取党委纪检部门、政府监察部门及监察机关的支持和参与，及时、依法解决各种侵害民警正当执法权益的问题。同时，还应把民警正当执法

权益保护工作制度化，建立科学有序的工作程序和工作方法，如受理民警投诉跟踪处理制度、案件登记制度和重点案件报告制度等。

五、积极推进从优待警法律、制度建设

《人民警察法》第四十条、第四十一条对民警工资、津贴、保险福利、抚恤优待所作的原则规定，是近几年来公安机关努力做好从优待警工作的法律依据。但从总体上看，从优待警仍然缺少完备的法律和制度支撑，从优待警各项措施的落实缺乏刚性制约，这在一定程度上影响了各级公安机关开展从优待警工作的主动性和积极性。因此，有关职能部门应当从法律制度建设上多下工夫、多做文章，特别是要借鉴国外相关法律和我国军队的成功经验，通过修订《人民警察法》有关条文，适当调整现在的一些做法，制定与之相配套的规定，建立相关制度，使从优待警工作纳入规范化、制度化、法制化轨道，进一步推动有关法律、制度规定落到实处，取得实效。

谈到从优待警，第一个要解决的问题，我认为是警察体制或机构问题。我国经济、政治人事体制改革已经进行多年，而且正在逐步深化，这一点毋庸置疑。但是，改革的效果及弊端却是客观存在的事实。例如，1997 年，笔者所在公安机关开展机构改革和人事制度改革，大张旗鼓地“学本溪”，基本上是照抄照搬，可照抄照搬却搬掉一个内设机构“后勤室”，少解决几个副科职数，至今不知是何缘故，也没人多事再去探索其中的奥妙。2010 年的机构改革，即“8 +3”模式实行不到半年，却又添增若干机构，其机构设置上的缺憾及弊端显而易见。这说明我们的机构改革方案制订时明显存在不科学、不规范、不民主等问题。

目前，公安机关集打击、防范、管理等职能为一身，客观上造成警力不足，实行“条块结合，以块为主”，又造成自身管理不善、警令不畅。公安机关务必要抓住当前改革的大好时机，深化公安体制改革，突出公安机关打击、防范职能。同时，进一步规范公

安机关机构设置，力求高效合理，统一部署警力。如果公安机构问题解决了，那第二个问题就是警力配备和人事管理问题了。

多年来，公安机关一直在严重缺编的情况下，努力履行着党和人民赋予的职责，可是这不是长法，长期坚持下去会劳警伤财。这一问题，只有政府人事部门和编委及公安机关共同协商制定合理的解决办法，使警察的录用、交流、辞退等进出关口畅通，警察的素质不断提高，警力充足，管理得当，人尽其才，从而充分调动广大基层民警的主观能动性，最大限度地发挥作用。“从优待长”的同时，应坚决落实“从优待警”。针对局长职务晋升，民警待遇不动的现象，有的基层民警在网上发帖子：我们的基层基础工作干好了，能不能像领导一样高配或沾光，提高一点政治经济待遇？

从严治警，对全国警察要求是一样的。可是，由于各地政府领导的重视程度不同，各地财政收入的差异，在从优待警上就千差万别了。全国警察做同样的工作，得不到同样的待遇，那是明摆着的事实。首先，表现在民警职务、警衔的高低不同。其次，表现在工资待遇的多少不同。再次，表现在保险、医疗、福利等其他方面的优劣不同。

比照部队，我们可以看出，一样的军龄，一样的职务，那就是基本一样的待遇。可公安民警普遍存在“三低”，即职务低、警衔低、工资低。二级英模郭怀钦牺牲时已经五十六岁，还是个派出所副指导员，长期奋战在基层一线，如果人多粥少，不提拔也就算了，可指导员位子一直空缺。是郭怀钦不够格，还是什么其他原因？追悼会上的悼词，说的再好不过了，其事迹又传遍祖国江淮大地，不禁有人疑问，这么好的民警生前怎么得不到重用提拔？也有领导说用人是个大问题、原则问题，不用他说明他还不够条件。没提拔，职务、警衔、工资等等方面待遇自然也就低了。

可工作呢？上面千条线，下面一根针，很多事情都要靠基层落实，忙的还是基层民警。这也是机关人员越来越多，而基层又无人愿意去、即使去了也不愿意待长的客观原因。

为什么只倡导警力倾斜基层，而不提倡待遇倾斜基层呢？难道说，基层民警的消费就比别人要少？不都是一样养家糊口？如今省、市公安机关招考公务员，基层民警龙腾虎跃，争先恐后，有的甚至顺势离开了基层公安机关。如此，公安基层工作该怎么做呢？所以，我建议全国或者全省、全市的警察应该同岗同职同等待遇，让基层民警的经济待遇略高于机关民警，让基层更吸引人，这才是拴心留人让民警在基层扎根、创业、干事的根本举措。

从优待警如果从体制、人事、经费和待遇上解决了，公安工作肯定要迈上一个新台阶。从公安工作的长远发展和进步来看，还有一个重要方面是不可忽视的，那就是警察群体和个体权利的保障。在当今提倡宪法精神，提倡人性化执法，警察的权利如何保障？从表面看，警察是强力群体，是武装力量，是国家的刀把子。可现实中，警察受限是很多的，法律规定的天职是警察伸张正义，主持公道，可警察的权利也必须得到伸张和保护，这样才是公道的。

现实生活中，警察加班加点，没有休息日地工作，为维护国家和人民的安全，始终战斗在第一线，每年牺牲几百人，伤亡几千人，怎样对待？怎样预防？维护稳定，打击犯罪，严格执法，民警又经常受到合法或不法势力伤害，谁能给予法律援助？创建和谐社会，警察权利得不到保障，怎能充分调动警察的主观能动性，发挥更大的作用，维护更多人的合法权益！

为此，公安机关要从着力解决广大民警最关心、最关注、最现实、最直接、最根本的各种利益需求入手，把从优待警作为强化公安队伍凝聚力、战斗力、创造力，促进公安工作可持续发展的一项基础工程、战略工程和系统工程紧紧抓在手上。据调查，哈尔滨市公安局近年来相继推出拓展绿色通道、建立维权机构、理顺工资体制、设立救助基金、解决住房难题、倾斜基层待遇、构建用人机制等“七项惠警举措”，广大民警同心协力、顽强拼搏，全力服务经济发展新战略，积极回应人民群众新期待，取得了非同寻常、令人难忘的崭新成果，维稳处突力、打击战斗力、治安控制力、执法公信力和服务形象力都得到显著提升。“七项惠警举措”站位高、理念新、视角宽、力度大，体现了继承性与创新性、现实性与长远性、关联性与合成性、基础性与根本性、内部性与社会性的有机统一，意义重大，影响深远。

这“七项惠警举措”值得我们学习和效仿，其内容如下：

一是拓展绿色通道。拓展绿色通道，是指为因公负伤和患有急症民警提供及时的医疗保障，为整个公共安全视野中的救死扶伤搭建一个广阔平台。“最大限度地挽救健康和生命，让宝贵的公安资源在伤亡中产生最低限度的消耗”，这既是一个感情问题，更是一种政治责任。

二是建立维权机构。建立维权机构，是指及时保护广大民警的正当执法权益，为积极营造一种法律至上、不容亵渎的良好执法环境作出不懈努力。“让广大民警挺起腰杆正当执法，让人民群众知法、畏法、守法”，这既是一项维权目标，更是一种社会担当。

三是理顺工资体制。理顺工资体制，是指有效解决各项待遇不均问题，在尊重人格均等过程中有效平复广大民警的心气和思想情绪。“破解体制性难题，让每个基层民警实现真正意义上的同工同酬”，这既是一种工作态度，更是一种工作力度。

四是设立专项基金。设立专项基金，是让那些家庭生活特别困难的民警得到组织上的关爱和温暖，为所有敢于担当、吃苦耐劳、勇于奉献的民警解除后顾之忧。“想方设法筹措资金，尽最大努力让广大民警快乐工作、幸福生活”，这既是一方创新动作，更是一种高瞻之举。

五是解决住房难题。解决住房难题，是让那些特困民警实现安居梦想，让广大民警在共享改革发展成果过程中领悟和体会党和政府的亲和力。“紧紧抓住任何一次机会，积极争取民警住房保障优惠政策”，这既是一次思路调整，更是一种爱警之情。

六是倾斜基层待遇。倾斜基层待遇，是指有效地激发广大民警扎根基层、建功立业的热情和干劲，切实筑牢维护社会稳定、促进社会和谐的第一道防线和第一层基石。“夯实基层基础，最大限度地发挥公安机关整体效能”，这既是一种惠警理念，更是一种领导内涵。

七是构建用人机制。构建用人机制，是指最大限度地体现从优待警的根本价值，为深入推进公安工作可持续发展提供坚实保障。“让吃苦的人吃香、让实干的人实惠、让有为的人有位”，这既是一项待警措施，更是一种正确导向。

总之，落实警察待遇，保护警察权利是从优待警不可或缺的方面，希望全社会给予高度重视，不能像某些人所说的那样“从严治警一本书，从优待警一句话，又怎叫人没想法?”

愿从优待警落到实处，照亮每位民警的心。

作者与同学胡冰在中国人民公安大学的合影

“特约研究员”推荐背后

2010年11月27日下午五时许，我正在外面办事，突然接到指挥中心值班员来电，要我上网看一下最近两天的市局通知。我问，什么内容？她说：你看看就知道了，一句话说不清楚，局长已安排你来办理……

自去年以来，因家中老母去世，八十三岁的父亲住院，八点准时查房，局长特意恩典，照顾我不再参加局里每天班前点名。同时，我已年过半百，提拔太老，退休未到。昔日的战友即同龄民警大都因前年县级公安机构改革而赋闲在家，孝敬父母，抚育子孙，享天伦之乐或修身养性，探索长寿秘诀，精心打造完美人生。有人说他们是“悠客”，我问“什么是悠客?”有人解释，“悠客”是具有另一种生活状态的人。他们主动从高速运转的职业状态中暂停或减缓下来，把更多的时间留给自己，给自己放一次大假或者尝试一个梦想已久的全新的开始……他们想自主地控制生命节奏，他们不再是工作的机器。

我之所以还在坚持上班，首先，因为我的身体尚好。近日，经公安医院体检揭晓，我除了患有脂肪肝和肾结石外，其他方面都很正常，还能为公安事业做些奉献。其次，因为我的工作轻松，压力不大。领导安排，抽空下乡调研，每年拿出几篇调研文章就行。承蒙身边的年轻民警积极肯干，奋勇争先，许多事用不着我再费心。只是偶尔参与轮流值班（包括枪库）。第三，因为我办公条件优越。两间办公室宽敞明亮，阳光充分。论面积，它比我家卧室还大，是我目前工作学习和业余写作的好地方。它犹如我遐想中的书房，更不想过早随意抛弃。实话实说，它虽处于办公楼五楼西南一隅，平时人烟稀少，同事很少光顾，独处倒落个清静、安逸。此外，女儿出嫁，儿子在部队服役，妻子入沪侍奉岳父岳母，我成了名副其实的单身汉、自由人。恰好新任局长到来，体恤民情，建有警官食堂，花钱少，吃得饱，干净卫生，服务热情，无疑我是单位食堂常客之一。所以，家里、医院和办公室是我每天必转之地，虽不点名，没啥活干，我也要上班跑一趟看看，这样心里踏实，吃饭饭香，身心健康。不时也想当个“悠客”，可总是顾虑自己还没有退休。

作为指挥中心的一员，有紧急指令我自然不敢怠慢，立即“打的”几分钟赶至办公室，猴急似地打开电脑，找到市局网页，一看通知通报栏：第一条，关于情报信息采集问题；第二条，关于《警务参考》问题；第三条，关于惩治腐败和廉政建设；第四条，关于基层派出所等级评定检查；第五条，关于推荐第三届省厅特约研究员人选问题；第六条，关于群众走访、投信公安部与省厅反映阜阳某些问题……

看内容，第一、二、三、四条和第六条都与我的本职工作无关。因为我是专职调研，显然与我目前承担任务有关的就是第五条，阜阳市公安局关于推荐第三届省公安厅特约研究员人选的通知了，其实这也是市局根据省厅《关于推荐第三届省公安厅特约研究员人选的通知》精神转发下来的。

省厅要求：各市公安局可推荐三名以下特约研究员，请按照“在省级以上报刊或省级以上公安内部刊物上正式署名发表过的两篇理论研究文章”的标准确定推荐人选。为此，市局通知各县局务必于11月27日（星期五）下午下班之前将推荐人选材料报市局办公室及联系人，电话：3133。发文单位：阜阳市公安局办公室。

看完市局和省厅通知以后，我迅速找到局里负责领导文件传阅的女同志了解情况，听听局长有什么安排。她说：局长指示叫你阅办，推荐的人是你。我说我想看看局长的批示。她说：昨天一看到市局通知，我就下载给局长传阅了，可是局长传阅过后没有回到我这里，我也一再催问，找这个文件，后来听说局长阅批后文件传到刑警大队办公室滕洪亮那里去了。

紧接着，我就赶快去刑警大队找滕洪亮，滕洪亮不在，电话联系，他正在看守所办事。无奈，我又找到该队办公室主任韩平帮忙，在滕洪亮办公桌上翻阅几沓子材料纸才找到那份局长传阅后本应让我早点看到的上级通知，目睹了局长笔迹。

为落实批示精神，我又仔细看一遍市局通知，力求吃透精神。然后，我立即复制下载了《省公安厅特约研究员推荐表》，并严格对照通知要求翻找有关辅助材料。

实际上，我作为基层民警，深受上级公安机关领导厚爱，已有幸成为省厅聘任的第一、二届特约研究员。被聘期间，我积极克服困难，认真履行职责，积极参加省公安厅组织开展的调研活动，在规定时间内完成了省厅交办的课题研究任务，并按时提交我的一些研究成果。虽说贡献不大，高质量文章不多，几十篇省级的和国家级的调研文章粗略统计还是有的。

时间长的不说，最近的，上个月即 10 月 23 日《人民公安报》就刊登了一篇文章“对情报主导警务工作的探讨”。另外，我的调研文章《阜阳“三基”工程建设现状、问题及思考》一文被省厅“调查研究”网页登载。同年 8 月 30 日，我的理论文章《公安理论研究是公安事业发展的基础》一文被省厅“调查研究”网页刊登。

除此，近年来我有两部公安理论研究专著：一是《公安基层基础工作思行录》，二十六万字，由中国人民公安大学出版社出版。二是《基石》，即公安基层基础工作思行录之二，十六万字，由北京大众文艺出版社出版。这两部作品均被省公安厅评为全省优秀调研成果，凭此推荐特约研究员应该不是难事。

市局通知明确规定：推荐人选要逐人填写《省公安厅特约研究员推荐表》（一式两份），加盖公章，同时附送本人在省级以上报刊或省级以上公安内部刊物上正式署名发表过的两篇理论研究文章……事实上，省厅要求推荐特约研究员的条件并不高，关键是市县级公安机关领导推荐与否。没有省级以上报刊或省级以上公安内部刊物上正式发表过的理论文章，可以说没有聘任资格，可仅有文章，领导不推荐恐怕也不行。同时，这次市局通知还有时间限制，各县局务必于 11 月 27 日（星期五）下午下班之前将推荐人选材料报市局办公室（秘书室）。由于局长传阅文件被耽搁不少时间，我接到承办通知时已是下午五时，距离市局通知截止时间只有一个小时。等我回到办公室，看看墙上钟表，离下班时间已经不足一个小时了，填表盖章、找材料复印眼看着就来不及。无奈，我打电话请示市局办公室领导，可否宽限一点时间，得到的回答是："按文件通知精神办理，别让我们为难，最好今晚就把推荐材料送来。"

当时，我一听，这不能再讲什么条件了，而是要拼争时间。由于时间紧、要求严，不想推荐也就算了，如果按局长指示去办，就得赶快填表、找材料复印附后作为推荐依据。

由于此前围绕着全国全省调研先进评选推荐和开会人员资格申报等几件烦心事，我产生了不想再干的念头，何况同龄人都在考虑养生。可是，今天局长有批示，违背领导旨意也不太好，明日见面怎么说。矛盾心情使我不得不再三权衡利弊，慎重考虑此事该如何办理。

真找个借口、拖着不办也就算了，可如果向省厅、市局推荐，首要问题就是填表盖章。经认真斟酌认为还是按局长安排，尽力争取一下为宜。据此，我以最快的速度把表填好，并考虑在去盖章的同时托人复印匆忙找出来的两篇文章，以提高办事效率，争取有限时间。

原以为手拿市局通知和领导批示，办事好办，没想到在给推荐表盖章时，管章同志很原则地说："光这不行，还需要局长在上面签字后才能盖章"。我无话可说，再去找局长，局长不在，找副局长刘金标，据说到市局指挥中心办事去了，经电话联系，局长亲自安排，管章同志才把推荐表上的印章盖上。

盖好章，觉得事情好像成功了一半。于是，我就把推荐表与复印好的文章整齐叠放在一起，找个信封装好，并把我的两本论著各拿一本放进去，准备跑一趟市局，加班把材料送去。

用车需要局长审批。请示局长同意后，再找警务保障室管车的同志，也快到下班时间了，说明来意后，管车的同志就说，现在一部车也没有了，全都随领导下乡搞新警政审去了。

怎么办？无奈，再次烦扰市局办公室领导，说明一下特殊情况，没车了，天黑了，又面临下班，今天是周末，确实送不过去了，可否等到下星期一再将材料送去。

很遗憾，请示没被批准，但给指出了一条捷径：可以先将推荐表及复印材料传真过去。

我豁然开朗，赶紧乘电梯上 A 楼，找传真室同志帮忙。不然，待会下班，一切都晚了。

传真室的小吴，人很热情，立即联系市局办公室，可惜市局办公室领导说没有传真机，传输文件只有通过市局机要室传送，可是通过机要室传材料需有局里的文件头，还要单位领导签字，不然就是违规，市局检查出来要扣分的。

我知道，现在快下班了，传真室管文件头的同志已经走了，再去找其他局领导签字，楼上楼下跑腿耽误时间不说，也不一定能顺利找到人，办成事。

时不我待。眼看着六点下班的钟声即将敲响，没办法，我就拿出局长的传阅文件，上有局长批示和市局的通知，耐心与传真室小吴再三商议，求他帮忙通融一下，跟市局机要室同志熟悉，能否给个面子。

由于我和小吴同在指挥中心工作，可能碍于情面，小吴立即与市局机要室值班女同志联系，最后征得她的理解和支持，小吴终将我的推荐表及附件材料送进传真机里。

短短几分钟，传真结束。小吴看我没走，又负责任地打电话询问对方是否收到传真，并恳请值班同志尽快将所传材料交给办公室联系人。

至此，我如释重负。心里犹如一块石头落地，其中的酸甜苦辣难以言表，虽费尽周折，四处求人，总算按时完成了局领导交办的一项紧急任务。

当晚六点半，同志们都下班后，我还静坐在办公室里沉思。我想，我还能一如既往、继续痴心地为公安调研工作默默奉献吗？

我在思考，这次市局推荐省厅特约研究员人选，可谓用心良苦。省厅规定各市于12月18日前将推荐人选材料报省公安厅办公室调研室。可是，市局自上网通知到截止时间，却只给县局两天时间。不知市局是26日上午上网，还是下午上网，如果不是上午上网，那给我们基层推荐时间还不到两天，这其中有什么念想，我不好瞎猜。不过，公安部和省厅领导经常讲上级公安机关要倾斜基层，体谅民警，方便群众，难道这就是最好的行动吗？

谋事在人，成事在天。事到如今，我想通了，如果市局领导还像调研先进评选那样不予推荐也未必就是坏事。关于公安部和省厅关于公安机关评选调研先进个人问题，说出来也不是一篇短文。为此，我曾给省厅、市局领导写过一封信，结果也是不了了之。请问谁能主持公道，说句公道话？对此，我不再抱有什么希望，也不会泄气，等于又多了一次人生无奈。

夜不能寐，谨以此文“特约研究员”推荐有感记之。也算是我的一次情况反映。希望高层领导知道：基层民警办事不易，做人很难，待遇很低。通知要求严格按照《省公安厅特约研究员制度》规定的遴选范围、基本条件和具体要求，全面衡量，综合评定，把综合素质高、理论功底好、研究能力强的优秀人才遴选推荐出来。可事实上却是另道风景。评选特约研究员，不看写作背景和研究成果，不公开选拔，推荐优秀者，还叫什么评选？

转眼新的一年降临，市局又发通知省厅遴选特约研究员网文来到，领导又叫我按通知要求，继续填表申报，我想找资料填表辛苦及求人盖章费事不说，别再来个竹篮打水一场空，不能好了伤疤忘了疼，还是婉言谢绝、省点力气，确保明天吃饭安生、睡觉按时为妙。

贵州遵义之行

2011年9月24日至27日，我有幸参加了中国人民公安大学与中国行政管理学会公安分会在贵州遵义召开的“积极警务下的社会管理创新”学术研讨论坛。

作者与参会人员参观遵义会议会址时的合影

中国警察协会秘书长兼中国行政管理学会公安管理研究分会副会长王冀坤，中国人民公安大学副校长李健和，公安部研究室副处长杜志国，中国人民公安大学公安管理系主任、中国行政管理学会公安管理研究分会副会长王光等领导出席会议并主持研讨会。

开幕式上，除了论坛主办单位，贵州省公安厅、遵义市公安局领导莅临会议外，部分获奖作者及代表约七十人参会。与会代表分别来自全国十六个省、自治区、直辖市公安机关和公安院校。

会议首先通报了“积极警务下的社会管理创新”学术论坛征文开展情况，然后举行了颁奖活动，接着紧紧围绕公安机关社会管理创新、警务改革、社会矛盾化解、流动人口管理与服务、网络虚拟社会管理等诸多方面展开热烈、广泛的研讨。

论坛上名家荟萃，教授、学者云集，与会人员都精心准备了大会专题发言材料并进行了切实有效的成果交流。

中国人民公安大学教授魏永忠向论坛提交的论题是“积极警务的要义、本质、理念”。魏教授指出，积极警务是指公安机关根据新时期、新阶段社会和治安形势发展变化规律特点，围绕警务工作对象，警务工作所要实现的目的，社会公众对警务工作的需求等，充分发挥主观能动性，以积极预防为主，先发制敌、主动出击、严密防范、务实措施、便民利民等策略，遏制犯罪于未发，保护公共利益，时时处处服务于人民群众的主动型警务工作模式。在深刻分析积极警务的本质和理念的同时，魏教授提出了公安机关要落实爱民、安民、便民、利民四大工程。

广东省茂名市公安局民警陈德文向论坛提交了创新警民关系，构建“以民促安”的打防体系。据介绍，茂名市公安局三年来实现警力无增长，刑事警情大幅下降，警民关系空前改善。其成功经验是以良好的警民关系为基础，以全民信息员为切入点，以内部改革为载体，以快速反应为抓手，构建综合性的新型打防体系。

新疆警官高等专科学校教授高雪静与新疆和田市公安局民警安强合作提交的论题是“积极警务下的新疆公安社会管理创新机制研究”。新疆是我国防范、打击“三股势力”的主战场之一，由于其特殊的地理位置、地域文化等因素，一直是境内外敌对分子实施分裂、破坏的重点地区。因此，认清新疆稳定发展所面临的矛盾及问题，加强和改进社会管理创新工作，实现跨越式发展创造良好的社会治安环境，构建具有新疆特色的积极警务下的社会管理创新体系，显得极其重要。分析社会形势需要公安理论指导。为此，他们针对2011年“7·18”、“7·30”、“7·31”系列暴力恐怖案件，通过深入调研，认真分析，提出了人口管理创新、社会组织监管创新、社会治安防控创新、和谐警民关系创新等一系列重要举措，深受领导关注和与会同志的欢迎。

除此，还有山西省公安警校副教授梁桂英提出的“公安机关虚拟社会管理体制”研究；深圳市公安警校郑萍提交的“大运会”安保经验介绍，江苏省吴江市公安局张志成提出的“创意警务”尤其是震泽派出所“28 > 31”的“四招”治安管理工作经验，湖南警察学院教授张志华提出的“网络信息时代警察协同公关意识的培育”，即警察协同公关理论的具体应用等都是具有较高学术水平的“社会管理创新”调研论文，确实值得我们认真学习和效仿。

据统计，本次论坛有来自全国二十六个省区市的公安机关、公安院校提交的论文共计二百六十八篇，经过组委会初评、复评提出获奖候选论文，再通过投票形式评出了不同等次的获奖论文三十七篇。

会议期间，与会代表不仅交流了各自的社会管理创新研究成果，而且参观了遵义会议会址、红军烈士陵园和娄山关红军战斗遗址以及红军（龙思泉）坟、邓萍墓等革命圣地。

会后，贵州省委常委、政法委书记、公安厅厅长崔亚东在百忙之中亲切接见了安徽省部分代表，并设宴款待。

几年前，我作为安徽省公安厅聘任的特约研究员，曾多次参加过崔厅长在安徽任职期间主持召开的公安理论研讨会，也被崔厅长当场提问过，但未在一起吃饭叙谈，这次凭借中国人民公安大学警务论坛学术研讨之机，国庆六十二周年庆典之前，散会途经贵阳，与“公大”文学创作班同学、贵州省岑巩县公安局杨万根政委，还有新会友贵州省警官职业学院张丽园教授一起，通过在贵州省公安厅办公室工作的老乡刘玉伟见到了心中一直念想着的老领导、老首长，说来不仅是一种缘分，更是我人生奋斗中的一次福分。

至今，那晚见面的情景——当敬爱的崔厅长健步走来时，我们自发起立敬礼迎接，看到崔厅长神采奕奕，容光焕发，和蔼可亲的样子，大家都非常兴奋。

入席后，崔厅长就亲切询问我们每个代表的情况。席间，他还单独问我有没有新的作品问世，我说2011年年底或2012年年初准备出版我的《新椿城警事》续集，主要内容记载了太和近期破获的十大经典案例，他说："那好啊！出版了一定给我寄一本来。"这一切在我脑海里留下了深刻印象，没齿难忘。也正是崔厅长的指示和教诲，一直鼓舞着我坚持写作，不言放弃。

据此，截至目前，可以说遵义之行是我一个县级公安机关民警，自从警以来多次参加公安机关理论研讨会中收获较大的一次，也是我面见公安机关职务最高、级别最高、警衔最高首长的一次十分难得的机会。我知道，这样的机会以后不可能再有，所以我非常珍惜，也深感骄傲与自豪。

欢度国庆之后不久，当我准备撰写贵州遵义之行感悟时，没想到12月中旬，我接通知参加了全国首届公安文化理论研讨会，有幸见到了全国公安文联主席祝春林和公安部宣传局副局长杨锦等领导同志，还有公安大学的几位著名教授。回想这两次参会，可能将成为我人生最大的收获。

众所周知，遵义会议是我党历史上的一次重要会议。1935年1月15日至17日，中共中央政治局在贵州遵义召开扩大会议，独立自主地解决中国革命面临的实际问题。遵义会议是在红军第五次反"围剿"失败和长征初期严重受挫的情况下，为了纠正王明"左"倾领导在军事指挥上的错误召开的。它是我党第一次独立自主地运用马克思列宁主义基本原理解决自己的路线、方针政策的会议。在极端危险的时刻，挽救了党和红军，确实是我党历史上一个生死攸关的转折点。

"积极警务下的社会管理创新"学术研讨论坛，被选在遵义召开，不禁使我产生一点联想。遵义会议是不是我人生奋斗中的一个转折点？我的工作重心随年龄增长也不能不进行转移。

目前，新一轮警务改革开始，如何面对社会管理中存在的突出问题，紧紧围绕警务工作，全面把握警务方向，在充分发挥主观能动性的基础上、极大限度地保护公共利益、建立时时处处服务于人民群众的主动型警务工作模式，已经成为摆在基层公安机关面前的一项重大战略课题。本次论坛正是在这样的大背景下举办的一次全国性专门学术研讨会议。

“天下之本在国，国之本在家”，社会管理作为治国理政中必不可少的一项管理活动，研究社会管理中的突出问题成为当前工作的当务之急。而当前社会管理的基本任务涵盖了协调社会关系、规范社会行为、解决社会问题、化解社会矛盾、促进社会公正、应对社会风险、保持社会稳定等诸多方面。而公安机关作为社会管理创新的重要组成部分，通过建立积极警务，加强警民合作，注重民众参与，建立完善的社会管理创新网络体系，力图使未充分显现的问题解决于萌芽状态，从而维护社会秩序、促进社会和谐、保障人民安居乐业，为党和国家事业的发展营造良好的社会环境，积极警务强调民众需求与警察权力合理运行的新型权责观念，是“立警为

作者在遵义战役纪念碑前留影

公、执政为民”理念的综合体现，是效率、公正、责任等权力原则的具体实践。衷心祝愿“积极警务下的社会管理创新”理论在全国大地开花结果。

长期以来，在公安部党委的正确领导下，安徽省公安厅、阜阳市公安局及太和县公安局党委都高度重视公安理论研究，积极组织动员全局民警创造性地开展警务活动，不断推进警务工作实践、加强公安工作宣传、培养公安专业人才、积极开展学术交流，为促进公安事业健康发展作出了积极贡献。

本人之所以能出席本次论坛，既是各级公安机关领导对公安学术工作的关心和支持，也是对全体民警进一步做好公安调研工作的鞭策和鼓舞。这必将引导广大民警立足本职，结合实际，以社会管理创新中的重大课题为重点，深入开展积极警务下的社会管理创新研究，形成更多有质量、有价值的调研成果，切实为各级领导决策提供参考依据。

回顾贵州遵义之行，深感受益匪浅，真的不虚此行。特撰文以记之。

作者与中国人民公安大学教授张玲（中）及会友王华罡合影留念

二、从警联想

有幸走进文学圣殿

作为公安机关的一名业余写作者，我平时有浏览中国作家网和中国警察网的嗜好。

2011 年 12 月 2 日，中国作协副主席高洪波在现代文学馆讲述他从事文学创作四十周年感悟时，不禁忆想起老主席巴金的一段话：“一个作家、一支笔可能起不了大的作用，但是一滴水流进海洋就有无比的力量。只要全世界的作家团结起来，亿万支笔集在一起，就能够为后代创造一个更美好的世界，更美好的未来。这才是我们作家的责任。这是理想，也是目标。”这段话，听来发人深省，令人敬畏。

几年前，我与北京中国现代文学馆曾有一段缘分，又十分崇拜老主席巴金。所以，触景生情，使我回想起参观中国现代文学馆，并与巴金先生握手的那一刻，也引发了我对百岁老人、令人敬仰的原中国作协主席巴金先生的深深怀念。

巴金先生是我们的革命前辈和学习榜样，他是我在中国人民公安大学培训时、参观中国现代文学馆一个月之后，在上海与世长辞的。闻讯使我心中久久不能平静。

在他去世后的那段日子里，我一直在能收到的数十个电视频道上和能看到的数十家报刊上寻找着新闻媒体报道他的有关信息，但令人遗憾的是，我看到的有关他的逝世讯息转播却很少，不免让人感到如此礼遇与他的身份和地位极不相称，这也许与他在世时为人低调、从不张扬有关。难怪他生前友人问他，去世后是否同意设立“巴金文学奖”时，他说不愿意。如今，我想也没有必要再去猜想其中的缘故了。

巴金先生对中国文学的贡献，众所周知，无需赘述。我在中学读书的时候，就喜爱巴金先生的书籍和文章。其实，我的语文成绩一般，从心眼里更喜欢理科，因为我是班里几何课代表，数学竞赛还得过奖。所以，我一度认为语文难学，总觉得中华民族五千年文明史中的中国文学更是博大精深、高不可攀。后来，我在大学读书进修时，曾有心选修过“巴金研究”课程，不过那时想的也主要是为了获取学分，顺利完成学业，即便掌握了一些文学基本知识也早已忘到九霄云外去了。可是，巴金先生的大名却一直牢记在我的心中。

俗话说，术业有专攻，隔行如隔山。实事求是地说，文学是一座神圣、高雅的殿堂，非一般人所能触及的。因此，我认为，大学毕业生包括文科大学毕业或者说是中文系毕业、即使是科班出身，充其量也只能是徘徊在文学艺术殿堂外的游子。

人生乃是一本书。何况百岁老人巴金先生的文学作品举世闻名，他本人又与中国革命建设事业密不可分，要想深入了解他确实是很不容易的。

真没想到的是，我第一次参观中国现代文学馆的时间竟与他的与世长辞时间紧密相连，估计今后我没有机会再去参观。由此，过去我对作家们的无比崇敬和仰慕之心就引发了我对这位世纪老人、原中国作家协会主席巴金先生的深切怀念。

就在巴金先生去世前的那个月，由公安部宣传局、全国公安文学艺术联合会和中国人民公安大学共同举办了第五期全国公安文学创作研修班。我有幸被省、市公安机关推荐参学。培训期间，我聆听了孙永波（时任公安部宣传局局长、现任黑龙江省副省长兼省公安厅厅长）、刘威华（时任公安部宣传局副局长兼公安部金盾影视中心主任、书记，现任公安部机关党委常务副书记局长）、张策（全国公安文联秘书长）、孙洁（公安部宣传局副巡视员）等几位公安部领导的重要指示。

结业典礼时，孙永波要求我们四十五名参学人员要有强烈的学习意识，面对不断变化的社会和文学状态，要努力做一个饱学之士；要有强烈的政治意识，要与党和国家、人民同呼吸、共命运，积极反映我们的时代和生活；要有强烈的创新意识，走自己的路，形成自己的创作风格；要有强烈的精品意识，提高公安文学的水平，把优秀的作品奉献给党、国家、社会和民族。

公安部领导的殷切期望，繁荣公安文化的历史责任，使我决心要用自身的文学创作活动为基层公安文化建设贡献力量。

第五期全国公安文学创作研修班，不仅聘请了中国人民公安大学教授曹凤、宋强、于洪笙等人讲课，并邀请了著名作家陈建功、海岩、苏叔阳、何建明，著名学者雷达、金元浦、王志敏、陈晓明为研修班学员授课。同时，还安排了我们与《人民公安报》、《人民公安》、《啄木鸟》、《东方剑》杂志社以及中国人民公安大学出版社、群众出版社（该出版社与中国人民公安大学出版社合并）、金盾影视文化中心等单位代表座谈；最后安排学员们参观了中国现代文学馆，这才使培训班内年龄最大、级别最低（副主任科员），也是唯一一个来自最基层（县级）公安机关的我，有机会走进了这座“文学的圣殿”。

我至今清楚地记得，参观时，热情的讲解员曾经介绍，这个被誉为中国“文学圣殿”的中国现代文学馆，就是巴金先生最早提出来修建的。据说，他本人还为中国现代文学馆捐献了二十多万元的稿费收入和七千多册藏书。

中国现代文学馆坐落于北京市朝阳区，建造得特别庄重、典雅，特别引人注目的是该馆正门前的一块巨型花岗岩石，它是一个标志性物体，上面雕刻着巴金先生的一句名言：“我们有一个多么丰富的文学宝库，那就是多少作家留下来的杰作，它们支持我们，教育我们，鼓励我们，使自己变得更善良，更纯洁，对别人更有用。”

正是基于这样的认识，巴金先生才提出来，经政府研究同意建立这个“文学的圣殿”，也有人解说这是巴金先生在后半生做的一件最重要的事情之一。

目前，文学馆建立的文库共有八十四座。现有杂志四万多册，有藏书十七万多册，有作家手稿一万多份。初步统计，自1985年开馆以来，文学馆先后收集了藏品五十多万件，包括书籍、杂志、报纸、手稿、照片、书信、录音带、录像带、文物等。无疑，它将为中国的文学事业发展起到极其重要的推动作用。

人过留名，雁过留声。那次参观后给我留下的最深刻印象是，在文学馆的大门扶手上印有一个巴金先生的手模。不少人进门时，都要将自己的手在这个手模上触摸一下，我们开始并不知道这是什么意思。后经文学馆内几位大师指点才知道它具有两种独特的含义：一是表示人们进门时，在与巴金先生友好握手；二是表示有不少作家，都是巴金先生一手将他们领进“文学圣殿”这道门槛的。听这么一说，学员们纷纷走过去与巴金先生“握手”，几位提前进门正在参观该馆简介的民警听此传说后也纷纷自动返回，不怕往返辛苦，更不想放弃这一千载难逢的“握手”机会，四十五名学员、一个共同的心愿就是希望巴金先生不吝赐教，能将我们这些草根民警领进“文学的圣殿”。

在“握手”时，我们突然发现，我们的手都比巴金先生的手大些，这一大一小，恰恰凸显出巴金先生的生活平凡和功绩伟大。就是这双小手，写出了令人羡慕的《家》、《春》、《秋》等一批时代名著。无疑，在中国现代文坛上树立了一座座不朽的丰碑。我们不禁都为他这双“小手”震撼。震撼之后，深感愧疚，特以此文追忆之。

我有幸参加第五期全国公安文学创作研修班，归根结底有缘于近十余年来的新闻写作和不懈追求。2005年11月深秋，我参加了全省公安新闻宣传通讯员培训班，聆听了省厅政治部领导和公安报社等新闻单位知名记者授课，很快提高了写作技能。据不完全统计，截至目前，我已在国家和省、市媒体发表新闻稿件、通讯报道、案例分析等各类文章约三百五十余篇。同时，陆续结集出版了《椿城警事》《椿城警事（续集）》、《新椿城警事》、《新椿城警事》

续集、《公安情缘》及《基石》等几本小书，约计一百五十余万字。

据此，2003 年 6 月，我成为阜阳市作协会员，2007 年 7 月，我成为安徽省作家协会会员。2010 年 7 月 26 日，我被选为安徽省公安作协理事。盛名之下，其实难副。我知道，这是省作协主席和省、市公安机关领导对我的关心和支持，虽然我能力有限，处在夹缝中创作，自身也有许多不足，甚至有被边缘化的危险，但我一定克服困难，坚持写作。为此，更需要进一步深入基层，体验生活、提炼语言、把握创作技巧而努力奋斗，切实为促进公安文化事业全面发展、维护农村社会长治久安而鼓与呼。

实话实说，作为基层公安机关一名业余写作爱好者，我今天借此缅怀巴金先生，就是要像他那样，时刻要与党和国家、人民同呼吸、共命运，积极反映我们的时代和生活，感受基层民警在工作背后的艰辛付出，挖掘他们身上最本质、最人性的生活细节，深入实践，努力创作，为和谐社会发展奉献出更多优秀的作品。

作者与《警察文摘》第六次基层基础工作研讨会的人员合影

感悟写作

2007年8月的一天，我接到阜阳市作协秘书长司天鹏的电话，他通知我被批准成为安徽省作协会员。我知道这是省、市文联领导和文坛挚友对我的鼓舞和鞭策，也将是我人生奋斗中一个新的起点。

作为一名公安民警，我非常羡慕那些已发表作品数百万字的作家们，那令人仰慕的语气既标志着成功者的自豪和骄傲，又反映了高产作家辛勤的劳动成果，也彰显着社会各界所赐予的认可度。少年时期，一直在农村生活和后来被下放接受贫下中农再教育的经历告诉我：看乡村村民穷富，一般看一眼村头路边的麦垛就心中有数，所以检点收成，向来是以麦垛或豆垛的大小论英雄。因为抵御饥饿和寒冷，靠的是粮食的数量而非质量，农作物秸秆的堆积大小正是粮食收获多少的象征。

相比之下，我自叹不如。2003年，我成为阜阳市作协会员，纯属偶然。事非经过不知难。从小立志想做一个又红又专的人，也就是想做一个有文化的人。可受“文革”期间“读书无用论”的影响，学工学农经历与高中及正规大学无缘的青春时代转眼即逝，知识的贫乏和艰苦的劳动迫使我不得不奋力拼搏，干中学，学中干，在本职工作实践中不断提高自己。

十一届三中全会以后，恢复高考无疑为我们这一代人带来了一个难得的深造机遇，我开始下决心求学。由于没有读过高中，务农、做工又荒废学业十余年，参加高考无疑要名落孙山。这时，我的工作如同当时临近崩溃的国民经济一样面临着重大调整。1981年年初，“以工代干”的我开始离开令人难忘的工厂到太和县基建局人秘股工作。那时的基建局是老大学生成堆的地方。有个分管城建规划的副局长，水平不见得比谁高，但他自以为是国家名牌大学毕业的，目空一切，根本看不起我们这些初中生、高中生和没有正规学历的干部。

陌生的环境，崭新的工作，复杂的社会，一切都在逼着我从头学起。事实上，无论干啥，思想是先导，文化是基础，苦干是关键，没有文化可以说寸步难行。从工厂来到行政单位表面上看是好事，是进步，是新生活，是环境在变化。可实际上有一个内在质的飞跃，我自己清楚，只有努力奋斗、刻苦学习才能适应工作环境的需要，跟上形势的发展。刚到一个新单位，需要干的工作较多，脱产学习不可能，只有坚持在职自学。可学习却是一个长期的艰巨的任务，需要排除万难，循序渐进，持之以恒。

为了不断提高自身文化素养，我积极参加了县直单位举办的成人高中文化补习班，每晚听课两小时，再复习两小时，雷打不动。那时，我的业余时间基本上都用于文化课的补习。殊不知，边工作边自学谈何容易，但是我顽强坚持了好几年自学，自学也使我尝到甜头，有了快乐收获。1984 年 10 月，多年“以工带干”的我经全省文化统考转为国家干部，不久工作调动，并于 1985 年 7 月考上了安徽电大太和党政专修班，又开始攀登一个新的高峰。两年电大全脱产课程，时间紧张，不分昼夜，处理工学矛盾和人际关系异常艰辛，苦不堪言。

中途，我一度也曾泄气，因为有几门功课考试不及格，担心毕不了业。人常说：失败是成功之母，对此我有深刻体会。四门功课不及格引起我思想上高度重视，也“逼”迫我在最后一学期考试前个把月时间内，采取断然措施，集中精力，不分昼夜，全身投入，顽强拼搏，力求实现夙愿。功夫不负有心人。经过我的艰辛努力，结果八门功课一次性通过（包括四门功课补考），我有幸成为全班十八名同学中八个按期毕业的学生之一，而其他七名同学自始至终都是班内成绩优良，从没参加过补考的高才生。

1987年，我从电大专科毕业之后，一发不可收拾，我感到学历没有到位，学习没有过瘾，又连续参加中央党校阜阳学区经管专业函授本科知识的学习。按期毕业后，我又继续攻读安徽省委党校研究生，1997年秋季毕业。十余年寒窗，刻苦自学，体会深刻，其中虽有不少意外收获，可每当忆想起这段日夜奋斗的历程，还真的让人一言难尽，苦在心中。

写作是自学的积累，自学是写作的基础。自学结束之后，就是全身心投入，一边工作，一边写作。1999年至2000年，我被抽调到乡工作队，结束后又被抽调到局“严打办”工作。2003年，两年“严打”结束，累积了一大堆案卷汇报材料，有审讯笔录，有调查报告，有案例分析，在整理归类后准备入档的同时，我想能不能把这些民警辛勤创造的成果变成铅字，一是让基层民警互通案情，相互交流，以利今后再办类似案件时借鉴和参考。二是让关心和支持公安工作的人们了解一下真实的警察生活，以便公众理解公安，宣传公安，弘扬公安主旋律。为此，我产生了欲出本小册子的想法，但因没有经验，不知如何操作。初稿还是请县文联几位朋友帮忙指点并联系厂家印刷，书名是由《阜阳警方》主编吴成良和编辑姜文清等人在一起商讨后起的，序言则是托人请当时的阜阳市公安局局长孟庆银（现任中共阜阳市市委副书记）写的。出版费用是我自己掏的。没有人投资，我也没有拉任何赞助。出发点根本没想赚钱，觉得能收回成本也就心满意足了。至于有没有价值或价值多大，只有让他人随意评说吧。

《椿城警事》一书诞生，没想到它深受社会各界广大读者的欢迎，有人将它喻为“一个警官的人生日志”，有人将它称之为“弘扬正义的呐喊”。同时，阜阳市作协会员的“作家帽”也很快戴在了我的头上，不戴没感觉，戴了倒觉得它在催我奋进，逼我写作，终日不敢懈怠。经常想着这件事，唯恐对不起市县文联领导恩赐的这一称号。所以，2005年出版了第二本书，2007年出版了第三本和第四本书。

说实话，从事业余写作多年，出版的几本书也像自己的学识一样浅薄。事实正如前任《安徽公安》主编、省警察协会秘书长，现任安徽省公安厅办公室副主任兼指挥中心主任赵昂老师对我的作品所评价的那样：从文章体裁看，以新闻纪实和调研报告为主，兼及杂谈随笔，其中案例通讯、侦破报告、人物纪实占据了大部分的篇幅；从主体定位和写作视角看，公安宣传与理论研究并重，一边侦查破案，治安防范，一边形诸文字，开展对内对外宣传；从写作手法看，有感性的叙事、抒情，也有理性的商榷、思辨……

我非科班出身，既写不了高雅诗文，也没写过流行小说，更没有利用工作便利杜撰些侦探故事，或捣弄影视作品。我一向坚持的都是纪实性的体裁，有新闻采访，有案例剖析，有调查报告，反正我是把我所亲身经历的和所看到的统统记下来，整理一下，请人指点，再争取变成铅字，实属“四不像文体”。既像通讯、杂文，又似散文、随笔，又似乎什么都不是。区区千字文，既不多挣稿费，也不去博名声，只与寂寞相生相伴。因此，常有文不如人、技不如人的自卑感，进而怀疑自己天生不是作家那块料，却硬着头皮往那条路上奔波，倦怠时甚至后悔咋喜爱上这爬格子的苦活。尤其是看到十多岁的儿子有时将课本抛在一边，也附庸风雅似地捧着《巴金全集》和古代四大名著半生不熟地阅读时，更有祸家殃民、误人子弟的痛楚之感。同时，也很眼热那些美女作家，她们天生丽质就够人羡慕的了，偏偏又横生出许多过人的才气和超人的胆量，岂止是抢男作家的饭碗，简直是不想让我们这些七尺须眉大汉安生地过活。有啥办法，怪只怪爹妈生错了咱的身份性别。何止是身份，我们这一代人中有不少人一出生就是自由之身，而像我这样的一大批年轻人，却是1979年二次解放时才获得人身自由的。

出身不由己，道路难选择。人不信邪可以，有时还真得认命。不是有人说“有心栽花花不开，无心插柳柳成荫”吗？

论作品和知名度，我始终是在圈子外晃荡的年长的小作家，文联换届也不需要咱去凑个热闹，今天如此，明天可能还将如此。并非不自信，而是基于自知之明。我并不是以文谋生、立世的职业作家，虽然身着警察制服，也不操枪弄棒，只是与汉字打交道的文职警察。这样也好，倒是有了无所作为又聊以自慰的借口。在耍笔杆子的人中间，咱是个扛枪的；在拿枪的队伍中，咱又是个提笔的，不像一线民警那样风里行雨里去，日夜值班备勤，十分的辛苦。如果无心于写作，我或许会选择另外一条从政或经商的生活道路，年过半百的人生轨迹可能会出现一条别样的直线或曲线来。然而，我思想保守，不敢越雷池一步。终究没能做到，还是安分守己、死心塌地且无可救药地亲近并拥抱了从孩提时代就默默喜爱，而且矢志不渝地崇拜并敬畏这一脉相承了数千年的文字，真诚为它喜乐，为它愁烦，与它争斗，与它相伴，不知不觉走上了作家与警察相互边缘化的写作之路。

边缘有边缘的好处。其实，置身于文坛之外，至少不会有职业作家的压力，不会有文人相轻的倾轧，不会有为名利所累的纷扰，不会有拉帮结派的钩心斗角。置身于圈外，与所有圈里的人保持等距离外交，就不会成为别人垂青的目标或盯视的对手。只管自顾自地写或不写，像聚餐之外的散客，点一碟花生米，来一盘肉丝，掂二两白酒，坐在一个众人不屑的角落里自斟自饮，自我陶醉，自我欣赏，无人捧场喝彩，也无人拉扯牵拽。也许，写作本来就不是去赶集，不是逢庙会，原本就是寂寞中的追求，就是舞台边上的独处；因此，作家从来就不是会堂的主持，不是公开场合的演讲者和发言人，有人比喻它是黑暗中的守望，黎明前的曙光，烈日下的树荫，重压时的共鸣……想想，不是有些道理吗？

我拥有的人生青春旅程，几乎一半留在邻市的偏僻农村，那里是生我养我的故乡，有我的祖辈和我的至亲；一半落在经济条件稍好的异乡县城，是我成家立业和目前谋生的地方。这既奠定了自身生活的底色，也决定了我文学创作的基调。人在城乡道路上行走，心在城乡之间飘荡。一个在县城生活的淳朴农民，一个从农村走出来的现代城里人，以时代为背景，以城乡为对象，以警察的职业眼光，搜寻并解剖人性之丑恶，观察和批判社会之弊端。

实事求是，准确定位，我是介乎城乡之间的边缘人，或者说是城里的农民，农村里的市民，至少在灵魂深处如此认为。所以，笔下的文章多是农具般的粗糙和路灯式的幽明，缺乏天生的灵性，质朴有余或者说“质大于文”；只是从来不缺乏真诚，不缺乏理性的质疑和批判。

作家和警察是两种不同的社会角色，也是文武分立的两种职业，二者的共性在于不谋而合地通过不同渠道、不同方式去追寻社会公平和人间正义，具有强烈的社会责任感。缺乏这些，可能算不上真正的作家和警察，我知道与之相比，我还差之甚远，但我力求这样去做，也正是这么一种内在的精神力量支撑着自己，一路跌跌撞撞、歪歪扭扭地走了过来。从1985年痴心求学考上电大，到1995年迈进安徽省委党校读书，修满学分，搞社会调查，写毕业论文，完成最后学业，我是边工作边自学的写作实践经历；从参加两年“严打”，随警作战，宣传公安，加班加点，撰写新闻稿件，编辑《太和警方》，出版《椿城警事》，到加入省、市作协，我完全进入边工作边写作的知识结晶过程。

在自学和写作的过程中，有苦也有乐。那苦是没有眼泪的苦，苦在心里；乐是没有欢笑的乐，乐也只是偷着乐或找几个老友偶叙。我的一位朋友，也是我的新闻启蒙老师看我整天埋头写作，曾提醒我说：“你光写这，可弄不成大事啊！”意思是弄不成“景”（意指当官），现在想想他说得在理。整天埋头拉车（即写稿）不看路，好事咋能摊着你呢？但我自信古人诗句“天生我才必有用”，暗下决心，不干就算，干就干出个样来。现在，我虽然不行了，上不去也没下来，心中不免残存一些历史遗留的烦恼。即使烦恼也只能自我安慰，自我调侃，调侃实际上就是痛苦的宣泄，也是快乐的表露。我没事就调整心态，奉行“写篇小文章，得点小稿费，喝个小瓶酒，图个小得劲儿”。

至于我今后走什么道路，我自己也说不清楚。目前，唯一的打

作者参加 2011 年全国散文创作年会游园时的留影

算，还是一边生活，一边写作。反正再过两年就面临退休，可以无拘无束享清福了。目前，我虽有个一官半职，却官不像官，兵不像兵，属于兵头将尾一类的小人物。论当官咱确实不行。当兵的人，平凡一生，平安一生。再仔细想想，即使是当官的人，一辈子又能留下什么？这是一个值得思考的问题。尽管你在任风流时，一天到晚地忙着，能给后人留下些什么？是骂名，还是美名？当年辉煌的年代，比我优秀的和比我差的都飞黄腾达甚至“黄袍加身”，弄个正科或高级职称了，可咱还是个副科，警衔“两毛二”到顶了。我的一位大学同学曾经直言不讳地对我说：“你还是去干点别的吧，就是做生意也比你做官、当警察强，你是个老实头儿，不会说瞎话，不会说假话，不会讹诈葫芦喷……”话虽无恶意，至少他看出我的性格与当今社会仕途升迁规则的差异之大。过去讲无私奉献，默默无闻，如今讲实惠，讲金钱，讲后台，讲关系。没有文件，啥也不算，可有了文件，照样不给你算。确实应验了那句老话说你行你就行，不行也行；说你不行就不行，行也不行。主要是歪门邪道的事咱不会去干，压根也不想去干。可市场经济讲的是某种交易。开始不懂得潜规则，现在懂了，人却老了。

人人都有一本“难念的经”，都有独特的情感体验和自我感受，问题是不一定愿意表达出来，即使表达出来的也未必就是真实的。人在公共或公开的场合，大都是经过修饰、包装后展现出来的形象，如同盆景一样是“病态的造型”。不说或少说真实的话，只有遇到朋友、战友、同学、直系亲属才说几句真话、实话；或常常在满脸酒精标志的时候才表现得一腔自豪，一番慷慨。我为这些人可怜，也为自己如此这般可悲，但我不得不承认，从内心讲大家都不喜欢这样做，可没有办法，这是做人的“规则”和“规矩”，违反规则和违犯规矩都有不太好的结局。

喝酒以后说真话，似乎成了不少人宣泄的表现形式，酒似乎就是发泄的唯一载体，事实上这样的办法并不高明，弄不好还要戴上“酒晕子”的帽子。我烦闷时也就是这类人的模样。有人说世人皆醉我独醒，也有人说世人皆醒我独醉。那么，我是醒着，还是醉着呢？尝试了许多做法，觉得还是写字好一些，原因有以下几条：一是能自我独处，不与人对话，怎么说没有人琢磨，没人琢磨就不会遭“口祸”。二是可以随心所欲，信笔开河，好的体裁就写纪实文学、特写、通讯；差的或高兴的事儿，用散文的方式宣泄或抒怀；坏的或不高兴的事儿就写日记或小说，以后再选择机会公开。三是本人师出无门，发表一些小文章不会引起轰动效应。于是，自发弄出了几本小册子。

当兵是我年轻时最大的愿望。可我无法逾越的是家庭出身不好，十七亩四分地，竟被划成小地主成分。一度，我纳闷想不通，主要是 1979 年以前，看见“红五类”同学和他们天真烂漫的生活，我非常羡慕。但是，还有人嗜好“给月子人添气”，当面假惺惺地恭维我，背后暗算我，竟说什么“毛主席看起你们喽，封你家是土地的主人。”想想这几十年的冤屈，被他一句话“忽悠”得哭笑不得。其实，我爷爷是界首大黄有名的看疮医生，交友广泛，很可能与地下党有联系，在 1947 年秋，我爷爷、奶奶盛情接待了河南桐柏山区共产党游击队十余人在我家住宿十来天，等游击队一走，第二天深夜，国民党联防区头子李老世就以“通匪”为名派人将我爷爷、奶奶无辜杀害在堂屋门口。后来，村里不少老人偷偷跟我说，你们家亏得很，你爷爷、奶奶都是好人，新中国成立前他们就死啦，后来土改，都是村里那几个身无分文的穷鬼、无赖想分你爷爷的宅子和那几亩土地，就趁你父亲和叔叔不在家时，编个圈套，找个理由，把你家的公属、军属两块牌子摘掉，几个人一叽咕，就将你家成分由中农改为地主。虽然，现在不讲成分了，就是冤吧、屈吧，也无所谓了。但在讲究成分的那些年代，可是不得了的事情啊！由于我的“家庭出身”这顶“紧箍咒”，决定了我一生不可能有发展前途，等你万事俱备，已经时过境迁，面目全非。不是有人说过这么一句话嘛：你想往西，上帝却让你往东。宿命不可违啊！如今已经过去几十年了。可见，时代不饶人，时间对人的消磨是多么地深刻呀！

回想三十多年前，我是一个热血沸腾、血气方刚的青年。那时候，我有激情，有理想，有抱负，有渴望，有正义感和爱国精神，以至于这种思想在工作岗位上持续了许多年。而如今一切都无关紧要了，因为我们正在飞快地老去。人烟浮扬。我干涩的双眼已看不清盛开的花朵。但是，花朵的气味还残留在了空气里。我的几本小书里记载着不少回忆文章，文中偶尔带有反叛情绪，这种反叛情绪主要来自当时那个时代的思想抵触。如在我入团、入党填表的时候，我申辩我父亲是国家干部（现已离休），生母去世，继母是教师，我生在新社会，长在红旗下，我的家庭出身应有别于我父亲的家庭出身，就这样浅显易懂的道理，有的人竟然不懂。由于我执意不填与我父亲一样的家庭出身，就有不少人说我思想认识上有问题，态度不端正，不能正确对待组织审查，甚至为人不老实而多次受到研究考验、迟批我的入党申请报告。这足以证明当时的社会环境已将人的思想禁锢到何等地步。

实践是检验真理的唯一标准。党的十一届三中全会对此作出了英明决定。

写文章，当学老人，少些浮躁。如同一条大鱼上钩，老到钓者凝心聚力，紧握鱼竿，悠然自得，不急不慢地沿着岸边拖过来拖过去，一直把大鱼拖得筋疲力尽，再把它拉上岸来。我小说写得不多，发表的更少，退稿率也很高，由此渐渐丧失了写它的信心。于是，暂时不写小说，就写身边其他的故事，逐渐养成了写作习惯，有时不写不舒服。文学的魅力让我“衣带渐宽终不悔”。所以，下班后，节假日，以至于深夜心血来潮时便在电脑上敲出些字来，随意写，想起来就写，写好存储起来再睡。不考虑结构，不考虑人物，不考虑情节，脑子里想到了什么，赶紧就下手把它描绘出来，来日再抽空修改和雕琢。于是，就有了这几本“小书”的诞生。有人说我的文章有的像小说，有的像散文，有的像随笔，其实这是我的特色，不依附于某一种文体。也有人说好文章不是写出来的，而是改出来的，我自有同感。

一个朋友问我，散文如何才能写得好？我笑而不敢作答。原本就不谙熟写散文的我，很难回答这样专业而又高深的问题。见我为难，他说：“喜怒哀乐皆文章，写出来就好。如同花朵，白的红的黑的黄的，只要盛开，一样美丽漂亮。”

作家冯骥才在《趣说散文》里这样说道：“一个人平平常常走在路上——就一个人，忽然被推到水里——就成了小说。一个人给大地弹射到月亮上——就成了诗歌。”咋样，有点浪漫色彩吧！

触景生情，我以为：散文，既可以是出征前的誓言，也可以是父亲的背影；既可以是对白杨的礼赞，也可以是对荷塘月色的欣赏；既可以是普通百姓的一封家书，也可以是现场迸发的一次演讲；既可以是面对黄河的歌唱，也可以是对桨声灯影秦淮河的倾诉。写它，可像雄伟的天安门，气势雄伟的布达拉宫，巍峨的万里长城，迷人的桂林山水，壮观的乐山大佛，荡人心魄的少林寺钟声，醉人的岳阳楼倒影。优秀的散文作品，有益于修身，能够愉悦心性，陶冶情操，启人心智，引人向上，使人增长见识，多识于鸟兽草木之名，使人变得高尚些。

散文是所有文体中随意性最大、含情量最高的一种。但它的写作难度也是最大的。散文，就是写平常生活中那些看上去微不足道，但你感受最深、认为最值得写下来的东西。不使劲，不刻意，不矫情，不营造，更无需“绞尽脑汁”。散文最终只是写一点感受，一点情境，一点滋味罢了。它好像天上的云，不知由何而来，不知何时生成。在艺术中，深刻的东西都不是有意制造出来的，散文应是悟出来的精髓。肤浅的散文，最大的软肋就是缺铁少钙，骨子里没有灵感飞扬，流淌不出英雄气概来，永远达不到陶渊明在《归去来辞》中所说“云无心以出岫”的最佳境界来。

对散文的评判我非常赞同一位老师的评价：“在文学这座大观园里，散文处于边缘地带，是一个最具有开发性的品种。活泼好动的散文，习惯于探亲访友，四海为家，从不把自己拘囿在某个特定的疆域，导致小说中带有散文味，驱使诗歌呈现散文化，甚至让一些逻辑严密的学术论文也因揉进散文笔调而变得亲切生动。宽容大度的散文，热衷于招徕三教九流，引进各路兵马，借以壮大阵容声势，丰富表现手段，增添色彩花样，小说家‘暗送秋波’向它输送情节的曲折，诗人为它倾注意境的优美，学者们则带来了哲理性和书卷气。创作主体在禀赋、素养方面的差异，有助于散文避免陷入单调乏味的泥潭，从而形成令人目不暇接的千姿百态。”

文学创作是身心的快乐和思想的释放与宣泄。尽管有时是种瓜得豆甚至是有劳无获，但我也有几分兴奋和幸福。

公安是我永远的情结。应该说我的公安生涯是复杂而单调的，我是半路出家进公安，又一直在办公室做后勤服务工作，如今干到副主任位置，近年来才学写了一些公安文章。可以说与民警有关的人和事儿，在我的文章中都表现过了，为了写他们，我下过乡，蹲过点，亲自查看案发现场，尤其是基层民警，我与他们休戚与共，我深知民警的酸甜苦辣、喜怒哀乐。我之所以愿意写他们，同时也在叙说着我自己。

作为基层公安机关一个小“民警”，我所能做到的就是在紧张的工作之余，坚持深入基层，实地采访，积累素材，争取在基层公安文化建设中探出一条小路，为丰富和繁荣基层公安文化事业贡献绵薄之力。我知道，我缺乏丰富的词汇和语言的艺术，无法完备地表达我从警所见所闻、所感所思的一切。有幸跻身于人才辈出的警营，我不过是一个默默无闻的业余写作爱好者，不图名利，不求青睐，也无力雕琢，只想认真地描述、真实地反映基层民警的工作与生活。

我不认为散文有治国平天下的功效，但我坚信，优秀的散文作品，有益于修身，能够愉悦心性，使人变得更美好，更高尚。过去不喜欢写散文，主要是写不好，因为大家的散文令我景仰而畏惧，犹如一座座高山峻岭，让我叹为观止。其实，散文是一种最难用理论去框定的文体。关于散文的言说，就很难在一个目标下讨论。我的这本小集子，只是对我过去所见所闻的自我感受，零零碎碎，书中文字大都是发呆的结果，看看保准没有什么坏处和不良作用。

总之，这些年来，我几乎没有间断过撰写几十字或百字日记，先是记事、叙事，摘抄趣闻，抒发内心感受，到后来都是记录瞬间灵感和遐思。我所发表的稿件，除了案例通讯及新闻报道，就是一些短文、随笔，这些短文、随笔多半是生活中偶发灵感思想片段的扩展和延伸，我把这些零乱而无主题的“思想碎片”汇总在一起，有时偶尔翻翻，忆想一下过去，倒也回味无穷。如能引起几位读者共鸣，那将是我求之不得的人生知音。

近期，我翻阅了一本天文学家的传记，记得有人问一位研究天体的学者：“你终其一生研究虚无缥缈的星空，如何看待现实的名利？”学者说：“任何辉煌和荣耀与天体相比也是微乎其微的。但是生命总要有所价值，就是为后人研究天体做一粒铺路的石子。”这是架设天梯的工程，伟者大也，非我等平民百姓所企及。然而，这种高尚的精神境界，这种看破名利又不消极颓废的学者风范，是永远值得我学习的，也是令人敬佩的地方。

海吸长河远，天包大地圆。无论生活社会如何变化，但有一种东西是不变的，那就是我对文学创作的赤诚热爱。我将继续将这个“冷板凳”坐下去，不辜负全国公安文联和省、市文联领导对我的期望。

公安生活的繁忙决定了业余创作主体心境的急切和创作环境的促狭。在这样的职业生活和生存状态下，我不奢望能取得多高的文学成就，只要求自己保持这么一种远离喧嚣的边缘写作状态，用自己的肩膀扛着自己的脑袋，一边思考，一边写作，力争成为一个合格的人民警察和一个有益于社会的人。

敬爱的周总理谆谆告诫我们：生命不息，奋斗不止。为此，我打算持续不断地写下去，即便不能繁衍出鸿篇巨制，也有“我思故我在”的一点价值，以供人鉴赏。

谨以此文献给我还较为陌生的文友！献给热情鼓励和支持我写作的朋友！

作者与安徽省公安作家协会副主席杨永超的合影

感悟人生

有的人感慨人生如梦，有的人信奉金钱万能，有的人追求物质享受，有的人向往精神富有。我的一位同学对我说过：我不图万贯家财，也不求高官厚禄，只想积累思想、积累生活、积累知识，成为一个生活的强者，奏响时代的音乐，讴歌身边的民警。这，就是我今生的无悔选择。我为有这样的同学而高兴，也为今天这样的人少有而叹惜。

一

有人常常感慨地说：识人识面不识心，同窗同事不同道。其实，他们说这话可能是意有所指，不想把话说得太明。说句公道话，说这话的人恐怕他们连自己都未必认识。

能认识别人的人是能人；既能认识别人，又能认识自己的人是名人；不仅认识别人，又能认识自己，还能认识世界的人是伟人。认识自己是非常困难的，身在尘俗中的我们有几个能够正确认识自己？能够认识自己就能轻轻地把握自己，举重若轻，没有任何东西能够束缚住你。两人对弈，人们都说当局者迷，旁观者清，通过认识周围的人认识或领悟到自身存在的差异，不断地修正自我，提高自我，我们不是都在自觉地朝着这样的方向去努力、朝着这样的境界去追求吗？

从另一个层面上来说，每个人都有自己的精神世界和世俗世界，当我们侧重某个方面久了，就会去寻找自己的另一面，这大概就是返璞归真、返老还童意念的发源地吧！

人类在进化，社会在发展。虽说有时候你的人身是被束缚着的，可是你的精神世界却是自由的，没有人能限制得了你，你可以天马行空，任意驰骋。而有些人的人身是自由的，可是他的精神却是非常空虚的，他的精神世界是狭隘的，他们的灵魂无法走远，这种人往往是作茧自缚。正像一位哲人所说的："翱翔高空的雄鹰有时飞得像鸡那么高，可是鸡却永远飞不了鹰那么高。"

二

经常感慨时光流逝得太快，不知不觉一天、一周、一月、一年……

光阴荏苒，转眼已经人到中秋，年过半百，接近退休，夕阳西下。有一年，在欢送一批老警退休时，我触景生情，感慨人生时突发奇想，"今天我送你，明日谁送我？"当场引起大我不几岁单位主要领导的思想共鸣。

只有同龄人才能找到共同的语言。多年不见的老同学见面，寒暄之后往往就是开怀叙旧，都感慨年龄不饶人，岁月不饶人，自会想起从小一起读过朱自清先生的《匆匆》中写到："洗手的时候，日子从水盆里过去；吃饭的时候，日子从饭碗里过去；默默时，便从凝然的双眼里过去。我察觉他去的匆匆了，伸出手遮挽时，他又从遮挽的手边过去，天黑时，我躺在床上，他便伶伶俐俐地从我身边跨过，从我脚边飞去了。"

时光一去不再复返。能够把握时间的人，其实就能把握自己的命运，但有多少人能够把握自己的命运？同学同事，亲戚朋友，有的为官忙，有的为名忙，有的为利忙，有的为情忙，无谓的交往，无谓的碌碌，时间在不经意间被挥霍了，大好的青春年华已经不复存在，能把握的只有现在。我们要做的只有从现在开始，认真把握每一天，踏踏实实做好每一件事，提高自己的工作效率，闲余时光去做点自己感兴趣的事情。

人的生命太宝贵了，也太短暂了，有些人取得成功，众人喝彩，鲜花簇拥，可谁知道他们背后为此付出过巨大的艰辛和努力，甚至牺牲宝贵生命。“临渊羡鱼，不如退而结网”。在日新月异的今天，在高新科技知识的海洋面前，我们实在太渺小了，我们要去学习掌握的东西实在是太多了。我们不能望而却步，也不能望洋兴叹。

千里之行，始于足下。只有下水，不怕喝水，才能学会游泳。少壮不努力，老大徒伤悲。老了不努力，一生会后悔。只要努力过，争取过，虽然不能面面俱到，有朝一日，我们能够打开其中的一扇窗户，就有可能领略到生活中无限的风景。届时，我们的眼睛会为之一亮，我们的生命才有意义，这样的境界不正是我们所梦寐以求的吗？

三

从呱呱坠地的婴儿到长大成人，从身体来说只要发育正常，年满18岁就算成人了。为此，许多国家还举办成人仪式，成人之日，标志着他要担负起应有的责任和义务。从《民法》上理解：他具备了完全的民事责任，可以独立进行民事活动，是完全民事行为能力人了。

并非说年满18岁，他的心智也该成熟了，一个人的心智成熟是有一个渐进过程的，生理上的成熟并不代表心智已经成熟。这道理与喝茶有共通之处，假如刚泡的一杯热茶，尽管它清香诱人，使你忍不住要马上去喝它，然而往往是心太急，烫手不说，你还会把自己的嘴唇烫坏，你只有耐着性子等待，刚开始，你只能吹吹浮在水面上的茶叶，稍微抿一小口，等着温度慢慢冷却，你才可以真正仔细品味。

生活的磨砺是最能锻炼人，促使人心智成熟的。换句话说，人的成熟是要付出一定代价的。穷人的孩子早当家，也许正是这个道理。当一个人没有了任何的依赖，他只能依靠自己去闯、去干，甚至可能会遭遇到各种各样的磨难，在各种折磨面前，有些人会变得沉沦，有些人会从此走出困境。但不管是怎样的经历，都会促使你不断走向成熟。

其实，在我们已经经过了时间的冷却、沉淀，经历了风雨、坎坷，为生活、为事业奔忙，当我们每次穿过泥泞、荆棘，走出风雨袭击的时候，再回过头来看看走过的路程，都为战胜自己并拥有坚强的毅力、恒心所激动、所震撼。因此，对社会、对人生都会有自己独特的视觉与观点，认识一个人就是阅读一个人的人生长卷。

有人说："人生就像一支在风中燃烧的蜡烛，要承受风雨的摧毁肆虐，要承受时间的磨炼和岁月的洗礼，直到熄灭或燃尽为止。"但我觉得人生每一天都像一支蜡烛，每天清晨点燃一支到夜晚熄灭。不知大家有没有算过，人一生大约活多少天。我仔细算了一下，人的平均年龄是八十岁，也就是二万九千二百二十天。据此，人的一生最多大约是三万天，我感觉三万天就是三万支生命的蜡烛，我们经过多少天也就是燃烧了多少支生命之烛。想想看，我们自己还有多少支蜡烛，是二万支、一万支、几千支、几百支或是几十支，谁也说不清楚。所以，我们应该好好珍惜每一支生命之烛，用她的光和热，照亮社会，照亮前程，温暖自己和他人！尤其是年轻民警，不要再浪费自己生命的蜡烛了，千万要珍惜自己的每一支生命之烛。如果你荒废了从前，那就请此时开始把握住自己的人生，把握住自己的生命之烛，每天清晨醒来为自己点燃一支生命之烛，让它发光发热，照亮人生！

遐想家园

季节带走了玫瑰，岁月敛去了嫣红，而我的思乡之情始终挥之不去。世界越来越喧嚣，久居在都市般的县城，便刻骨怀念偏僻的故乡，那生我养我的地方。

故乡还不大丰裕，四邻不见高楼，女性的面部也少些脂粉，超短裙是绝对没有的；但那里丰裕的是自然的营养、空气的新鲜以及人与自然的和谐。

辽阔的淮北平原上，盛夏的雷电是上苍恩赐的礼花，暴雨是替大自然清洗的仆役，深夜的流萤更如“冷灰里豆爆”——缪斯女神呕心沥血创作时爆发的灵感。我一直憧憬着家乡的美丽平和，尤其是泥土和野草的清鲜气息，还有那春天的生机，夏天的蛙鸣，秋天的芦笛，冬夜老槐树、葛花树在西北风中呜呜地嘶鸣……

在我的记忆中，往昔的城乡之间，曾有一条清晰的界限。

那是路的分明。柏油路的尾端与土石路（俗称砂礓路）的起点，虽然在“母亲”的土地上，是紧紧连在一起的，但在这两种路面的相接处，却竖起无形的界碑，那是城乡之间的分界线。虽然，我现在变为城里人，可我本是农民的儿子，对土地我有深不及底的感情。因为那些交错的河汊犹如血脉流畅，日日在我身体内叙说乡情。

其实，我在家乡生活的日子并不长。万恶的1960年，生母去世，我就离开了可爱的家乡，随父异地谋生。记忆中的乡村，河流弯弯，弯得像成吉思汗那把顺手的弓。我的家在那佝偻着的弓背上。儿童眼里的景致，总是那么富有诗情画意，即便到了今天的我，依然不免陷入绚烂的向往和幽邃的痴迷。几十年后，蓦然回首，才察觉出那泼墨丹青的背后暗藏着许多幸福。远在他乡，工作又忙，平时没有回过老家。只有在清明前后，回来给亲人们上坟。

三叔在世的时候，每年清明节前，他都带着我回家给祖先上坟。祖上的坟址，是请当地风水先生看过的。听乡邻说，我太爷被葬之后，坟每年都长。老家有个说法，祖坟越长，后辈越发。可是，爷爷、奶奶没发，却早走了。爷爷、奶奶是新中国成立前被国民党联防区偷偷暗杀的。人常说爷爷、奶奶是最疼孩子的，可我没有福气，无缘爷爷、奶奶的容颜。当然，这是时代变换造成的悲剧。如果不是国民党迫害，老百姓处在生死斗争的风口浪尖上，我爷爷、奶奶绝不会走得这么快。爷爷是个老实人，文化不高，身为乡民，没有妥善处理和应对突变时局的能力，才有此大难降临。爷爷、奶奶遇害时，家父翻墙藏于邻居家，才侥幸脱逃，躲过一劫。

据村民说，我爷爷是当时大黄一个有名的看疮医生，经常云游四方，交友广泛。同时，他也是个慈祥的老人，有骨气的老人，穷人看病总是少要钱或不收钱。与我同住太和县房产院的老干部史华国是家乡人，他曾亲口告诉过我，他从小认识我爷爷，知道我爷爷的一些故事。游击队队长李干臣被国民党抓住枪毙后，没人敢去收尸，爷爷听说后立即组织黄庙乡亲冒着杀头危险去帮收尸安葬，此举引起了国民党联防区头子的嫉恨，也为我爷爷后来被害埋下了祸根。1947 年秋，因为我爷爷、奶奶出面接待了河南桐柏山区共产党游击队十余人在我家住宿十来天，等游击队一走，第二天深夜，国民党联防区头子李老世就以“通匪”为名派人将我爷爷、奶奶无辜杀害在家门口。

我记得第一次随三叔回去给先人上坟的时候，爷爷、奶奶和太爷的坟堆已被风雨侵蚀得很小，几乎与地面差不多平行了，上面长满了野草和荆棘。我们拿来铁锹，与近门兄弟把它堆得高高的；高过足足有一米之多的墓茔。我问叔父：为什么我们不把坟墓用水泥砌起来？叔父有可能伤感没有发话，沉默须臾之后说，放鞭炮吧。后来，在我懂事及参加工作之后，从刘大湖苗圃选购了二十多棵小松树，栽在了老坟的四周，以寄托我对爷爷、奶奶等长辈们的敬仰和哀思。

小时候，当兵的三叔探家常带我去赶集，走亲戚，那风光得令人羡慕。军属、工属两块牌子挂在我家大门两旁。老家的房子是三间堂屋，两间旁房是做饭和吃饭的地方，屋前屋后全是树林，有枣树、杏树和紫银花树，那紫银花瓣可以拌面蒸吃。雨后的树园，格外清新宁静。空气中弥漫着晓雾的气息，掺杂着青草和树叶散发出来的淡淡的苦味，和几许残留着花瓣的清香。远处的轻烟云雾缭绕，天边有一抹红日的轮廓。不知名的小虫的鸣叫，和那些隐藏在粗矮果树上的鸟的啁啾，汇成凌晨的序曲。时而婉转，时而跌宕，有若淙淙小溪流水，有若宽厚的原野风，欢畅而热烈，恬静而充满幻想。我的童年，有母爱护身，大概每天都是这样迎来明朗的早晨，然后去黄庙上学。

黄昏过后，潮湿的雾气又重新进园。被笼罩的果林变得模糊不清；草丛里，蟋蟀的鸣叫从不间断，响彻你的耳鼓，缭乱你的情趣。

入夜，我和堂兄，还有姑表弟兄几人拿着电筒、罐子和探条，逮几只美丽而多情的蟋蟀。老家的夜晚是快乐和自由自在的。深夜，劳神的鸟和鸡鸭都沉入安静。我在牛栏猪圈枣树槐叶的混合气味里入梦，又在朦胧中聆听着大人的鼾声，那像是交响乐，又似大合唱。晨辉夜鼓，不亦乐乎。

家乡的魅力就在于那份天然和野性。

去年，走在故乡的深秋里，就是走在诗歌和喜悦里。庄稼长得茁壮，正是收获的季节，一张张熟悉或不熟悉的面孔，与我记忆的家乡人相比要饱满得多。我跨进家门，发现小叔头上那明显的皱纹又深刻了许多，背也佝偻了，为侄的心难受了许久。

岁月不饶人，七十多岁的小叔，怎不老态龙钟？他的今天就是我的明天。八十多岁、行动不便的父亲，也常常念叨着："我要回老家看看……"

我敢说，凡是与我同龄的人，对自己的家乡未必比我熟悉。我毕竟在那里生活了十余年。然而，正是这些平淡而又短暂的日子，使我每次回想起来，都是那么真实，那么亲切。在那里，有我的亲人；在那里，我有过许多次的梦幻。

遐想里的家乡，那是一片圣地，它会让万物生长，它能叫生命辉煌。

回去，寻找童伴，亲吻故土，成了我精神上的一种寄托……

在宁静的深夜，面对灵魂的镜子，发现自己已慢慢改变。在时间的流逝中，我越来越感到，在自然中才有真实、纯朴的东西。“我们在自然的某个季节中开花”。当我读到爱默生这精妙绝伦的警句时，似乎又走过一个“花季”。

偶尔回家乡小住，我喜欢在夜深人静时，独自一人走向旷达的田野，把一张还不算饱经岁月的脸，贴在冰冷又温暖的泥土之上，感受大地深情。这将成为现在以至今后我生活中经常温习的重要一课。因为我的母亲是农民，我生在农村，长在农村，基本上是与泥土相生相伴，与土地相亲的人不懂得泥土是一种悲剧。

当然，这种几近痴呆的做法，在目前思维正常的年轻人看来可能是笑料，无论如何他们是读不懂这里面的奥妙的。在田野里，我熟识了小麦、荞麦、绿豆、黄豆、玉米。在工厂，我学会了车、钳、刨、铣、钻，梦想当一个多面手。如今作为小小公务员，在这个宏伟的16层公安楼中办公，我常常由于复杂形势的变化、人情世事的冷暖以及物质力量的压迫，陷入惶惑、迷茫的心态，在权贵人面前，真不知如何是好。

土地，敞开自己宽厚的胸怀接纳太阳送来的阳光，一起恩泽人间生灵。

几年前，我曾遐想有一间书房，那是因为住房窄狭，也可能是久住楼房的缘故。现在，我时常在想：吾家能有一个小院多好！家有小院是一种福分。身居繁华的城市，更是一种奢求，每天又倦怠于尘世的繁忙，晚上和星期天能坐在小院中，听风吹绿叶动，看彩蝶花上舞，辣椒、番茄原汁原味，没有污染，小小秧苗，悬挂大大的绿而发亮的辣椒或红而闪光的西红柿；墙根的丝瓜秧、芸豆秧能昂首攀附在墙上争先恐后，看谁能占领屋檐墙头高地。如果关心它们的成长，那烈日下要浇水、剪枝、捉虫。品尝自己种的果实，实在是一种独特、清新的享受，尤其是吃完晚饭，一家人围在花池边，葡萄棚下，静静地沉默在一种质朴和空灵的思维里，感受着困惑和激动，品味着自然与本心，更是一种难得的人间情趣。

家有小院，还是生活中难有的快乐。走过柏油路、水泥路；踏过地毯、地板砖，再立足于柔软又坚实的土地，拎一只喷壶，洒一掬清水，洗一枝尘埃，假如这时你再携一卷诗书，握一杆秃笔，盘膝在花下，我想胸中流淌出来的文字必定清丽细腻，朴实率真。小院里春来花发，生机勃勃；夏日枝繁叶茂，五彩缤纷……四季不同。小院之美犹如村姑织绣，丽而不俗，朴而不拙，恬静温婉，怡然自得。

牵挂如线，爱意成网。我将用深情去编织未来的岁月，贴紧家园亲人的心口。

乡路上的泥泞、足印，铭刻在我的脑海里。逝去的亲人也永远活在我的心中。

作者与安徽省委党校在职研究生辅导班师生的合影

遐想书房

五十多岁，我还没有书房，一度祈望有半间也行，说来也不怕人笑话，你咋“混”的？

回顾工作三十多年，下过乡，进过厂，又走过城建局、县政府招待所、镜湖宾馆等不少单位。混到今天是个小警察。说起来寒酸，我只有一套两室一厅的家庭住房，二楼，包括公共楼梯及阳台建筑面积七十八平方米。推算时间，还是20世纪90年代初，妻子单位筹资建房时尊贵领导恩赐的。当时，还说我的家属是职工身份，超面积了，叫我们出十几平方米高价，结果没有一官半职的我凭借从没用过的“师”字头招牌，少掏了一些房钱，总算沾一回中级职称的光。

人逢喜事精神爽。一家四口人住进新房，尤其是一双儿女欣喜若狂。因为比原来只有一间二十平方米既潮湿又漏雨的仓库住房，强得太多了。而且有两间住房向阳，还有阳台、厨房和卫生间等。那时儿子尚小，女儿正在中学读书，自然要安排一间小房独处，培养大学生，必须创造良好的学习环境。还有一东间就是我和她们母子三人居住的陋室，面积约二十平方米，东西宽三米，南北长近七米。想在向阳处对面放两张床不行，只好南北相望。男子汉要有自知之明，不是咱单位分房，不能抢占最佳位置，向阳的南头靠东墙拱手让给她们母子俩，我就在光线稍暗点的东北角安营扎寨，修身养性。唯一的简易书柜站立在床铺对面，西北墙角。一头沉的条桌不好摆放，放在书柜与床铺之间的窗下最为合适，采光又好，可惜空隙不够，放不下。怎么办？因地制宜，就紧靠床边南北摆放，写字时干脆就坐在床梆上，这样还可节省一条板凳。

好歹家小人少，物什不多，只有一些简单的生活用具，如案板、菜橱、饭桌、小板凳等，自制的三人沙发无疑只好摆放在约10平方米的客厅，与老牌电视、冰箱每天长相厮守，名曰客厅，实为餐厅即吃饭的地方。不是闭门谢客，反正来人较少。还有一对单人沙发，因房间小，实在没地方摆放，正好孝敬两位年迈的老人享受晚年幸福。

一间房放了两张床，中间恰好还有一点空隙能放大衣柜、五斗橱，这样可把住房间隔为南、北两个活动区域，南区是她们母子的卧室，北区则是我的卧室兼读书自学的地方，暂且称为临时书房吧。为了互不影响，夜里看书、写字时我就用硬纸片卷成一个斜的长筒将灯光聚集在床边书桌上。毕竟是一间房，大衣柜、五斗橱隔离再好上下也是相通的，小孩吵闹、大人干扰是避免不了的，所以，我产生了五十多岁还没有书房的怨念。

这就是我的家，我从警二十几年朝夕相处，藏头避雨的地方。

人们常说：苦尽甘来。只有吃尽狭窄和拥挤之苦的人，才能体会到住房宽敞是多么的幸福。

写作的人离不开安静的书房。我常常坐在那儿发呆，构思我的书房应该是什么样子呢？它应该像我家东间卧室一样方方正正，面积不少于二十平方米，再大一点自然更好啦，而且朝阳，有卫生间，有阳台。书桌是长方形的，宽宽大大的，桌子上放一盆文竹，再放一盆梅花，看书或笔耕倦怠时，可借翠色怡神。期望有人送水，冲泡一杯绿茶，细呷慢品，四周全是书柜，书柜里装满了各个种类的书籍，查资料拿用起来较为方便。

朝阳的大窗户上方，能安一个与窗户一样长的排气筒，就像酒店厨房里的那样大，它的主要功能就是排烟排气。也应该把它设计成一件艺术品，正上方的中央镶嵌一个小钟，既好看又可知道时辰，两侧装点小幅的书法作品陪衬。排气筒上安一个可升降的节能灯，上下可随意调节。在窗户的玻璃上挖个小洞，把通气管一直伸到窗外，排气口朝下，下雨时不至于流到屋内。这样，即使来客在屋内抽烟，一点污染都没有，不像现在偶尔来人，连坐的地方都没有。

一旦如愿，终日蛰伏于书房里读书阅报，书可读司马迁、读陶渊明、读苏东坡、读鲁迅、读贾平凹、读巴金，读兰姆，读高尔基。报可阅览古今中外新闻趣事，享受潇潇春雨、朗朗夏风……白天过后，深夜降临，一轮皓月，百朵红颜，千行诗章，万里景象，徜徉在无与伦比的书海里，思想、意绪、情志在孕育，在绽芽，在吐蕾，在翻涌，在燃烧，在彻悟，在净化；静谧的夜色，万籁俱寂，窗外泛着月光，打着雨点，徐来风声，或声声虫嘶，阵阵蛙鸣，啾啾雀叫，有点瑟瑟摇曳的树影，有点沁人心扉的花香，有点飘飘而落的雪花；亦面壁而坐，亦凝眸不语，亦伏案疾书，这就是作家的夜生活。这里宁静却激烈壮怀，这里孑然一身却众生咏唱，这里“心事浩然连广宇”，这里“半瓣花上吐痴情”；在书房里，我将学会坚定而不固执；勇敢而不鲁莽；机智而不多疑；老实而不愚蠢；豪放而不粗糙；忍让而不孱弱；谨慎而不胆小；自信而不自负；自谦而不自卑；自爱而不自娇。

可是，我的书房在哪里呢？在睡梦里、在想象中、在将来某一个向往的地方……

五十多岁人的人生，是甜？是苦？是辣？是呆？是慧？是傻？是聪？窃以为，五十多岁不算太老，目前除了血压稍高外，而今仍可纵酒，尚能吃饭，也能蹦能跳。用我的话说：吾现状甚是良好，虽不能与年轻人一样爬高上梯，再掏大力，可不少年轻同事身有护士，天天保养，也未必能撵上我的身体。无论干啥没有一个好身体不行，这就是我的资本，人生最大的财富。

文人孤独中也有乐趣。每当夜深了，喧嚣沉寂了，月亮的船在天上航行时，文者坐在床上也恰似船上。半床明月半床书。文者在智慧、精神的海洋里航行。这时，圣贤、哲人都苏醒起来！与他们同船而坐，屈膝畅谈。永恒的浩瀚的汪洋海浪拍打着船舷，闪电划过头顶，陨石囤积甲板，星光如渔火，烛照着遥迢的彼岸。夜航船，在长夜里载着精神的钻石和梦幻的珠宝。尽管是劳累筋骨，却痴心不改。

一友曾戏称我说：你以为你是谁？如今是游山玩水，打牌钓鱼，桑拿唱歌的极乐世界，有多少人还把自己关在屋里看书写字？谁能耐得住这份寂寞？可我固执地认为：千山比美，只有远处的雪山不为华贵而更名；万木争容，只有苍松不为时髦而动心；百花争艳，只有结果实的花朵不向游人大献殷勤。在自己的书房里，远离的是喧嚣，守住的是寂寥；高山雪坑，仅留猎人的脚窝。

书房里的快乐，在于保持宁静超然的心境，“兴之所至，心之所安，尽情在我，顺其自然”。我为自己预构的书房是迷人的。无论外面风暴何等疯狂，这里永远是得以躲避风雨的“安全岛”和“避风港”。在疲倦难支的时候，在忧愁满腹的时候，在热泪盈眶的时候，只要回到书房里，就能得到化解、抚慰。毕竟写字台是我的，书橱是我的。我愿把人生酸甜苦辣的感悟，编织成小说、散文、随笔、诗歌，它们会引来知音，发出共鸣，把善良的人们感动得泪水长流。

说实话，书房里是孤独的。然而，孤独书房里的主人并不孤独。五尺书桌在书房里静静站立，温暖、亲切。在普通的木椅上安然坐下，双肘靠住书桌，会立即产生儿时靠在母亲膝头的感觉。母亲是孕育世界万物一切美好善良的代表。面对书桌，就是面对宇宙的奥秘，世界的本相，人生的底蕴，这一切犹如智慧老人托起我的悟性和激情。它让我对天下万物都有一种居高临下的洞察力。

作为读书人与写作者，书房、书桌将赐予我永恒的温馨，没有它，我无法耕耘。

五十多岁，还没有书房，我渴望心灵的一片绿洲早日拥有。只要健在，吾将为之而努力奋斗！

俯视己生

《性自命出》是战国中期的一篇儒家典籍，其中有这样几句话："道始于情，情生于性"，"性自命出"，"命自天降"。这里说的"道"，是"人道"。但从儒家看，"人道"本于"天道"，故有"天人合一"的思想。"情"，指"七情"（喜、怒、哀、惧、爱、恶、欲），"情"是由内在的天性而有"感物而动"，而发之于外所表现出来的感情。

人生如梦，生活是实。柴、米、油、盐、酱、醋、茶开门七件事，上学、就业、结婚成家、生儿育女抱孙子全过程是也，代代循环生生不已。人生在世，谁都说太累，可没有谁说要请假或辞职不干的，生活中的酸甜苦辣，有时会伴随着你度过艰难的人生旅途。我见到真正潇洒的人不是很多，人生有得必有失。这是无可奈何的事。坠地而生，这是自然的欣慰。但生而必死，又给天地添了几分烦忧。喜乎？悲乎？不为己悲，不以物喜，才是大快人生。

伴随年龄的增长，怀旧情绪与日俱增。闲着无事，常会回想年轻时的生活。像是在翻腾旧日的破棉絮，寻找遗失的五彩玻璃瓶。出生时，我是乡里人，后来变成城里人，再变成乡里人，招工进厂又变成工人，干重活，吃杂粮，发奋图强，刻苦自学，以工代干，几年拼搏，经全省统考转为当时农民、工人们异常羡慕的国家干部，没想到此举也为后来我从警奠定了基础，再后来上电大，学本科申报中级专业技术职称证书，滥竽充数成为一名知识分子了。知识分子是工人阶级的一部分，我无意中钻进了"老大哥"的行列，且有一点点文化。

写到这儿，我自己脸上都在发烧，你愧不愧呀？整个一南郭先生。吾生于共和国的五十年代初。七八岁时，赶上了饥饿的时期。爹爹在外跟官，不回家，也基本不问家里事。入冬，母亲弄了满满一麻袋红芋，倒出来用土堆起来放在厨房里既不得坏，又保鲜不失水分。“俺娘，咱怎么天天吃它?”我带着愠怒的口吻质问。“我们一天三餐，不吃这吃啥。”现在想想，勤劳的母亲也是没有办法。那时，“红芋面，红芋馍，离了红芋不能活”，“上午搁，晚上搁，一顿不拉红芋茶”，这是饥饿时代的大众流行语。

那时候，孩子们都是觅食的精灵，我也像传说中的神农一样，尝遍了“百草百虫”，荠菜、槐花、榆钱、野兔、河鱼、泥鳅，大凡能吃的都得吃也都吃过。长身体、长个头的“拔节”期，我饿得发晕，饿得发慌，饿得发急，以至于现在身高、体重都属于“小矮人”之列，可谓猪八戒背把破套子——啥也不啥。政治上是个矮子，身体个头又不高。要知道，我爷爷和父亲都是一米八零的个儿，我儿子也是一米九零的个头。如果不是 1960 年饿一下，1970 年累一下，我肯定个头比现在高得多得多。如今，烤山芋已作为“稀罕物”摆上宴桌，供吃腻了山珍海味的食客们调剂胃口。每当我去吃请时，不知底细的好客者，专门给我点要此物时，我便觉得胃里酸溜溜的。

1968 年 10 月，我告别了初中母校——太和一中，到李兴镇宋桥去接受贫下中农再教育。我是挥泪而去的，那年我刚满十六岁，又是独生子，本来是可以不下放的。为什么？思想好，响应党的号召呗。不过，在那只蹲了两年，就回到了县城农机一厂当了工人。在农村，我啥活都干，男女劳力都喜欢我，脏活累活，我都自觉抢着干。

1969 年夏天，在农业学大寨，赶郭庄、超纲要的活动中，为实现淮北井网化，大队成立了打井队，我第一个报名去接受锻炼和考验，工地离住处三四里地，我早出晚归，从未耽误过干活。我被分工干的是“捣竿”，说是技术活，实质上就是站在壳子板上捣拌好的石子，既要捣均匀又要有空隙，能滤水。说实话，捣竿不是好活，捣的胳膊都是疼的，手上还磨起了几个血泡，两腿站得发酸。天天退、装和擦壳子板，弄得浑身油污，穿不了干净衣服，每天任务是十余个筒子，晌午，在太阳底下一站，头上立刻挂满了豆粒大的汗珠，擦都擦不完，可我决心要经过“长期的甚至是痛苦的磨炼”，不怕苦，不怕累，一直坚持到完成任务，干了大概有四五个月吧！

这一年的冬天，我又参加了修挖八丈河的劳动，主要是挖泥抬土，与民工们一起，吃大馍、睡大铺、出大力、流大汗，虽然天气是寒冷的，生活是艰苦的，劳动是繁重的。但是，通过艰难的河工劳动，进一步磨炼了我的身心，我对农民的生活有了更深刻的认识。尤其值得回味的是1970年夏季，我报名参加了濉阜铁路建设，带队的是李兴人武部王部长和大队民兵营长宋生配，任务是从涡阳龙山用板车拉石子，运到约六七十公里远的火车轨道路基指定地点。

有人说，濉阜铁路是用小板车拉出来的，我说一点也不假。为了确保国庆通车，淮北农村几十万基干民兵全线开花，当然，这只是完成了其中一项路基土方任务。

我们每天头顶炎热的骄阳，拉着一两千斤重的架车，奔跑一百多里路途，不分白天黑夜，除了吃饭、睡觉，就是拉石子。风里行，雨里去，吃凉馍，喝凉水。开始真的受不了，一天还行，两天就吃“木”了，胳膊、腿疼得不想动。但是，只要能咬紧牙关，坚持几天就行了。待苦熬过一段难熬的时间就没事了，确实有不少强壮劳力都累得够呛。

中途，我不幸生了疟疾病，发烧40摄氏度，卫生员给我打针、吃药，带队领导宋生配让我休息，但我坚持拉车，挺了过去，没有掉队。一个多月下来，我手上结满了老茧，人整整瘦了一圈，掉了二十多斤肉，脸晒黑了，身体轻了，筋骨却变得更加结实了。

一分耕耘，一分收获。后来，我荣幸地出席了阜阳国庆通车典礼大会，吃大馍，睡大铺，开大会。真的，那几天我感到格外的高兴，吃饭饭香，喝水水甜。

不久，那一年秋季招工，我们宋桥知青点只分一个名额，因为人数多，名额少，生产队长怕得罪人，就在打豆子场里商议，让村里男女劳力集体推荐招工候选人员。那时候，笔墨金贵，识字人少，不好操作，若公开举手，又碍于情面。这时，有人建议在地上放上几个碗，写上知青们的名字，你赞成谁就把豆子放在谁的碗里，让豆子说话，结果七十余名男女劳力参加现场投票，我的碗里收获了六十六粒豆子，于是我被推荐进厂当了工人。

说老实话，我对那个地方既爱又恨。因为在那里磨炼了我的意志，可耗费了我的青春年华。假如不下乡，我继续读书，至少可以上“大学”，当教师，做个新时代的文化人。

二十世纪七十年代开始，社会是旷日持久的文化空白化和恶质化，产生了这样一代人：没读多少书。最能记起来的是政治游行、贴大字报、背语录歌以及早请示晚汇报，多少有点不良记录，当然也没有吃过太多苦头。这是“五十年代”人最脆弱之点，最喜剧化的归宿。

十一届三中全会以来，拨乱反正，思想解放，算得一些风气的我猴急似地要拿文凭，不拿不行，这是立身谋生之“本”。那时，改革开放刚开始，提拔干部讲文凭。凡是大专、中专以上学历的几乎全部提拔为科级干部。可是，我们没有文凭，只有工人阅历。改革新时代，文盲大老粗不行。想学习，就得从头来。于是，演算术，背历史，看地理，习作文，从初中一直学到高中，夜半三更，青灯做伴，沙发当床，看累了即睡，睡醒了即写，白昼颠倒，一连数月，竟考上安徽电大阜阳学区党政专业大专班，两年半脱产学习全脱产课程。拿到通知书时，顺路在街上量体重，原来八十公斤的我不到七十公斤了。过分的热衷，过分的消耗，过分的疲惫以及由此导致的身心衰退，个中滋味，不足为外人道也。

我们是严重“贫血”、贫困的一代，是被“文革”耽误的一代，也是被历史淘汰的一代。以致后来从警二十余年，闭门谢客，埋头苦干，刻苦自学，不唯上，不唯书，只唯实，劣事找不着我，好事也不青睐于我。商海汹涌，富豪大款“三千宠爱在一身”，吾乃上有老下有少，未能“陷于金钱的冰水中”，虚无之外，还有迷惘、焦虑、没意思，荒诞性，反道德，丧失自我，垮掉的一代，这个世界谁怕谁……阳光下，风雨中，人们在这里诞生、长大、恋爱、衰老。

前几年工作之余，洒了些剩墨，凑成些闲文。心情是无意插柳，作文是有心栽花，文章少且浅。我常常闷在家里，就觉得日子也仿佛在那儿陷住了，总认为肚子问题是人生最大的问题，渐渐发现此乃一孔之见。“饿死是小，失节事大”、渴求被尊重、成名成家、自我推销、荣誉感、成就感、自豪感，都是面子的深化。也如一首歌中所唱：“脚下这地在走，身边那水在流，可是你总是笑我，一无所有……”

生活中无数次证明：忍受是困难的。一个人无论多么达观，最终都难以忍受。逃避、投诚、撞碎自己，都不是忍受。不能忍受是人性中刚毅、纯洁的一面，是人之所以可爱的一个原因，偶有忍受也为了最终的拒绝。拒绝的精神和态度应该得到赞许。但是，任何一种选择都是通过一个形式去完成的，而形式可以多种多样的。荣华富贵是短暂的，尊严是永恒的。

当我投入一片茫茫原野时，就明白自己背向了某种令人心颤的、滚烫烫的东西，我从具体再现了抽象。站在荒芜间举目四望，一个质问无法回避。我回答仍旧忍受着。尽管头发已经梳理得工整洁美，大腹便便，可自知内心依然蓬乱、难受。渴望得到处于沉寂无声的一个世界，享受安谧。我听到挚友在赞颂坚韧，同仁在歌唱牺牲，诗人在引吭伟大。突然发现废弃的村落旧址、遗落在荒草地里的碾盘、倒在树干磨钝的锹头，以及那凄凉的秋风。

有人戏我：你之所以喜欢夕阳，是不是与你的生命已经到了暮年有关系？我的回答：否。我喜欢晚霞。虽是近黄昏，夕阳无限好。夕阳和朝阳一样美好而可亲。行将沉海的夕阳，常常给人以更大幅度的联想，更易激发人的遐想。匆匆赶了一天路的太阳，不仅没有疲劳之意，反而在入海之前更为容光焕发，更加生意盎然，给云朵镶上花边，给大海抹上胭脂，给鸥翼涂上金粉，连同海滩上的每一颗卵石和砂粒……

前天，我在一位同事，也是即将卸任的局领导那里，他说一句话让我领悟半天后深有感触。他说，这世界上已经没有什么事情再让我一惊一乍的了。如果是过来人，想想也是这个理。说你清高，人心之大，刚愎自用，都不为过。人之有态，如花之有容，月之有晕，山之有脊，水之有性。性情使然。天高地迥，自觉宇宙之无穷春秋。做人既要有本分，又要有追求。

记得古代有一本书叫《左传》，《左传》里有“三不朽”：首先有立德，其次有立功，再次有立言。这是至理名言。人世间有三件事可以赢得永久的荣誉：第一是有道德；第二是有功业；第三是有学问。追求“三不朽”，是中华民族文化的显著特征。道德和学问都是文化，而功业是文化的体现。既立德又立言的是有文化的人，被称为“圣人”。“文圣”孔子、“武圣”关羽是也。

毛泽东将白求恩、张思德这样的人誉为“高尚的人”、“纯粹的人”、“有道德的人”、“脱离了低级趣味的人”和“有益于人民的人”。这两种人，前者我达不到，后者我也做不到。那是境界的高度，是敬仰而不可至的。

俞伯牙与钟子期之所以两心相同，一定都是仁智之人，都有仁智之心。同时代、同战壕的人才能找到共同语言。

孔子说：“智者乐水，仁者乐山。智者动，仁者静。”水有如许丰富内容，这就是“智者乐水”的原因。因为，智者本身也具备了水的如许品格、蕴含，而且“乐用其才知以治世，如水流而不知已”。从而，智者观水如观己，以致乐之。同样，高山不畏暴风骤雨，酷热严寒，永远巍巍屹立。富贵不淫、贫贱不移、威武不屈，有着跟大山一样的风格、气魄，是以“仁者乐山”。我拿二位贤哲相比较，似乎有点不自量力、狂妄自大些了吧？

阳春三月，也就是2002年，我的初中同学老袁过生日。在名人官人如云的母校毕业生中，老袁是一个普通的下岗职工，可是热心的同学为他张罗过五十大寿。那一天，有五十多名同学欢聚在当地富丽堂皇的华源国际大厦酒店，与其说为他祝寿，不如说是我们一代人在用心灵倾诉和相互告别自己的青春。

酒酣时，老袁亲自报幕，让他的女儿和儿子为我们献歌，没想到老袁的姑娘出落得亭亭玉立，儿子也是英俊潇洒，全无他那矮小的模样。随着他们的歌声，全场有了节奏的掌声。老袁的酒有点喝多了，也许是为儿女的骄傲的缘故吧。看着他喜形于色的样子，我和许多人的眼睛湿润了。

当时，我作了即席讲话："世界是你们的，也是我们的，但归根结底是你们的。你们青年人朝气蓬勃，好像早晨八九点钟的太阳……"我觉得只有用那时我早已背熟、如今记忆犹新的这段话，才能完全表达出我个人和全体同学的心声。因为我们是毛泽东时代的热血青年，也是伟大领袖毛泽东留给我们的几句名言。

著名女作家张抗抗在《无法抚慰的岁月》一文中这样写道："尽管老三届中涌现出许多人才，从车间主任到厂长、经理，从学者到市长，各界都有我们的同学和战友。但在老三届中，从事高科技、高级经贸活动的人才和高级管理人员比例较小。那是一个人才的断层，中外文化是老三届难以攀登的高峰。这一代人几乎都未能熟练地掌握一门外语，本人即是一例。大多数人都只能从事普通的熟练劳动，成为这个社会金字塔的底座，至今已面临着下岗和退休。"

我曾在报刊上写过许多文章，其实自己已经非常明白，这个年龄段的人正在不知不觉地退出社会舞台，离社会的主动脉越来越远，已经担负不起完成伟大民族复兴这样崇高而光荣的使命了。正如小说《坐一回出租车》里所描写的一样。我的中学同学大部分下乡留在了农村，也有相当一部分是在企业工作，其中不少是"铁饭碗"的国有企业，几十年铁饭碗的生活给了他们无比的优越，但也造就了他们无法自拔的惰性。随波逐流，逆来顺受，甚至是不学无术的准白丁，很少有自己独立的见解和行动，可你又无法指责他们，这些可爱且老实巴交的同窗们基本上是合格公民，一般不迟到不早退，按时完成头儿们交办的任务；他们不越雷池一步，遵纪守法，不骂人打架，不包二奶，不养情夫；他们孝顺父母，疼爱儿女，挣来的劳累钱（也可以说是血汗钱）绝不乱花、多花一分钱，能省则省，有时甚至忍饥挨饿，苦自己。

用我的话说，他们都是好人一批，世上最好最好的好人啊！可是，好人就一生平安吗？好人就一生幸福吗？好人就一生快乐吗？刨去房钱水电、柴米油盐、看病吃药、孩子学费等等以后，他们兜里还有剩余的银子吗？后来，同学们聚会的次数和人数是越来越少，不是他们不愿意来，是他们不敢来。白吃不好意思，兑份子吃不起，来与不来都尴尬难受，甚至走在大街上，能不打招呼都装着看不见硬着头皮过去吧！

这是我们这一届同学头上曾经闪烁着五彩光环掩映下的人生软肋。这不是对个人前途和命运的可惜，是一代人的悲哀和叹息！期盼过一种全然不同的生活，不切实际的梦想。譬如说孟冬之季却留恋仲秋的氛围；譬如说日日西装革履、谨小慎微，想随心所欲、放浪形骸；譬如说见人只说三分话，不谈心里言。

一日，突然想到要去这样一个地方。身后是桃园、竹林，翠绿遮掩木屋；狗脖子上的铃铛声一阵阵随风而来，风，透明、温暖、芬芳，把漫山野果吹得红艳欲焚；屋前是一潭碧水，水中野鸭、白鹤、鸳鸯戏水，水下金鲤、白鲢、黄鲫浅底；湖前，不远处，一座山峦如黛似烟；小院里，几位同窗挚友闲居于此，或种田，或看书，或打牌，或垂钓……“至则哂然望其归，觞而浩歌，踞而仰啸……形骸既适而神不烦，观听无邪则道以明。反思向之汩汩荣辱之场”。期望没有喧嚣，没有猜忌，没有设防，没有欲望，过着一种轻快和独步的恬淡生活。“廉颇老矣”似乎有人在说，我也是。我终于找到了最根本的意识，心中不觉引起一阵痛苦。

人类的原始性格原是这样顽强，征战的沙场磨不灭它，文明的教养也洗不尽它。那种对于生老病死的许多感慨，原来同样存在于一个人的思想之中。只是，对于一个人来说，最痛苦的不是死亡而是衰老。死亡有时是壮烈的，会延长青春的年华，可衰老却无论如何是悲哀的……

人到暮年，经验渐渐凝聚成理性。回忆往事，理性的光辉会照亮人一生的道路，并将这道路上最宝贵的东西一一向它指点。唐代诗人张继的《飒桥夜泊》这首名诗所描绘的那种意境：到寒山寺听钟声，不仅能满足“闻钟声，烦恼清，智慧长，菩提生”的愿望，更能身临其境去实地品味“夜半钟声”的诗境。

如今，我们生活在追逐时髦的社会氛围中，唯担心“落伍”二字而已。急于了解今日时髦之动向，预知明天将要上市的新时髦。对于时髦，我唯恐避之不及，蜷居在家里，藉旧书聊度时日，亦可视为为躲避时髦的下策。但时髦无处不在，我指的并非是那种美轮美奂、铺天盖地的时尚杂志，而是无意间顺手拿到的几本旧书。它们记载着随风而逝的旧日时髦，使孤陋寡闻的我为之眼界大开。我目睹我居住的城市，已是高层建筑林立，一栋一幢酒楼、饭店、商厦错落参差、起伏跌宕，以各自的方式塑造着虚幻的空间。诸多的夜总会、歌舞厅、星级饭店等高档消费场所有人依红偎翠、掠美夺爱……所象征的不过是地位和金钱的拥有，使人对物的占有只能是一种简单刺激。对这一切的一切，谁能化迷茫为神奇？谁又能“沧波觅渡河?”

思想者总是与痛苦相伴。常人和哲人的差别不在于是因痛苦而思想，还是因思想而痛苦，而在于思想着什么，思想出什么。这样的看法或争论鹰啄雀噪，鱼龙繁衍，陵谷变迁，过去的很多东西被岁月湮没。天生是辛劳的命，奈之何哉！我们永远不会嘲弄崇高，亵渎神圣，藐视道德，排斥传统，丧失目标；然而不幸，我们已经不能分享幸福，分享艰难。面对“荒凉”，只有以孤寂与漠然去面对，这是我对现实思想的叛逆，也是我对人生的一家之言。

琢磨事与捉摸人

据《辞源》考证，“琢磨”与“捉摸”历史久远。

“琢磨”一词，《史记》中有，“情好珍善，为之琢磨圭璧以通其意。”意思是雕玉刻石。《辞海》1982版注释，“琢磨”，指制玉器时的精细加工或研究、考虑等。后来，“琢磨”一词被引申为修养品行或修饰诗文，研讨义理。

“捉摸”一词，最早见之于宋代赵长卿《满江红》一词，“人心险，天又怎生捉摸?”“捉摸”，即揣测、预料之意。

琢磨事的人，常常如痴如醉于事上，披肝沥胆，竭尽全力，上下求索，虽九死而不悔。如司马迁之于《史记》，李时珍之于《本草》，哥白尼之于天体，达尔文之于进化……捉摸人的人，往往口蜜腹剑，插圈弄套，飞短流长，整人之心无所不用其极。如伯嚭之于伍子胥，秦桧之于岳飞，魏忠贤之于左光斗，伊阿古之于奥赛罗……

琢磨事的人，由于一门心思在工作，全部精力干事业，聚精会神搞建设，一心一意谋发展。既没有时间走门串户，更没有兴趣道短说长，为人正派，做事规矩，心胸坦荡，光明磊落，往往无心也无暇警觉和防范捉摸人的人，因此常常被人捉摸。可捉摸人的人，由于常存整人之心，常设整人之计，今天说三道四，明天张短李长。见面带笑，转身煽风于暗处；当面是人，背后点火。往往出人之所不意，攻人之所不备，偶为得志，便乐此不疲。

琢磨事的人，人在职业，胸怀事业，埋头苦干，夙兴夜寐，勤奋工作，劳心费神，情系百姓，心忧天下，位卑不敢忘忧国，人微也要敢言真。捉摸人的人，摇唇鼓舌，搬弄是非，巴结上司，谗言同事，巧言令色，面誉背非，投机取巧，损人利己，一有机会便以捉摸人、笑话人为快。于是，屈原长歌而哭：“黄钟毁弃，瓦釜雷鸣；谗人高张，贤士无名”；于是，商鞅痛声而呼：“有高人之行者，必见非于世；有独知之虑者，必见毁于民”；于是，包拯拍案而叹：“凡有才名之士，必遭险薄之辈以他事中伤。始乎屏弃，卒不得用。”其实，琢磨事的人，常常败于捉摸人的人并非中国所独有。“卑鄙是卑鄙者的通行证，高尚是高尚者的墓志铭”这一经典名句，也就成了不少志士仁人的喟叹和呐喊！

然而，纵观历史，以不良居心企图捉摸人之人，却鲜有成事者，大多不得善其终。举凡以赤诚之心对国家、对民族、对他人的人，虽行路艰辛，但终得厚待，事业有成。公道自在人心，这是亘古不变的定律。

琢磨事的人，深知“官位”是为人民服务的岗位，“权力”是为人民服务的工具。权力意味着责任，权力越大，责任越大；责任越大，需要琢磨的事就越多；琢磨的事越多，为人民服务的机会就越多。因而，琢磨事的人，对待党和人民授予的权力，如履薄冰深渊，谦虚谨慎行使。捉摸人的人，把权力当做为个人和小集团牟利的“资本”。视公权为私利，权力越大，可捉摸的人越多；可捉摸的人越多，依附的人越多；依附的人越多，牟取私利的空间越大。奉行有权不用，过期作废，通过捉摸人去肆意亵渎党和人民赋予的权力。权不越位至违法乱纪不过瘾，权不滥用到锒铛入狱不松手。

琢磨事的人，虽百折千转，历经磨难，终因黄沙淘尽始见金，而得到党和人民的肯定和表彰；捉摸人的人，虽翻云覆雨，费尽心机，却因机关算尽太聪明，终难逃党纪、政纪、法纪惩处。琢磨事的人，家事国事天下事，事事关心。无论居庙堂之高，还是处江湖之远；无论身在顺境，还是身处逆境，从来是，铁肩理想道义，心想国家社稷。捉摸人的人，风声雨声谣言声，声声出自其口。以谎话三遍成真理为信条，引“谁人人前不说人，谁人背后无人说”为例，挖空心思整人。

其实，琢磨事与捉摸人从来就是一对此长彼消的矛盾。在相同的时间空间，凡琢磨事的人多，则捉摸人的人就少；凡琢磨事的人少，则捉摸人的人就多。到某国、某地、某单位、某团体，见面休问荣辱事，观看颜色便可知。如果意气风发，埋头苦干者众，便知该处琢磨事的人多；如果瞻前顾后，左顾右盼的人多，便知此地捉摸人的势大。

如何认识琢磨事的君子，如何分辨捉摸人的小人？

古人云，一是要听其言，观其行。那些识大理、顾大局、处处讲风格的人是君子，那些说假话、损人利己、爱耍小手段的人是小人。二是审其好恶，察其交游（友）。看看他感兴趣的事和同他交往的人，其好坏就能有一比较恰当的判断。“审其所好恶，则其长短可知也；观其交游，则其贤不肖可察也”。“亲君子，而远小人”是历史之经验，是治乱之发端，也是群众之期盼。

真心希望每位民警都能以党的事业、国家强盛、民族复兴为重，多琢磨事，少捉摸人。

迟到新闻的背后

近年来，我作为公安局办公室民警，在做好本职工作的同时，又是《人民公安报》和《阜阳警方》等报刊特约通讯员，采写了不少有关公安题材方面的稿件，也遇到一些难题和不悦，但我一直没有计较。当我在阜阳市局开办的公安宣传通讯员培训班上，看到阜阳电视台著名记者张胜利写的《新闻背后有新闻》这本书时，我看一眼就能体会到新闻工作者的甘苦。再翻阅其中不少纪实文章，学到不少写作知识时，也自然产生了一些同情和感触。我是一个公安业余新闻写作者，虽然不能与之相比，同样拥有许多说不出的痛处。仅以下文为据。

在采写《厅长微服私访请民警》这篇稿件时，我遇到的艰辛和尴尬，至今让我难以忘怀。

大概是采写这篇新闻稿件的前一天，我下乡到旧县、税镇等基层所搞调研，偶遇时任我局督察大队长程震玺下乡督察。一见面，程大队就告诉我说：他们是刚从三堂、原墙、郭庙沿 308 省道过来的，按局领导安排，检查基层派出所值班备勤情况。

见面叙谈来意后，他对我说，他在三堂检查工作时，听到一个好新闻、好线索。你会写，可以写写。我忙问“有什么好新闻?”程大队就说：“听说省公安厅副厅长宓建毅来了，可能与上次铁路警卫任务有关。据说，他先到火车站，后到三堂派出所专门看望值班民警。中午，在派出所里吃的饭，饭店安排好了，可宓厅长不去，非坚持在派出所食堂里吃饭。”

我一听，感到这是个好素材，好就好在省厅领导深入基层，了解实情，转变工作作风，恰似一股廉洁务实春风吹到基层。忙问："什么时间?""估计是大前天。"当时，我还有点怀疑地问他："前天深夜，执行警卫任务时，我和三堂派出所所长陈志华一起守卫着同一个涵洞，咋没有听他说这事?"程大队就说："据说，宓厅长来时，陈所长不在家，咱局长、政委都不知道，可能是保密吧！我这也是才听指导员宫清河说的。不信，明天你可以去一趟，再详细问问情况。"

那天下乡返回局里，天已经有点黑了，离开办公室时，恰好遇见匆忙返回的局长柳西才（2007 年 5 月调任颍上县公安局局长，现为阜阳市公安局副局长、党委委员），我就当面问柳局长："听说省厅宓厅长前几天来了，你可知道?"柳局长说："派出所来电话，我才知道。"我又接着问："宓厅长来了，派出所民警反映不错，这是否可以写个简报，发一下。"柳局长就说："那你明天去一趟问问情况再说吧。"

遵照柳局的安排，第二天一大早，我就赶到了离县城约三十公里的三堂派出所，实地了解宓厅长在三堂的整个活动情况。陈所长说他不在家，是指导员宫清河和老民警卢奎负责接待的。宫指导介绍说："宓厅长比较平易近人，一到所里就四处走走都看了一遍，问寒问暖，又询问派出所几位民警，几个治安员？近期周围治安状况如何以及民警的生活安排，等等。"并讲宓厅长查看了所里值班记录，案件登记，又到楼上民警宿舍里坐了一会儿，宫指导当过兵，两人谈得很投机。最后，宓厅长还接见了镇长苗立全（现已调任县二轻局副局长）。为此，我又专门拜访了苗镇长。中午没走，在所里吃饭后，我又到三堂火车站民警室座谈，并在车站广场附近向村民进一步了解有关宓厅长来访的一些情况。

通过实地调查了解，掌握第一手资料后，我感到时不我待，就连夜写出初稿，简单修改一下，第二天就去向柳局长汇报。当时，柳局长正忙于接待客人，没时间看，就叫我去找另一位局领导签批，我没加思考，就按柳局长指示去找那位领导，没想到那位领导看后主动提醒我说："这事比较敏感，牵涉省厅这么高级别的领导，写好了好，写不好别出事啊！"结果，这位领导没改也没签发。无奈，等我再去找柳局长时，柳局长开会走了。怎么办？领导不签批，不但简报不能发，新闻稿件更发不出去。即使发出去也没人敢用，因为不盖公章的新闻稿件，警方报刊不会采用，其他社会新闻媒体也不敢用。新闻宣传纪律谁都不愿意违反，一旦出了事谁负责。

众所周知，新闻稿件最讲究时效性。阜阳大学新闻系教授张颖东讲新闻写作和新闻价值时说："当天的新闻是金子，隔天的新闻是银子，三天后的新闻会自动失去应有的新闻价值。"不想也不愿做无效劳动的我，盼望着柳局长早点回来。

等待是最急人的事。这时，我遐想局长不在，不如去找政委（现已自动离职）看看是否可管，按理说公安宣传应属于政委分管。不过，我所担心的是，事前没跟政委请示，他会不会责怪？

就是在这种理念和复杂心态支配下，也是为了早点发出稿件，无奈时，我鼓起勇气去找政委，当我叙述按柳局长安排，把宓厅长深入基层派出所调研情况连夜写出来了，现在柳局长不在，想请你看看能不能先发个简报，再给市局发个消息。可能政委碰到了烦心事，面孔阴沉着，他连材料都没看，就直截了当地说："不就是到派出所看看，吃顿饭吗？解决啥问题了，有啥好写的。"

听政委这么一说，此话"噎"得我无话可接了，莫名其妙地弄了一头雾水，只好拿着手稿悻悻地走了。

坐在办公室，我开始怀疑这篇稿件写得是不是不合时宜，不合领导口味？还是我去得不是时候？有领导不愿意看，也有领导看了不长不短，主要领导又顾不上看。我真的非常纳闷，甚至有点后悔，加班加点不说，苦点累点不说，还要受气，看人家脸色，图啥呢？不写不能过吗？不发不能过吗？顿时，我写稿、改稿、发稿的激情一落千丈。

一度，我发誓，从此以后再好的新闻稿件我也不想写了。

至今我不理解，对待外来的记者甚至是骗子，有的领导却像接大爷似的，要啥有啥。可自己人写的稿件再好，总是横挑鼻子竖挑眼的。市局明文规定的新闻稿件奖励也不给兑现，难道我们这些资深民警，也是业余写作者对公安事业的追求和情感还不如外人深厚吗？

回顾多年来，我不图名，不图利，默默奉献，不求领导高看，不求立功受奖，但也不想让人无辜刁难。说实话，从那时起，我就有意无意地减写了不少稿件。当然，这是后话。

2007年元月15日，是我终生难忘的日子。我在12日深夜执行警卫任务，13日下乡调研，14日实地采访，连夜写出来，请领导审签。结果没有得到认可和及时签发，还弄出一肚子无名火来。说实话，我一直不想把它披露给他人，唯恐有损于某些领导人的形象，如今这么多年过去了，也该解密了。所以，我愿一吐为快。

15日夜，深沉、寂静，人们都远离了喧嚣、进入了梦乡。但我却辗转反侧难以入睡，耳边不时传来妻子和儿子阵阵细微的鼾声，似乎在催我入梦，而我却怅然若失、辗转难眠。我夜不能寐，不得不反复沉思，稿子写好了究竟是发还是不发？发，领导没签，发不出去；不发，标志着这两天下乡采访、精心构思、加班撰写等这都是无效劳动，知道如此还不如睡大觉哩。同时，求人签稿又弄了一口怨气，至今还不知局长啥想法哩。最后，我执意明早一定去找柳局长做个了断，也算做最后一次努力，实在不行，就把这篇稿件无声无息地枪毙掉。

16日一大早，我提前上班，稳坐办公室，静等柳局长的到来，可是等了一个上午也没见着柳局长，向同事一问才知道柳局长到阜阳市局开紧急会议去了。上午没来，心想下午能不回来吗？结果局长会议延长，到了晚上也一直没有见到柳局。这一天是我耐心等待、心情烦躁的一天，也是我深感无奈时，又集中精力修改文稿的一天，矛盾心情使我一会儿想不弄了，算了，一会儿又觉得这是个非常难得的好题材，千万别糟蹋了。

想来想去，还是“弄”、写占了上风，但还不知柳局有什么想法？一度认为好心领导提醒还是对的，是为我好。对于这一敏感新闻，我坚持主要领导不看不签，坚决不能发，万一有什么责任，咱肩膀头窄，担当不起。也可能是天意造就，好事多磨。焦心等待的16号这一天，从早到晚，我就是一件事，看这篇稿子、改这篇稿子。看一遍改一遍，改一遍看一遍，反反复复，也不知看了多少遍，改了多少遍，主要是谋篇布局，总体把握，并对文字进行修改，对事实进行修正。

通过不断勾画和改写，使我再一次认识到：在实地采访生活中，我们摸排到的东西，不一定就真正理解它，我们必须把采访到手的材料，反复进行分析综合，经过艰苦思考，去粗取精，进行由表及里的改造制作工夫，在认识上完成从感性认识到理性认识的飞跃，然后才能真正去表现它。否则，就不可能深刻地、正确地认识客观事物，因此也就不可能深刻地、正确地表现客观事物，最后也就不可能通过我们的及时报道，起到推动公安工作和教育广大群众的作用。不过，从道听途说到下乡采访，从加班撰写到局长签稿，我始终坚信这是一个好素材，我暗下决心，一定要将它写得天衣无缝，甚至叫报社编辑改都改不动。

说实话，如果没事的话，办公室工作非常轻松，不知不觉一天很快过去，说不定还能“混”个小酒场，潇洒一下，醉它一回。可如今，我一想起手里的新闻稿件是万万不能等的事情，我的心情变得异常急躁，可又怎么办呢？能怨谁呢？只能怨自己埋头写作，信息不灵；怨自己太积极主动，太执著，采写了这条众多领导都不知的新闻。

又是一个不眠之夜降临，这一夜我更是翻来覆去睡不着，头脑里想的念的都是这篇稿子该如何处置，最后在脑子里想着，在嘴里念叨中昏昏睡去。

17日一大早，我又一次提前上班，专门在局长室门前等候。工夫不负有心人。八点不到，柳局长来了，一见面，我不好说昨天其他领导从中作梗的事，别影响班子团结，就编了一个昨天找人没签的合适理由，他们都说：不知道此事没敢签发，还得请你阅示，看是不是能发。这回，柳局长没有推辞，也可能是看我在门前等候多时的份上，立即坐下认真看了一遍，改了几个字，然后工整地签上他的大名和时间。拿到柳局的签字，我顿时感到雨过天晴，心中一阵喜悦，似一股暖流涌来，终于证明我的劳动没有白费。我可以盖章发稿了。

该日上午，柳局签发了这篇新闻稿件之后，我在制发一期公安简报的同时，立即传真给《阜阳警方》一份，又通过公安网上传输系统传给《安徽警方》编辑部一份。我想，传不传在我，用不用在你。为了避免麻烦，外界我没有传送。不管怎么说，千辛万苦，作难劳累，稿件总算发出去了，我如释重负，就像完成了一项特别重要的任务。

至于稿件用否，什么时间用，那是报社编辑的事情，反正，我觉得已经尽心尽力了，也问心无愧。稿件传真过后，我开始感到身心猛一轻松，疲劳得光想睡觉。

至今，柳局长签批的这份原始稿件，我还一直珍藏着。可以说，这是我倾注爱心最多的一份采访稿，也是我对外发稿遇到难堪最多的一次。因此，它给我留下了极其深刻的印象。

有付出就有收获。这篇稿件，在给我带来不少尴尬和烦恼的同时，也给我带来了一些意外惊喜。

惊喜一：发稿过后，约个把礼拜就是2006年春节了。春节期间值班时，闲聊无事，我便随意翻翻报纸，突然发现《阜阳警方》元月23日头版头条刊登醒目大标题是“送来温暖和勉励”，小标题是“省公安厅副厅长宓建毅私访三堂派出所记事”，再下面附有作者——我的名字。此文几乎没有改动。从来没有过的大字标题，从来没有过的“留白”，从来没有过的作者名字字号，我实在没有想到我这篇差点被耽误、被夭折的稿件能登上《阜阳警方》头版头条的重要位置。

这么多年，我写了许多稿件，一般都在二版、三版或四版，偶尔能在四版弄它一个整版，但能上一版的很少，上头版头条还是老和尚拜天地头一回。真的让我在春节期间狂喜了一阵。我知道，这是《阜阳警方》主编和编辑们对我的鼓励与鞭策。可是，他们并不知道我采写这篇稿件尤其是签发稿件时遇到的艰辛和心疼。

惊喜二：《阜阳警方》编辑张怀伦给我打来电话，他讲中新社驻安徽记者站一个叫吴兰的记者电话指明索要这篇文稿，并要求提供相关照片。不会摄影也没有配发相机的我回话说："要稿件可以，但没有照片，只能帮助询问一下派出所民警当时是否拍了照片。"据派出所民警说，所里没拍照片，与宓厅长一起来的同志拍有几张照片。当时，我就把这些信息反馈给《阜阳警方》编辑张怀伦。后来，我还反复打了几个电话，又通过省厅老乡好友鲍绍强联系省厅警卫局随宓厅长一起下乡视察的同志，恳请他们及时与吴兰记者联系落实此事为盼。

惊喜三：我在《阜阳警方》刊登稿件之后和吴兰记者索稿时，心想我写这篇稿件看来还有一点价值，能不能将这篇稿件提供给其他报刊。恰好中国人民公安大学出版社主办的《派出所工作》有征稿启事，我就抱着试试看的态度，发了一份稿件给他们，万万没想到《派出所工作》编辑部很快就采用了，文章标题是《公安厅长微服私访请民警》。

说实话，从采写这篇新闻稿件，我没费多大事，主要是签发稿时倒作了难，更没想到那么快见报见刊，引起这么大的社会反响。可我一想到它差一点被人无故扼杀在摇篮里，我就有一种说不出的那种滋味。后来，我把这篇难得的稿件编入了我的《新椿城警事》。当时，我就想把采写这篇新闻背后的插曲一起告诉读者，可是没来得及查找那些珍贵的资料。后来，每当我翻书看到它的时候，就自然想起这篇稿件背后鲜为人知的心酸故事。至今，我没有对任何人说过，恐怕也没人愿意倾听。这是藏在我内心多年的秘密。

今天，我之所以把它毫不保留地倾诉出来，一是希望公安机关掌握新闻稿件生杀大权的领导能理解和支持公安宣传工作者尤其是像我们这些业余作者的艰辛劳动，以创造良好的写作环境，让民警多出新闻精品。二是勉励为公安事业默默耕耘的同行要经得起考验，要不畏权贵，不怕困难，不屈不挠，顽强拼搏，坚持必胜信念，相信历史会作出公正的评判，竭尽全力为公安文化事业作出自己应有的贡献。

作者与中国人民公安大学出版社 2005 年期刊会议代表合影

天道酬勤

近来，也许是我变得多思善感，虽然对过去一点成绩看得很轻、很轻，却乐于感悟其中的甘苦。我觉得自己这大半生（如果能活百岁的话）的甘苦全系着一个“勤”字。

上辈的人告诫：“勤是传家宝，俭是聚宝盆”。如果说勤俭持家是中华民族的传统美德，那么勤能补拙则是一个天性愚笨和思维迟钝的中国人的座右铭。其实，我这个人缺陷很多，只是因为勤学掩盖了我的很多不足。有人说“一俊遮百丑”，我看对我怪合适。实话实说，我除了通过多年工作之余，刻苦自学，完成了迟到的大学学历，能写几篇专业学术论文之外，其他没有什么“值钱”的地方。虽然没有太多收获，我也很满足了。

“天道酬勤”，这个成语我很喜欢。究竟“天”能不能酬勤？“道”能不能酬勤？我难以作出正确判断。但我始终信奉：不管你人生基础多差，条件多么简陋，环境多么恶劣，困难多么巨大，只要你珍爱生命，不以物喜，不以己悲，顽强拼搏，不屈不挠，坚持不懈地努力奋斗，凡事最后总会有一个较为满意的结果。

过去人们常讲：坚持数年，必有好处。我想：讲的就是“勤”的积累、“勤”的连续和“勤”的结晶。众所周知，勤和懒是客观存在的一对矛盾，它存在于人们社会生活的各个行业、各个方面，不论是工作、学习或者持家，都离不开这一矛盾的制约。勤与懒，可谓是一对孪生兄弟，有勤必有懒，有人勤必有人懒，有人懒也必有人勤。一个家庭，一个单位都是如此。作为一个人，也同样具有勤、懒两个不同的方面。这方面勤，那方面必然要懒，甚至有时可能要懒得出奇，懒得要命。

一般说来，“勤”比懒好。农谚说：“人勤地不懒，勤劳能增产”。如人生治学：修业勤为贵，行文意笔高。我有个老首长，是个老公安，他介绍他一生的体会，可以概括为“五勤”：即手勤、脑勤、腿勤、眼勤和耳勤，是个公认的勤快人。每天起早，睡晚，闲不住。

当然，勤和懒作为矛盾的对立面，在一定条件下可以相互转化。不过，大千世界，无奇不有。有时喜早，有时喜晚，有时喜勤，有时喜懒，甚至不勤不懒，啥事都管。也有人说：不打你勤，不打你懒，专打愣人不长眼。至于懒人有懒福，我想则另当别论。

其实，我也想懒，只不过我是一个没有资格懒的人。由于缺乏强有力的“靠山”，想懒也不行。靠自己，无疑必须“勤”字为先，如果懒字当头，必将一事无成。

所以，我的人生体会就是：勤学能进步，勤干得提高，勤思有收获。说实话，每当我品味这个“勤”字，都会引起我人生许多难忘的回忆和思考。

首先，“勤”是生活逼出来的自然产物。回顾我的家世和成长经历，可以证明。我来自农村，成长在农村，与农村贫苦、勤劳农民的生活命运息息相关。虽然我拥有十年工人的阅历，那也是农业机械工人，厂名是太和县农机一厂，是为农业和农民的需要服务的。

从小我和我的祖辈一样，不得不靠农村那仅有的几亩薄地生存。我作为农民的儿子，完全依靠母亲日出而作，日落而息，脸朝黄土背朝天，终年胼手胝足，默默耕耘，不辞劳苦，在泥土中刨掘出一粒粒的粮谷，以自我谋求最起码、最基本的平民百姓生活。不过，这种生活是真实、自然的田园生活，虽清贫而怡然自乐，虽平淡而意味深长。

物竞天择，适者生存。我自懂事以来，不断接受党的教育，开始知道地主不劳而获，农民不劳不行。可我生在新社会，长在红旗下，虽然吃过几顿忆苦思甜饭，但对万恶的旧社会了解甚少，对新中国的现实尤其是工农生活状况体会最深。

总之，我从踏入社会，接受贫下中农再教育，我亲眼目睹了农民的艰辛，真正体验了农民的生活。虽然后来紧随社会形势发展，我当工人以工代干、转干，还有机会进入行政机关及从警等，不知不觉走过几个单位，越过几十年蹉跎岁月，但是，我对当农民的那段经历和农民的生存状况一直难以忘怀，历历在目。

农村那些所谓的“地主”及其亲属，其实也是一些地地道道的农民。说实话，他们的处境更为悲惨。他们在政治上没有讲话的资格，经济上没有平等的权利，学业上没有进取的机会，他们拥有的只是屈辱和眼泪，他们的人生是畸形的人生。我有两个初中同学，从小青梅竹马，很是要好，曾发誓今生今世要生活在一起。可最后，就是因为家庭出身不好，女同学在父母的直接干预下，被迫为了哥哥的婚事而嫁给了嫂子的弟弟，拆散了他（她）们同学之间的美好姻缘。据了解，那时“地、富、反、坏、右”的子女难觅对象，大多都是通过“换亲”方式解决其人生婚姻的。这是人间爱情的悲哀。当然，那是暂时的、特殊的历史年代。这一代人现在大概都在五十多岁、近六十岁之间，他们基本上与新中国同龄，新中国的灾难全都写在他们的脸上。他们是当下最可同情的一代。

从整体上看，农村，尤其是生我养我的家乡和我的第二故乡——李兴宋桥，在我的记忆里，一切都是美好的。它不仅养育了我的身躯，而且还浇灌了我的心灵。它不但使我懂得了做人的基本道理，它还赋予了我立志求学、奋发图强的毅力和决心。

回顾人生，我之所以有如此美满的今天，正是得益于农村及工厂的思想磨炼。我的启蒙老师就是我的母亲和家乡的父老乡亲。我的青春理念以及人生世界观的形成，正是通过学校基础教育，进而接受许多农民、工人，更重要的是党组织的谆谆教诲，才逐步树立起来的。

在学校，老师教我书本知识。在工厂，师傅教我钳工技术。在农村，农民教我吃苦耐劳。两年学农艰苦生活，承受社会烙印，让我终生受益。我不但受到了人生深刻的社会教育，而且拥有了许多令人难忘的往事。

1969 年冬季征兵时，我作为一名爱国知青，胸怀满腔热血站出来，赤胆忠心，报效祖国，却被拒之门外。年轻的我，思想上接受不了这个残酷的现实，一时痛不欲生，是生活在社会最底层的老农民同情我，开导我，陪伴我，让我重新振奋精神，扬起生命的风帆。

大概是 1970 年夏秋时节，一天，我在一位老农家中陪客，已经记不清是什么原因，反正我趁主客不注意，在桌下豁了半盅白酒，我觉得豁得挺快，干得挺妙。可是，当我故技重演的时候，那位慈祥的老者看着我，亲切而又温和地对我说："小伙子，你能喝就喝，不能喝别豁。"顿时，我觉得不好意思，脸上不禁开始发烧。回想起来，这只算是一件微不足道的小事，却使我至今记忆犹新，我仿佛受到了一次严厉的批评。不过，批评是语重心长的，态度是和蔼可亲的。我感到在那些敦厚而又纯朴的农民面前，我是多么的渺小和幼稚。当时，我真不知道珍惜来之不易的劳动果实，从校门进农门，刚刚踏入社会，还不知物力维艰，创业不易，是农民那博大精深的胸怀和深厚的情谊，使我久久难以忘怀农村和农村生活。后来，我逐渐认识到我豁出去的虽是一盅只有几毛钱一斤的白干酒，可那是勤劳农民的血汗凝聚，那是农民辛勤劳动的结晶。从那以后，我一直不忘这件让人十分愧疚的往事。

作为知青，来到农村，无依无靠，且远离父母，只有自己照顾自己。无疑，这对于提高一个人的独立生活能力，自强自立，确实很有必要。

经过农村艰苦生活的磨炼，使我深感有饭吃，有衣穿，就是一种人生幸福。在农村劳动时，食不果腹，没有积累，我觉得每天能有一顿豆杂面条吃，就自感浑身有使不完的劲，用不完的力。后来，我有幸当了国有工厂工人。国家供应百分之七十的细粮（指麦面和少量大米），我确实感到心满意足了，食堂蒸好的面馍，又暄又白，不用就菜，我一连能吃四五个。所以，我在工厂车间里干活，劲头十足，从不惜力，不计报酬，还多次参加义务劳动。在职工食堂吃饭，有人扔掉半块白馍，我就想，大概这个人没过过艰苦生活，从小没挨过饿，还不知食物来之不易。想想人家，反省自己，我下决心加倍珍惜目前拥有的幸福生活，严格自律，艰苦奋斗，崇尚俭朴。老老实实做人，规规矩矩办事。作为党员，自觉为党的事业奋斗终生；作为民警，努力为公安机关增辉。

人生奋斗我自然也会想到累。学农、学工期间，体力劳累不说，在以工代干、转干以后，改革开放，全国自学蔚然成风。为了赶“时髦”，我立志自学，深感脑力劳动虽不如体力劳动那样累其筋骨，学习也不是一件轻松事。除了必修课程及作业，还有工学矛盾突出，边工作边学习，更是难上加难。也有人说：我能掂动榔头，却拿不动笔头。十多年来，我一直感到活得很累，读书读得很累，以至于满头的黑发变成了灰发、白发。在职自学期间，除了吃饭、睡觉，就是工作、学习，家庭及子女都无暇顾及。每天二十四小时，基本上是“三三制”，就是学习、工作、休息各占三分之一，有时为了工作学习，不得不挤占休息时间。节假日则是我梦寐以求，集中时间读书的好时机。

在我十年求学期间，我与家人在一起过春节的机会很少，多数都是我让妻子带儿女回娘家——上海度过的。我总是闭门谢客，一个人关在屋里看书，做作业，写心得笔记。曾有不少老同学和好朋友问我：有必要这样吗？我回答不上来。说实话，有时我也想轻松，想潇洒。我真的感到难以应付工作中的压力，学习上的艰辛和难以摆脱自学环境带来的烦恼。

开始求学时，单位工作压力不说，家庭住房也十分紧张。为了增加住房，曾与昔日的房产主任大干几场。前几年，一间房屋四人居住，小孩的吵闹、妻子的唠叨终日不绝于耳，也导致我的脾气暴躁。家中“傻爹”更不配合、不帮忙操持家务不说，还胳膊肘往外拐，原有三间堂房竟擅自借给人家一间，导致“黄鹤”一去不复返。我一度也曾怀疑这样自我制造紧迫感，似乎没有必要，但是箭在弦上，不得不发。每当回想自己的家世和身世，我不能说服自己为了活得轻松，而自动放弃人生一搏。然而，想自学谈何容易，关键是学习时间保证不了，也可能怨我不会利用时间。鲁迅那样聪慧过人，尚且把别人喝咖啡的时间用在工作上，像我这样智慧平平的人，平常不给自己加压，不愿吃苦受累，又靠什么去完成领导交给的任务，争取工作上的业绩，事业上的成功呢？

机会难得，时不我待，自己只有紧紧抓住机遇，努力工作，才不负人生。如果以为自己有了一点可喜成绩，便有理从此逍遥自在，修身养性，不愿再过艰苦生活，刻苦钻研新课题，那就是胸无大志，不啻是学业上的短视，也是人格上的可悲。

《荀子·劝学》说得好："吾尝终日而思矣，不如须臾之所学也；吾尝跂而望矣（即踮起脚往远处看），不如登高之博见也。"同时，一个人的精力和时间毕竟有限，而世界上的事物是无限的，发展是极其迅速的。如果满足现状，不再学习新事物，探索新思想，势必要成为新世纪的落伍者。何况二十一世纪是知识经济时代，社会经济形势发展瞬息万变。人如果要活得有价值，就要有所追求。志有所求，便乐有所在。乐有所在，追求也就无止境。

一个以追求事业成功为乐的人，绝不会将成绩视为衡量人生价值的筹码，绝不会在成绩面前停止对事业的追求。

我想得更多的是自己靠什么精神自学，靠什么完成人生最基本的学业？是愚公移山精神，是蚂蚁啃骨头精神。立志自学，这是我人生道路逼我作出的生死抉择，也是我上"电大"之前就已确立的志向。因为"文革"与后来学农、学工特殊经历，尤其是"紧箍咒"束约，使我无故失去了多次升学深造的机会。也决定了我的人生与正规大学无缘。同时，我不是一个才华出众的学生，也没有强有力的后盾。所以，我迈出每一步，都像拉板车上坡一样，需要付出异常艰辛的劳动。

现在说出来也不怕人家笑话，开始上"电大"时，我确实也

作者与中国人民公安大学教授曹凤（中）及会友张友文合影

想“混”，可是“混”是混不下去的。一年半时间，我竟有四门功课不及格。这件不体面的往事是坏事也是好事，它敲响了我的人生警钟，它让我猛醒，让我沉思，让我后来逐步养成了勤奋好学、一丝不苟的精神。

现在我开始体会到，如果当初我要是能“混”过去的话，现在也不知是什么样子？我认为，作为学生，如果不善待学习，“哄”的是别人，而害的却是自己。那些“三分工夫七分才”的经验之谈，明显不适用于我。从我自学获得专科、本科学历就已经来之不易，获得研究生毕业更是难上加难。首先，是我自学无故受阻。有的人尤其是个别领导干部自己不注重学习，还不想让别人去学，对我的求学申请不千岁不万岁，三个月不给我盖章，一再延误我的报考日期，还无故训斥支持我自学的同志。其次，是我决心求学，克服困难，顺利突破某校入学考试关隘的时候，却因我的党校学历被无故取消本已通知录取注册的学籍，使我的在职求学遇到了无法逾越的障碍。我在学业上陷入了无法自拔的人生困境。一度，我彷徨、徘徊。但是，我没有气馁，没有后退，而是更加努力，更加勤奋，始终坚持郑板桥的遗言："淌自己的汗，吃自己的饭，自己的事自己干，靠天靠人靠祖宗，不算是好汉。"

"走自己的路，让别人去说吧！"这句话是我人生奋斗的精神支柱。由于我坚持不懈的努力，不到黄河不死心的执箸，终于引起了中共安徽省委党校校委领导的高度重视，把我作为一个特例，让我有幸成为省委党校95级经济学在职研究生班第103个学员。又经两年半的艰苦学习，1997年12月按期毕业，我所提交的论文"县域经济发展的一个典型——以太和县为例"被评为党校为数不多的优秀毕业论文。我的论文指导老师是当时的社科院副院长程必定。

这样，我的多年人生求学总算有了一个良好的归宿。也算是天道酬勤一个鲜明的例证。后来，自我总结多年奋斗人生感悟，就是五句话：人生最宝贵的是生命；人生最需要的是学习；人生最重要的是工作；人生最根本的是生存；人生最伟大的是精神。

作者与安徽省省委领导、省委党校教授及同学的合影

诚信如镜

诚信的基本含义是守诺、践约、无欺。通俗地讲，就是说老实话、办老实事、做老实人。古人说："成在学、思、行，行在诚、实、信。"在诚信、成人、成才的关系中，诚信是基础。瑞士有人把诚信比做镜子，他们说："诚信如镜，一有裂痕，难以复原。"

诚信如镜，能照出世态人心。有形的镜子能照见人的形体和外表，清晰明了，无变形，无掩饰，直接照出你的本来面目。而无形的诚信之镜却能照出一个人的内心和灵魂，你的想法、你的表现、你的目的，尽管捂盖隐藏，尽管伪装巧饰，但在诚信之镜面前，还是被照得一览无余。诚信如镜，需精心擦拭打磨。其亮容不得沾沙染尘，其洁容不得蓬垢污面。镜面污染，就会照得模糊不清。镜面斑驳，就会照得扭曲变形。"身是菩提树，心是明镜台。时时勤拂拭，莫使惹尘埃"。建立维护信誉难，损害玷污信誉易。因此，对此镜要格外珍惜爱护，不染尘、不锈蚀、不扭曲，这样才能既照亮自己，也照亮他人。

诚信如镜，要常照、反复照。亚里士多德说过："人的行为总是一再地重复，因此卓越并不是单一的举动，而是习惯。"天天洗脸照镜子，人之常情。诚信也是天天用的。生活多重复，工作多重复，交易在重复中进行，交往在重复中奔走，重复是人生离不开的活动，但诚信始终是其中的支柱和灵魂。杰克·韦尔奇说："提炼、坚持、重复，这是你成功的法宝。持之以恒，终将达到临界值。"重复是诚信保洁的重要方式、是诚信向上攀登的阶梯，重复对诚信无疑是一次次考验、一次次升华。不要以为熟悉了就漫不经心，不要以为习惯了就懒散懈怠，如果有谁想在熟中取巧，在

“惯”中耍滑，那重复就是倒退，甚至会遭受灭顶之灾。同仁堂有一条古训：“炮制虽繁必不敢省人工，品位虽贵必不敢省物力”，这是历代同仁堂人在制药过程中必须遵循的行为准则，它们被重复了三百余年。“济世养生，诚实守信”的理念始终不变，坚持货真价实，绝不弄虚作假。它们因此成了市场的“不倒翁”。重复不是原地踏步，而是不断耕耘的坚定信念，是不疾不徐的平和心态，是一如既往的坚守笃行。

诚信如镜，易碎难复。镜子是易碎品，诚信也是“易碎品”，稍不小心就可能使之破裂，一旦出现裂痕就难以修复。宋朝的袁采曾经说过：“有所许诺，纤毫必偿。有所期约，时刻不易。”对诚信要存敬畏心，要存危机感，时刻敲警钟，不断查漏洞。要把诚信铸坚实，需要一点一滴努力，更需要久久为功，一阵子不难，一辈子不易，尤其在各种欲望利益勾引下，要想守住不染、不变、不碎，要下苦工夫、狠工夫、真工夫。

有的人富了，却远离了诚信；有的人很穷，却坚守着诚信；诚信需要互动维持，不求回报但要真诚，诚信也离不开感情，但并非简单地进行“感情投资”，这里面良心道义是底线，共遵共守共保共护是美德。因为此镜之碎，不但毁坏你的工作生活交往，毁坏你的道德人格，更毁坏你的精神和灵魂。李嘉诚说：“做事先做人，一个人无论成就多大的事业，人品永远是第一位的，而人品的第一要素就是诚信。”所以，无论身在何处何地，位在何级何职，工作在何行何业，都要视诚信如镜。如此，才能获得成功。

社会发展了，物质丰富了；人类进步了，精神飞翔了。当一些人津津乐道于已经拥有的财富，当一些人孜孜以求于名利的占有，我常常问自己，你与别人有什么不同？你没有别人的潇洒，人家进出有车相随；你也没有别人的奢华，人家住的是豪宅，吃的是山珍海味，穿的是名牌服装。实在要找出与别人不同之处，便是你拥有贫穷。贫穷也是一种生活状态。

常言道：“逆境造就人”。人世间贫穷常常与逆境，与困难相伴，你可以通过逆境与困难不断地打磨自己，加强自身品质的历练，锻打出坚强，进取，博爱，感恩的美德。一旦你拥有了这样的品德，你离成功就会越来越近，与贫穷就会越来越远，你就会成为战无不胜的人，许多人会对你刮目相看，投来羡慕的眼神。

诚招天下客，信从誉中来。贫穷不可怕，可怕的是人没有信用。创造财富要靠自身奋斗，就算什么也没有，也不必伤透脑筋，毕竟你还有一双脚，可以翻山越岭，征服自然从而征服自己；你还有一双眼睛，洞悉世事纷繁，直面人生坎坷，而后豁达有为；你还有一个健全的大脑，想该做的事，该走的路以及该放下的包袱，一定轻装前进，抵达理想之巅。

作者与阜阳市公安办公室系统工作会议参会人员的合影

西递归来

西递——古韵依旧的世界文化遗产，黄山旅游线上一颗璀璨的明珠，因其有中国明清民居博物馆之称而为海内外游客所瞩目。作为公安战线一名业余写作爱好者，几年前借省警察协会召开公安理论研讨会之邀，有幸到该地一游，归来感慨颇多。

西递村是一个历史悠久，钟灵毓秀的古老村落。四周群峰连绵，风光秀丽，村落平面呈船型布局，保存完整古朴的明清古民居一百二十四幢，全是木质结构建筑，距今约有九百六十余年历史，素有“桃花源里人家”之称。

漫步西递村的明清古民居，一种诗书传家、书香馥郁的浓厚文化气息扑面而来，村中祠堂和古民居悬挂有许多内涵哲理，寓意深刻的木、竹楹联，给人以美学之享受和处世哲理，使人感觉生活在文化艺术之中。诸如“世人厚德传家、儒雅修身为本”，“几百年人家无非积善、第一等好事只是读书”，“世事让三分天宽地阔、心田存一点子种孙耕”等，更有一副楹联发人深省：“快乐每从辛苦得，便宜多自吃亏来”，写法标新立异，充分显示了古汉字形态悦目、变化自如的独特风格，楹联在“快”字上少一竖，“辛”字上多一横。原来是古人在告诫我们要少享受一点快乐，多辛苦一点，才能真正体会到幸福。这大概就是二十世纪“雷锋精神”的体现，老人们传说的“奉献”吧。

在西递村落畅游，每到一处，都令游人百感交集。不知不觉来到粗犷古朴、宏伟肃穆的“敬爱堂”，自然引来游人们啧啧赞叹声。伫立在后大厅，一斗大的“孝”字映入眼帘。细看之余，方才领悟此字集字画于一体，真乃字中有画，画中有字。上面像一个仰面拱手作揖跪地，敬孝长辈的俊俏后生，而后面则是一个猴子的嘴脸。能敬孝长辈则为争气儿孙，反之就退化为猴子。鉴于此，可以说西递人是尊老爱幼的楷模，体现了西递文化内涵底蕴深厚，也充分体现了五千年中华文化“敬老尊老”、“兄弟互爱”及“邻里相帮”的传统美德。

人不吃苦难成才。令我感悟颇深、铭记在心的还是当地的一句顺口溜：“前世不修，生在徽州，十二三岁，往外一丢。”开始有些不解，导游便给我们解释，古人意思是当自己的男孩十二三岁时，读了几年私塾，掌握了一定的知识技能以后，把他们“丢”到外面乃至很远的地方去谋生锻炼去了，所以西递的儿孙后辈知艰识苦，出人头地由来已久，人才辈出，这说明西递古老文化历史悠久，西递人思想解放、教子有方。这不禁使我想起大清皇族家训中的一句名言：家也大，产也大，后来子孙祸也大；家也小，产也小，后来子孙祸也少。

西递的古老文化让人感慨最多的是欣赏和赞美，惊奇和叹喟之余，细细品味，如此丰富多彩的文化和甘泉美酒般的深厚内涵，聚合在一起无疑是享誉全国、蜚声中外的一部教科书，作为徽州古文化载体，不仅是昔日数代徽州人尤其是徽商们努力奋斗的智慧结晶，更是今天安徽人乃至中国人的自豪与骄傲。

“第一好事只是读书”，这是西递归来我最赞成的人生理念。可是，读书读什么？

莎士比亚曾说：“生活里没有书籍，就好像没有阳光；智慧里没有书籍，就好像鸟儿没有翅膀。”古往今来，书，尤其是经典读物作为人类最亲密的伙伴之一，作为人类文化传承的载体，推动历史前进的作用是巨大而深远的。

读书当读经典。读经典可以延展生活的两端。经典记载着历史，反映着当下，思考着未来。一位先哲说过：“不读经典的人，天和地都是狭小的，他充其量只能活上一辈子；多读经典的人，天和地都是广阔的，他能活上三辈子——过去、现在和将来。”每个人都有两个端点：房子和墓地，但要想使从房子到墓地这段路走得不俗，向过去和未来两端延伸而成“直线”，读经典则是使生命充蓄能量，形成冲破两端张力的有效方法。自古至今，由古代贾谊、董仲舒、曹操、诸葛亮、魏征、杜甫、欧阳修、范仲淹、王安石，到近代的康有为、梁启超、王国维，现代的钱仲书、茅盾、老舍、巴金等，他们均载入史册，推动社会前行，无一不通过饱读经典而博古通今，无一不因读经典而积蓄了生命的张力，这张力使他们穿透了生命的两个端点，跨越了时空，洞悉了过去，活在了当下，流传于后世。

作为基层民警，压力无穷，时间有限，饱读群书实在不现实，最佳途径就是在繁忙的工作之余合理调配时间，有选择地读一些经典读物，从经典读物中汲取营养，反思自我，指导实践，探索未来，从而积蓄生命张力，做合格民警，争做优秀民警，在平凡岗位上干出不平凡的业绩。“国家安危公安系于一半”。普通民警发挥生命张力，甘做共和国的基石，形成合力，共同维护好国家的政治稳定、社会安定，同样能推动历史的前进步伐。

读经典可以让人进入另一个生命的洞穴，窥得不同的生命风景。人的生命是短暂的，阅历是有限的，生命个体的景色相对于生命群体的风景来说，无疑是树木与森林、滴水与大海的差异。要进入另一个生命的洞穴，窥得不同的生命风景，读经典无疑是一条通幽曲径。一本《品读苏轼》在手，旷世奇才苏轼坎坷的一生便赫然眼前；一卷《李白》在握，天才诗人李白裘马轻狂的个性便跃然纸上；一本《红楼梦》，就可洞悉曹雪芹的诗书人生；手捧《走近大师》，哲学大师康德凝神仰望黄夜星河，感受到的那份永恒的肃穆和生命的崇高与庄严，便撞击着我们的心灵。贝多芬注视着天空，看着一群闪闪发光的天体在那永无停息地旋转运行，而神游魂驰，将心中那团激情转化为雄浑音响，便激荡着我们的灵魂。读经典让人们饱览他们的生命风景，更从他们的生命历程中获得了生活的指南。

作为基层民警，一方面决定于自己的工作生活环境，阅历有限，视野有限，思维受限；另一方面有限的从警生涯中会切身感受太多的真善美、假恶丑，会接触更多的社会阴暗面。如何拓宽视野，开拓思维，丰富自我，如何立污泥而不染，如何找准人生坐标，咬定青山不放松，少走弯路，不走弯路，更好地无私奉献、履职尽责。最佳途径之一无疑就是选择性地阅读经典，从经典中饱览古往今来一个个多彩的生命风景，增长见识，开拓思维；从英雄、英烈、功模的点点滴滴中学习，从人民群众的平凡小事中学习，从各类反面典型中吸取深刻教育，以此找准自己的人生坐标，筑牢拒腐防变的防火墙，更好地打击违法犯罪、保民一方平安，为经济社会发展进步助力、服务。

读经典，可以让人的灵魂优雅起来。行为的优雅是表面的优雅，真正的优雅是灵魂的优雅，优雅的生命源于优雅的灵魂，优雅的灵魂源于优雅的书籍。读经典不仅可与孔孟谈礼，同老庄论道，与韩非议法，同孙武讲兵，也可与王羲之、颜鲁公赏字，与齐白

作者与安徽省公安作家协会成立大会参会人员的合影

石、徐悲鸿品画。多读经典的人，情怀开阔，境界高远，心无挂碍，思无羁绊，心态平和。腹有诗书气自华。多读经典的人，谈吐风趣，举止得体，情趣高雅，自有生活的品位。读经典是与高尚的灵魂沟通，与优雅的品德对话，读经典不仅是高雅的休闲，倘若细细品味的话，还可以让思想有一点余香，情绪有一点缱绻，当然，灵魂也就在阅读中逐渐变得优雅了起来。

对人民警察而言，追求灵魂的优雅绝非效仿和追求绅士般的警察形象，而是大力弘扬警察文化，培育和树立忠诚、正直、勇敢、爱民的人民警察核心价值观。在新的历史时期，人民警察的整体形象虽然与传统的“老大粗”形象渐渐远去，但总的说与党委、政府和人民群众的要求还有很大差距，与时代要求和社会发展的需要还有很大距离。如何缩小这个差距和距离，读经典当然是一条有效途径。阅读经典，不仅可以增强人民警察的文化素养，提高人民警察的综合素质，更能使自己谈吐风趣，举止得体，境界开阔，心态平和，处变不惊，宠辱偕忘，尤其对真正实现人民警察的“三懂四会”，拉近和人民群众的距离，更好地树立人民警察和公安机关的良好形象大有益处。

作者参加全国文学创作笔会游览天安门时留影

分享“迟爱”

常言道：天上不会掉馅饼。而如今，在我即将退休之际却意外迎来了公安部孟建柱部长签发的一督警衔晋升文件，这真是我梦寐以求多年、深感今生可想而不可即的事情。无疑，它是我从警以来的最大收获，也是公安机关领导对我的最大关爱。由此引发了我的思想共鸣，不得不随之查阅文件，寻根问底，并翻箱倒柜，搜集资料，日夜不停，撰写出下面的文字，以吐露我的心声，两个字——感恩!!

一、突兀而来的警衔晋升文件

2011 年 12 月 23 日下午五时许，我刚参加公安部召开的全国公安文化理论研讨会回来，即电话约政工室郭太峰主任了解我局警营文化建设情况，想写篇警营文化建设方面的文章。

电话寒暄过后，郭主任说：“来通知了，要找你谈话。”我说：“那好啊！我也正想找组织汇报工作哩。”紧接着，郭主任说：“你来文件了。”我说：“什么文件?”郭主任说：“晋升一督文件。”我听后，脑门立刻敏感闪现目前社会生活中盛行的时髦调侃和有意误导，我想他肯定是在跟我开“国际”玩笑，我怎么能会晋升一督呢？人老了还能发迹吗？于是便说：“你别忽悠我了，我知道我已经没有前途了。”可他却说：“我忽悠你弄啥，公安部有命令，孟部长亲自批示。”一时，他弄得我莫名其妙。说实话，在公安工作二十多年，快结束了，我也开始患上了职业病。所以，他越这样说，我越不相信。心想警界最高首长能问这事儿？我就不假思索地对他说：“你不是忽悠我是弄啥，我快退休了，咋能会晋升一督喽。你再说，我也不相信。”就这样，他越说是真的，有文件，我越认为他说的是假的。

其实，从警多年，是警察谁不知道，警衔是凭个人职务和警龄交叉确认衔级的。我是副科级民警，且早已晋升二督。《中华人民共和国人民警察警衔条例》明文规定，科员级民警熬到退休只能是三级警督待遇、副科级民警到退休也只能是二级警督封顶。前几年机构改革，五十来岁“一刀切”，提拔年龄过，退休还太早，不提拔怎能晋升警衔。所以，我压根就不相信他说的会是真话。我原本是具有中级职称的科技人员，进公安机关干了二十多年，熬走了六任局长、四任政委，过去曾因为我的职级工资待遇问题，多次写信反映并奔走县委组织部、县政法委领导，但结果都石沉大海，杳无音信，就差上访去讨个说法了。如今，快退休了，不提拔还能晋升警衔，简直是白日做梦，痴心妄想，说出去让人笑话。因此，我纳闷曾在一起共事多年、相处比较融洽的老实人郭主任怎么也学会“哄”人了。

放下电话，我爬了两层楼梯来到郭主任办公室，如前所述，话不投机，相互激烈争辩一番。郭主任看我还是不信，就上网搜索，结果没有搜到。接着，他便带我到隔壁办公室找年轻民警耿波，耿波证实有这个文件。我仍半信半疑，就追问文件在哪里？让我看看。耿波说：“文件很长，几十页，全省几千人哩。”我说：“那就请你帮忙把我们局里的一督晋升人员名单打印出来，添上文头、文号和日期。”

耿波网上忙碌，搜索下载，我们便回到郭主任办公室等候，一会儿，耿波即送来了几页纸，没想到的意外惊喜降临了。

当我看到那几张白纸上的黑字——公安部发给安徽省公安厅，即公衔令字〔2011〕第48号文件“关于晋升王朝伟等同志人民警察警督警衔的命令”时，我不禁惊诧了，心想这能是真的吗？如今时代变了？天上能掉馅饼？我一时无法相信自己的眼睛。一阵惊喜过后，我便统计此命令上面的晋衔人数，我局有六十六名民警晋升为一级警督警衔（其中第六位即为敝人，多吉利的数字啊）。与此同时，还有四十六名民警晋升为二级警督警衔；四名民警晋升为三级警督警衔。发文时间2011年12月8日。

看到这份晋衔文件，说实话，当晚我夜不能寐，浮想联翩，不时还有泪水欲出。不过，我心中还有疑问，怎么会有这事儿？第二天，我又找政工室同志问个明白，这到底是怎么回事？我要追根刨底，问个明白。

通过民警耿波再次帮助，我看到了公安部“关于公安机关执法勤务机构警员职务人民警察评授警衔有关问题的通知”公政治〔2010〕414号和省厅政治部皖公政治〔2011〕208号通知通报及人力资源和社会保障部、公安部、国家公务员局，即“两部一局方案”文件，原来我符合“公安机关执法勤务机构人民警察警员职务职务套改方案”套改条件第四条第一款“工作年限满二十五年且担任现职满三年的副主任科员，可套改为三级警长”这一条规定。同时，按照公安部公政治〔2010〕414号和省厅皖公政治〔2011〕208号通知通报文件精神：执法勤务机构警员职务人民警察在首次授予、晋升警衔时，均可以按照套改后其对应的行政职级，以“非领导职务人员”标准评授警衔。例如，副主任科员套改为三级警长后，其警衔已达到副科级最高警衔二级警督，且任二级警督警衔满四年，可晋职晋升一级警督警衔；科员套改为一级警员后，且任三级警督满四年，可晋职晋升二级警督。据此，我终于找到了晋升一督警衔文件的来源。虽不知何时能够落实文件精神，兑现工资，但可以放心等着准备与战友们共同分享一级警督这一人生最高警察待遇了。

如此这般，我们这些草根民警的警衔晋升还真得感谢党中央、国务院颁发了《人民警察警衔条例》，感谢上级公安机关领导同志的关爱，感谢终生不能谋面的“陌生老总”——孟建柱。虽说它有点姗姗来迟，可来总比不来强吧！再说，这“迟爱”即迟来的爱，也是一种关爱，最起码它是一种心灵安慰。早知如此，我也不会写信反映我的职级待遇问题，不仅看人脸色，自己劳心费神，还给领导添麻烦，让旁人看笑话。我开始悔恨当初何必去斤斤计较。吭声如此，不吭声也是如此。如今，我感觉上级组织还是公正的，公安机关是公正的，多年夙愿与诉求没想到不费事便一朝实现，人生还有什么可遗憾的，再苦再累也觉得值了。只是令我惋惜的是，那一年曾与我一起参加三督晋衔学习的亲密战友、二级英模郭怀钦，没能等到这一天，就英勇壮烈地走了，否则说不定今天还能在一起举杯欢庆呢！

思前想后，便有此文以记之。

二、从警二十年最大收获

分享突兀而来的意外惊喜之余，就想说说自己当警察的事儿，说说我的工作、我的奉献、我的生活、我的感受。当然，我代表不了别人，也改变不了环境，或许会因为好说实话甚至说错、写错而被人批引来处分，但是不吐不快。

我是半路出家自愿来公安机关当兵的。入警前，我已历经农机一厂、水厂、城建局及县政府招待所、镜湖宾馆等几个工作单位，拥有十余年工龄（当时已被县政府办拟为提拔对象，就等组织部行文了），原本并没想进公安机关工作，大概是警帽、警服吸引了我，我也就放弃不少人羡慕的优厚待遇、捧着一颗心来了。虽说来得晚点，级别低点，待遇少点，但为感谢领导的厚爱，我决心把我所有的热情倾注到人民警察这一神圣的职业中去。有比较才有鉴别。昔日与我一起进厂的工友，比我早进公安机关工作十八年，没想到我能与之同时晋升一督警衔。我从警，我当兵，我幸福，我自豪。

过去矮半截，今日一般高。是我少年时心中夙愿，也是我以工代干、转干和取得大专文凭那一年写的春节对联，更是改革开放使我获得新生后的人生奋斗目标。求学、写作、实干使我的梦想变成了现实。为此，我偷偷加倍付出，不敢索取。可是，我敢说在我走过的几个单位里，除了干好工作，更乐于助人，因此我拥有不少人缘，没有争权夺利，没有胡思乱想，没有一间住房。我在走自己的路。无论是对人或者是对事，我都敢于面对，问心无愧。

回顾从警二十多年，我一直在局办公室工作，走过了办事员—科员—副科的人生阅历。前十年，我主要从事公安后勤保障，默默无闻，无不尽心；后十年，从事公安调研与宣传，经常熬夜。虽然辛苦，可无意中变成了警营里从事公安应用文写作及文学创作的"字警"，即专门写字的警察。2007年2月1日，经全国公安文联主席办公会议研究审议，我被批准为全国公安文联会员。同年7月，我被安徽省作家协会批准成为省作协会员。2010年7月26日，安徽公安文联作家协会成立，我被推选为作协理事。能成为全国公安文联会员和安徽公安作协理事是我做梦都没想过的事情，我也是自交学费，跟人拜师学艺，"摸着石头过河"，偷学加感悟走过来的。实话实说，出版《椿城警事》一书，开始从事公安文学创作，是我2001年至2002年"严打"那一段时间灵感的记载，纯属业余爱好。加入省、市文联作协，我也常感心中忐忑不安，总觉得自己有冒充文化人混进文化圈之嫌。好在全省公安文化人才摸底调查时，我发现公安系统内的文学创作人数不在少数，文学成果不多的我这才心安理得一些。

近年来，为深入贯彻党的十七大精神，牢固树立和落实科学发展观，紧紧围绕中心工作，积极开展公安调研宣传活动。几次参加公安部和省厅公安理论研讨会，使我倍感公安理论工作的极端重要性。2007年1月，我开始了对公安理论研究工作的探索，先后结集出版了两本公安理论研究专著。同时，我有一本散文集《公安情缘》及《椿城警事》系列丛书问世。另外，还有三十余篇调研文章在公安部和省厅评奖。无疑，这是我热爱公安工作，立足岗位，忠于职守、深入基层，日夜奋战、专心调研，甘于奉献的结果。

梅花香自苦寒来，是自学与写作成就了我的这些业绩。当然，主要还是靠组织培养、靠同事支持，才有今天的可喜收获。但是，我没想到在办公室干了二十多年，光讲工作，不讲待遇，居然把公安局办公室干没有了，眼下只有栖身指挥中心上班，有时二十四小时看守枪库。但无论干啥，我都立足岗位，尽职尽责，无怨无悔，直至退休。

作为普通民警，我不奢求高官厚禄，也不攀比财大气粗，能身穿警服，头顶国徽，享受应有待遇，深感三生有幸。所以，我愿以绵薄之力奉献神圣的公安事业。

盘点二十年从警生活，究竟做了哪些事，有什么快乐和无奈。说出来也不怕人笑话。

三、不虚的后勤服务

入警前，我任县政府招待所副所长兼事务长，边工作边学习，1987 年电大党政专科毕业，并享有会计师中级技术职称工资待遇。1988 年下半年，被公安机关政审招警（预选）。

1989 年 6 月，我正式从警，军人以服从命令为天职，没讲价钱，不讲待遇，时任办公室主任的张殿景说我是新兵，要按警龄计算。身处陌生地，无背景，不敢说公安机关压职压级，轻视人，排外……不过，那时公安机关奉行论资排辈。上命难违，无奈只得从办事员开始干起，但我还一直安心公安后勤保障工作。由于没有职务，职称不算数，在 1992 年行政机关工资改革时，我从警前的中级技职工资被抹掉三级。1993 年首授警衔时，才明确我为科员，警衔自然低授。为此，我曾写出“关于职级待遇问题的请示报告”，向公安领导诉说我入警前的工作情况，希望找回我的应有待遇，可是当时的局领导“不千岁，不万岁”。开弓没有回头箭。一度想不通也没有办法，因为自己选择了弃政从警，只有认命吃亏。再因为我是电大专科毕业，深感文化知识浅薄，地位低下，没人替咱说话，梦想通过知识改变命运，便积极要求参加中央党校函授学习。没想到会因参加党校面授学习请假（每月一周时间），导致令人尊敬的张主任片面认为我参学影响工作，极力反对，而我却痴心求学，拼命自学，无意中得罪了从警第一位顶头上司，三个月不批我参加自考，甚至支持我学习的同事还挨批评。无奈，我向对门邻居、经常见面的财政局副局长刘纯强诉说了我的遭遇，同情我的刘局愿意帮我出面说通，可是张殿景仍然不同意我参加在职学习。我愤恨之余，再三要求并写出求学申请，那时主管全局财经工作、相当有权的张主任很生气地在我的报告上批示“同意学习，费用全部自理”。后来，我合理安排工作，调解工学矛盾，努力做到自学与工作两不误，设法排除干扰，按期完成学业。等我学业期满，张殿景去当了工会主席，筹办了一个保安公司，不久退休、患病住院去世，但我至今还珍藏着他那几个苍劲有力的大字。从警第一位上司，虽说没挡住我的自学，但我为此付出了沉重的代价。如果不是新任办公室主任李扬支持，我恐怕完成不了学业，其他更不用提了。后来，我经过千辛万苦努力，省委党校读研结束，使我的人生总算有了一次满足。

刚入警时，属于新兵，领导叫干啥干啥，名义上在财务室工作，实际上给办公室主任当差打杂。那时，财务后勤工作没有单设机构，人员偏少，隶属局办公室管理，我和老民警刘维才两人承担全局五十八个单位，三百五十余名民警的财务管理和经费运转任务。由于单位摊子大，人少事多，公安机关任务繁重，警力不足，办案不分白天黑夜，“全天候”工作，作为后勤服务人员，也是“超负荷”运行。为保一线办案需要，节假日不得休息，财政要钱，银行转账，人事局核算工资基金，四处奔波，外勤辛苦不说，处理账务，日清月结，全凭手工操作。可以说，一年下来，经费支出几百万，财会资料几箱子。仅1995年一年，我们就经手归档财务、统计、基建等各类报表二十四份，账簿十二本，单据十六盒、四十六本，原始单据九千七百九十六张，还有罚没收据、行政单位收费收据收缴，发出一百九十五本，收回一百六十三本。每年还要定期接受财政、审计等部门的检查监督。

老会计刘维才是我学习的榜样。他个子不高，脾气很倔，但为人正直，生活俭朴，廉不慕贵，勤不攀利，松柏气节，云海胸怀，在财会岗位上一干几十年，退休仍是科员，但从不计较个人待遇，干工作积极主动，对专业精益求精，忠于职守，默默奉献，被誉为“红管家”和“老黄牛”。他身患膝关节骨痛、糖尿病等多种疾病，仍坚持上班。平时，十分珍惜笔墨纸张，从不浪费办公用品，一根大头针掉在地上，也要弯腰捡起来放好。为节省开支，每月为民警发工资时装钱的信封都是他从科室废纸篓里捡来的。不少人难以理解他的做法，讲他手指缝里稍漏点就够买工资袋的，何必恁抠。可他却说：“局里钱再多，每一分钱都有它的用处。再说，这些旧信封，多是牛皮纸做的，既经济又耐用，扔掉了多可惜。”据了解，他没用过一个新信封做工资袋，倒是从废纸篓里捡了一万五千多个旧信封，而且反复利用。财政部主办的《财务与会计》曾报道过他厉行节约的先进事迹。他既没有什么豪言壮语，也没有多少突出的动人事迹，他的几句口头语是“进步不进步，不光看职务，主要是实干，关键在奉献”。由于他支持我自学，我才顺利完成学业。同时，在他的影响下，我也不计得失，主动承担了财会工作外勤任务，相互配合，协同作战，确保了全局财务管理有条不紊，工资发放数字准确，会计账目审计合格，罚没收入全额上缴，无坐支、挪用现象和其他违纪行为，连续几年被县政府命名为“遵纪守法户”，深受财政、银行、审计及财务大检查办公室等有关部门领导的表扬和好评。

工作甘与苦，一本账表露。这一组组数字，一页页报表，凝聚着我们辛勤劳动的汗水。

在认真做好本职工作、严格执行财经纪律的同时，我们热情为广大民警服务，及时筹集办案经费，开展下所送工资及差旅费慰问服务，备受基层民警尤其是离退休老同志的欢迎。

由于上下共同努力，财政部门支持，1996 年 11 月，太和县公安局荣获阜阳地区行政公署会计工作“双先”会议先进集体称号（颁发了一块匾），并作大会典型发言。作为全区公安机关唯一获此殊荣的县级公安机关。会后，有人建议应为财会人员请功，可局领导没同意申报。看来功模荣先与我无缘。回想入警时，我较为年轻，政治上进步是论资排辈，立功奖励要让给机会不多的老同志，可等我成了老警时，领导却变了面孔说：你要那啥用？让给年轻人吧！

1997 年 8 月，承蒙领导关怀，借公安机构改革和人事制度改革之光，又通过上台竞聘演讲，我被任命为公安局财务股长，后任指挥室副主任，享受副科级待遇（虚职）。

二十世纪末的太和公安机构改革，作为见证人和受益者，不管别人怎么说，我们都应衷心感谢英年早逝的王洪海局长，如果不是他，我和现在一大批老警不可能在 1997 年就解决副科职级问题，也有可能晚些解决或者说到退休仍是科员级民警。我的战友、二级英模郭怀钦就是一个鲜明例证，他牺牲时还是个派出所副指导员，"高级科员"，离副科一步之遥。

关于我局机构设置及竞聘演讲存在问题，我曾写出"基层公安改革之我见"一文，陈述了我对太和公安机构改革的个人看法，并呈报当时的主要领导，后来刊登在我的《椿城警事》一书中。当年的公安改革利弊得失，实践是最好的证明。民警心中有杆秤，不用我来评说。这里，我只想谈谈与我有关的职级尤其是职级工资待遇问题。

太和公安机构改革期间，乘改革东风，1998 年 1 月 19 日，我被县委组织部任命为公安局总会计师。此前，即 1997 年 11 月 29 日，县委组织部文件"关于县工商局等单位设置总会计师的批复"明确指出，"行政机关的总会计师是同级行政领导班子的副职，协助行政主要领导人主管财会工作……"与此同时，根据县编委太编字〔1997〕08 号"关于印发太和县公安局职能配置内设机构和人员编制方案的通知"精神规定，"领导职数八名，其中局长、政委和享受正科级待遇的副局长四名、副政委二名。另配享受正科级待遇的局务委员三名。除局领导成员外，配局内设机构是正职

（主任、大队长）十名、一类派出所正职（所长）六名，均享受正科级待遇……”

根据县委组织部两个文件和县编委太编字〔1997〕08 号文件精神，我任职后是否也应享受正科级工资待遇？可实际上我享受副科虚职待遇。我不说没人知道，也恰恰说明我不计较个人得失。后来，我向上级反映此事，有领导说应该解决，但就是不解决；再后来，我申诉，有领导说这是合理申诉，当然也有人看笑话。至今，我搞不清这是县委组织部的事，还是公安局里的事？总不能是我自己的事吧！况且，按照公安改革文件，即县编委太编字〔1997〕08 号“关于印发太和县公安局职能配置内设机构和人员编制方案的通知”精神，当年就解决正科职级待遇民警二十余人，而我的任职文件只晚了半年却被无故搁浅。不解决就算了，可后来不久又解决了三名民警的正科职级待遇问题。当然，这里面有只能意会、不能言传的社会背景。

一度，我困惑党的“从优待警”政策在我身上该如何体现？有时也想，我没有资格抱怨。事实上，谁不想进步，我全身心投入，真心为公安工作服务，可我不知我的人生奋斗巅峰在哪里，也不知找谁能帮我说句公道话、真心话。俗话说，“不想当将军的士兵不是好兵”，既然当警察，也想升迁、受奖励，并不是说非要做官当领导，都挤“独木桥”。可是，只要有机会，总得给民警进步一些空间，这也是对民警付出努力的一种认可和激励。民警付出那么多艰辛劳动，却因为公安队伍人多、位少、衔低及机构编制限制而无法得到应有的待遇，这似乎缺乏公正。作为单位领导，难道没有任何责任担当，还问心无愧？好的领导，是否应体现一种担当，一种情怀，一种良知和一种责任。最起码应给民警一点心灵安慰，然后去做最大努力。如果真的不行，民警也会认可并感恩不尽的。世上不知感恩的人不能说没有，但从我的个人成长经历，还真不知已经“熬”走的几任局长、政委赋予多少人文关怀、扶助和提携，不打压、不刁难、不给“小鞋穿”就是万幸的了。如“迟到新闻的背后”和“特约研究员推荐前后”等文以及我求学、求职路上的辛酸收获就是最好的例证。我不愿与人攀比，但求超越自己，要写就写自己的东西。为什么要写“从优待警”分析，我就是想反映基层众多民警的心声，也倾诉几句心里话。再如本文开头所说的一督警衔文件降临，在过去真是可望而不可即的事情。

职级上不去，可工作不能不干，写作不能停止。有时甚至自觉地将压力转换成了动力，我就不信感动不了上帝。我知道，我改变不了生存环境，改变不了别人，但我可以改变我自己，在工作上可以加班加点力争干出点成绩，在写作上可以突飞猛进，也不受任何限制。于是，我就有了下面顺手拿来的一些可喜收获（不完全统计）。

1997 年 12 月，我撰写的“建立健全财会制度，尽职尽责为民警服务”一文，被《安徽会计管理》杂志全文刊登。同时，该文被阜阳市科协等单位评为二等优秀学术论文。

1997 年 9 月，我撰写的“为事业，节约每一个铜板”，被《安徽科技信息报》全文刊登。

1998 年 2 月，我的“预算外资金管理现状及对策”一文，被《安徽会计管理》刊登。

1999 年 2 月，我的“公安机关财务收支应实行零户统管”一文，被《安徽会计管理》刊登。

1999 年 2 月，我的“基层公安财务管理现状问题及对策”一文，被《安徽公安》刊登。

1998 年 10 月，我的“落实收支两条线　强化财务管理”一文，被《安徽公安》刊登。

1997 年 12 月，我的“强化国有资产管理的几点建议”一文，被《安徽公安》刊登。

2001 年 2 月，我的“基层公安后勤保障工作现状问题及思考”一文，被《安徽会计管理》刊登。

……

四、不多的调研成果

我从警二十多年，可从事公安调研的时间不长，但我干一行，爱一行，钻一行，是拼命自学和业余写作造就了一些鲜为人知的调研业绩。由于我的努力写作，太和县公安局多次被评为公安文秘调研先进单位和政法系统调研先进单位。通过多年调研工作实践，我悟出了一个道理，即公安理论研究是公安事业发展的基础。为此，我立足本职工作，不断总结经验，并力争提高到理论高度来认识，先后撰写了一些体会文章，被省市级以上报纸杂志选用。

2002 年 12 月，我的调研文章“基层公安机关装财工作现状、问题及思考”，被公安部评为第三届全国公安装财工作论文三等奖，全国县级公安机关仅此一篇获奖。

2003 年 1 月，我的调研文章“基层公安指挥中心运行模式思考”，被公安部部级科研项目《现代警务协作与指挥》一书全文刊登。

2005 年 10 月，我的调研文章“基层公安机关信访案件成因初探”，被省公安厅和省警察协会评为“开门大接访”工作论文二等奖。同时，又被中国人民公安大学选入基层基础工作论文集。

2006 年 4 月，全国公安文联出版的《以“三个代表”重要思想为指导，推动公安文化工作》一书，刊登了我一篇调研文章“当代中国警察文化思考”。

2007 年 1 月，我出版了第一本论文集，即《公安基层基础工作思行录》。同年 3 月，我的调研文章“试谈公安管理体制改革与创新”，被中国人民公安大学《新时期公安基层基础建设研究与实践》一书刊登。同年 6 月，我的调研文章“基层公安机关宣传工作现状、问题及思考”，被《阜阳警方》刊登。同年 7 月，我的调研文章“基层公安机关情报信息工作现状、问题及思考”，被收录于中国人民公安大学出版社出版的《公安情报学理论与实践》。同年 10 月，我的调研文章“流动人口管理之我见”，被省公安厅和省警察协会评为优秀论文二等奖。

2008 年，更是公安调研成果取得显著成效的一年。同年 4 月，我的调研文章“公安办公室工作思考”，被省警察协会选登在网上。同年 6 月，《阜阳政法》第六期刊登了我的一篇调研文章“基层公安机关建立‘维稳’专业队势在必行”。同年 8 月，我的调研文章“阜阳三基工程建设现状、问题及思考”和“公安理论研究是公安事业发展的基础”，被省公安厅“调查研究”网页全文刊登。

2008 年 5 月 23 日，省公安厅通报（即皖公办〔2008〕177 号），阜阳市局有 13 篇优秀公安理论研究成果获奖，获奖金额全省第一，获奖成果数量全省第二。5 月 29 日，阜阳市公安局专门发出“关于重奖优秀公安理论研究成果作者的通报”（阜公网传〔2008〕222 号）。通报指出，全市公安机关十三篇优秀公安理论研究成果中，太和县公安局有六篇调研成果获奖。其中，我的《公安基层基础工作思行录》，是全省调研成果获奖中的唯一一部公安理论研究专著。为此，省厅、市局各奖励我三千元，以资鼓励。就是这些成果，使太和县公安局成为全省获奖成果最多、获奖金额最多的一个基层单位。从来没有过的成果，从来没有过的奖励。后来，太和县公安局也奖励我二千元。正是这些奖励，弥补了我的理论专著亏损。本来我自费出书并没打算赚钱。

2009 年 6 月，我在北京大众文艺出版社出版公安理论研究专著《基石》，即公安基层基础工作思行录之二。《基石》选编了我的 18 篇调研文章。

2009 年 10 月 23 日，《人民公安报》刊登了我的一篇调研论文“对情报主导警务工作的探讨”。

2010 年 3 月 20 日，省厅“关于对 2009 年全省优秀公安理论研究成果予以奖励的通报”，专著《基石》，被省厅评为全省优秀公安理论研究成果。

同年 12 月 19 日，中国人民公安大学与中国行政管理学会公安管理分会联合发起组织的全国“警察职业化教育训练理论与实践”征文活动，我撰写的调研文章——“阜阳警校教育培训典型调查”，荣获征文论坛调研论文三等奖。同时，此文已编入中国人民公安大学王光、魏永忠二位教授主编出版的《警察职业化教育训练》一书。

同年 12 月 22 日，省厅办公室、省警察协会秘书处“关于 2010 年全省公安理论研究和调研有奖征文活动情况的通报”，我的一篇文章“公安机关科学化、精细化管理初探”，被评为优秀论文奖。

2011 年 9 月，我撰写的“公安机关社会管理创新思考”，获“积极警务下的社会管理创新”全国公安机关学术优秀论文，并参加了中国人民公安大学与中国行政管理学会公安分会在贵州遵义召开的学术研讨论坛（如前文“贵州遵义之行”所述）。

同年 11 月 12 日，我应邀参加了由安徽省社科联、安徽省科协和安徽省社会组织联合会在省城合肥联合举办的“社会组织管理创新论坛”。

2011 年 12 月中旬，我有幸参加了全国公安文化理论研究专业委员会成立大会和首届公安文化理论研讨会。来自最基层的我，第一次近距离地、直接聆听了公安部文联祝春林主席的重要讲话和全国公安文化理论研究专业委员会杨锦主任的报告，并亲耳听到中国人民公安大学几位教授和各省、市、自治区警院（校）代表的精彩发言，无疑这是我接受先进文化熏陶和洗礼的一次难得的机会，我感到收获很大，受益匪浅，鼓舞人心。同时，它催生了我这本《警察情怀》一书的尽快问世。

五、不少的新闻写作成果

前面说了，我原本是在公安办公室搞后勤服务的。真正开始写公安文章的时间应该追溯到十年前的一天，那是一个偶然的机会，陪同领导参加阜阳市局召开的报刊发行会，听了时任《警察时报》

主编吴成良所谈办报体会和写作要领，从此我对公安新闻写作产生了浓厚的兴趣。于是，做好本职工作之后开始动手练笔，没想到歪打正着。

跨入新世纪，我服从工作需要，参加农村社会治安综合治理，抽搞“严打”，兼做公安调研宣传。期间，我逐步涉猎有关刑事案件，了解情况，分析问题，思考对策，积极做好本职工作并不断积累素材，及时撰写与公安工作有关的新闻稿件，为宣传公安，弘扬正气，打击犯罪作出了贡献。为多出稿件，我随警作战，积极挖掘有价值的新闻线索。例如，2005 年 5 月中旬，我局破获一系列盗窃案，及时抓获嫌犯赵某，破获盗案二十六起，案情涉及鄂、豫、皖、赣四省十余个县市。我觉得这个案例比较典型，就及时采访办案民警，写出了“太和破获系列盗窃案”一文，被《人民公安报》采用，5 月 31 日刊登在该报上。再如，同年 8 月 7 日，机智的刑警经过缜密侦查，周密部署，成功抓获公安部通缉的逃犯王某，侦破命案 11 起。我连夜采访，快速寄发，《人民公安报》8 月 13 日刊登出来。

2005 年 11 月深秋，我参加了全省公安新闻宣传通讯员培训班，聆听省厅政治部领导和报社新闻单位知名记者授课，很快提高了新闻写作技能。接下来，倍增了写作干劲，经常加班加点，自动放弃年休假和与亲人团聚的机会，热心为公安报刊投稿。

从那时起至今，已六七个年头，据统计，我已在国家和省级媒体发表新闻稿件、通讯报道、案例分析等各类文章三百六十余篇。同时，我结集出版了《椿城警事》、《椿城警事（续集）》、《新椿城警事》和《公安情缘》几本小书，约计百十余万字。

不久，省厅、市局搞宣传工作的领导热情推荐我参加全国公安文联、公安部宣传局和中国人民公安大学举办的公安文学创作培训班。从此，我满怀自信，经常写文章向公安报社投稿，并荣幸成为《人民公安报》的一名通讯员。

2007 年 10 月，根据太和县开展农村社区警务工作实践，我撰写了“筑牢乡村第一道防线、太和推出‘1+2’警务模式”一文，刊登在10月5日的《人民公安报》上。

2008年8月，我写了“《人民公安报》使我走上写作之路”，被省厅政治部网页全文刊登。

2010年10月，在年度中国散文年会上，我的散文“遐想书房”被评为优秀散文二等奖。

2011年4月，在“第六届海内外华语文学创作笔会”评选活动中，我的散文“李台乡情”荣获散文类二等奖。

2011年11月，在年度中国散文年会上，我的散文“遐想家园”被评为优秀散文二等奖。

写作是基层民警一项基本功。在积极做好公安宣传工作的同时，我始终坚持实事求是的采访原则，严格遵守公安部和省厅有关新闻宣传纪律规定，凡是经我采写的案例稿件，一直坚持先请办案民警审核、把关，局领导签字后再发。

几年来，我在各级新闻媒体刊登出的几百篇稿件，没有出现过一起泄密、虚假、失实和不应出现的公安属语等违规现象，切实有效地维护了公安机关的形象。

当然，有喜悦也有不快。安徽公安信息网、省厅宣传处的宣传工作动态，粘贴有我几篇写作体会文章，如“李台乡情”、“吉安”错位五十元等等，尤其是“迟到新闻的背后”，真实反映了我几年来从事公安新闻写作遇到的甘苦和尴尬。

六、不懈的人生追求

如前赘述，2007年2月，我被批准成为全国公安文联会员。同年8月，我被安徽省作家协会批准成为省作协会员。2008年11月，我被省公安厅聘为第二届特约研究员。2010年7月，安徽公安作协成立，我被选为公安作协理事。真是有心栽花花不开，无心插柳柳成荫。

作为省作协会员，我暗下决心在现有写作基础上，拜名家为师，向同行学习，不断提高文学创作水平，深入探索写作规律与技巧，不断积累实践经验，以孕育新的作品。

作为全国公安文联会员和作协理事，我决心认真学习全国第九次文代会精神，始终坚持先进文化的前进方向，积极投身公安实践，热情讴歌时代英模，反映基层民警心声，严格按照“三贴近”原则，努力创作警营文化新篇，争取成为德艺双馨之人，自觉为繁荣基层公安文化事业作出最大贡献。

2011 年 10 月 18 日，党的十七届六中全会《关于深化文化体制改革推动社会主义文化大发展大繁荣若干重大问题的决定》指出，当今世界正处在大发展大变革大调整时期，世界多极化、经济全球化深入发展，科学技术日新月异，各种思想文化交流、交融、交锋更加频繁，文化在综合国力竞争中的地位和作用更加凸显，维护国家文化安全任务更加艰巨，增强国家文化软实力、中华文化国际影响力要求更加紧迫。

胡锦涛总书记在中国文联第九次全国代表大会和中国作协第八次全国代表大会上的讲话中指出：“文艺历来是陶冶人们道德情操、抒发人类美好理想、丰富人们艺术享受、推动社会发展进步的一个重要领域。一部人类社会发展史，是人类生命繁衍、财富创造的物质文明发展史，更是人类文化积累、文明传承的精神文明发展史。人类社会每一次跃进，人类文明每一次升华，无不镌刻着文化进步的烙印。”

回顾从警二十年，不知疲倦，四处奔波，竭力追求人生完美和事业成功，在收获许多惊喜的同时也拥有颇多感慨，时至今日，我已心满意足。

本想就此搁笔追求健康长寿，可参加了厦门首届公安文化理论研讨会后，我深受鼓舞和启发。德高望重的祝春林主席是我学习的榜样，听他讲话，我认为他时刻在为中国公安文化的春天到来而奔走呼号。为此，我打算将写作装满行囊，用文字点缀人生，在永不停息的创作与持之以恒的坚守中，享受生活，感悟人生，延续生命。

革命不分先后，奉献不讲大小，写作不论老少。退休之后，只要身体允许，正是集中精力，认真构思和创作公安文学作品的大好时机。

总之，作为民警，我要为警徽争光。身为作家，我要为警营文化增辉。日新月异的社会形势催人奋进，我梦想成为公安机关的文学创作者，不但要拥有平凡真实的人生，还想拥有不平凡的作为，力争无愧于警察称号，无愧于时代要求。

七、不到的心灵感恩

出版两本公安论文集、两本散文集及《椿城警事》系列丛书，我真的要感谢许多人。

首先，我要感谢公安部领导。2005 年 9 月，我有幸参加了公安部宣传局、全国公安文联和中国人民公安大学共同举办的第五期全国公安文学创作研修班，聆听了公安部孙永波、刘威华、张策、孙洁等领导同志的讲话。结业典礼时，他们要求与会四十五名参学人员要有强烈的学习意识，面对不断变化的社会和文学状态，要努力做一个饱学之士；要有强烈的政治意识，要与党和国家、人民同呼吸、共命运，积极反映我们的时代和生活；要有强烈的创新意识，走自己的路，形成自己的创作风格；要有强烈的精品意识，提高公安文学的水平，把优秀的作品奉献给党、国家、社会和民族。公安部领导的殷切希望，繁荣基层公安文化的历史责任，使我暗下决心要用自身的文学创作为基层公安文化建设贡献力量。

其次，我要感谢省、市、县三级公安机关领导和我的同事。说实话，如果不是他们的积极鼓励和大力支持，也没有我几本小书面世的可能。尤其是省厅领导赵昂、《安徽公安》的主编张晓敏、副主编程新德和省厅办公室的李培宣、省交警总队的鲍绍强鼎力相助，令人难忘。除此，还有阜阳市局的于琦、吴成良、姜文清、张怀伦等，他们都为我的《椿城警事》书名诞生、封面设计和文字推敲、谋篇布局等方面做了大量卓有成效的工作。

第三，我要感谢中国人民公安出版社葛余敏社长、中国人民公安出版社公安业务分社社长赵学颖女士，北京大众文艺出版社主编蒋建伟先生、常务副主编黄艳秋女士，安徽省作家协会常务副主席许辉、安徽省文联《清明》杂志编辑苗秀侠等许多朋友，他们都为我的公安理论专著和散文集出版精心指点。

最后，我还要感谢那些曾经帮助过我、支持我自学，或多或少地给我启迪的社会各界人士，正是他们的滴水之恩，才使我有了进步的机会，拥有今天的一点成果。

综上所述，回顾从警二十年，可以说前十年做后勤服务工作时，我努力为公安机关挣了一块匾；后十年做公安调研宣传工作时，我自费出书为弘扬公安主旋律，繁荣警营文化建设出了力。不论是集资出书，还是挣匾争光，都是我立足本职、艰苦奋斗、日夜努力、用心写作的结果，更没想到它们竟成了太和公安史上前所未有的创举。

说实话，作为警营写作者，既有独特快乐，也有说不出的无奈感慨。尽管有人误解刁难，但是我深爱写作，深爱公安文化。我衷心期盼新警能承上启下，再接再厉，更上一层楼。

作者与公安文学创作班同学梁桐纲（中）、孙世维留念

解读“警察”

近来闲暇时光，我开始琢磨“警察”一词和警察与文化有关的一些问题。毛主席说过：没有文化的军队是愚蠢的军队……同理，没有文化的警察是愚蠢的警察。可谁愿意当愚蠢的警察。

解读警察，意为了解警察、读懂警察。警察是什么？谁能给出恰当的解释或满意的回答。如今我们身着警服，头戴警徽，每月享受着警察工资和警衔津贴，可否扪心自问，究竟对警察和警察工作了解多少，对公安事业作出什么奉献。

“警察”一词，是“警”与“察”两个字组成。按照现代汉语词典中的解释，“警”，是戒备、敏锐、告诫之意。同时，又注释为警察的简称。初看解释，这几个词语可以说完全涵盖着人民警察的工作及性质，也可以理解为对其形象及感官上的一种概括。工作中保持高度戒备、敏锐行事，不法分子才会无机可乘；遇有险情及时告诫群众，才会最大限度地减少损失。“察”，即仔细察看、调查、观察之意。顾名思义，“察”就是对民警平日工作中谨慎细致的一种要求，也是评价其工作成效的一项重要指标。

如果将警察二字拆开理解，可借此粗略了解其含义，但是，草草解释又似乎不够全面，毕竟警察的名称由来已久。它们的组合到底是从何而来，为什么如此组合？这些话题似乎更能引人思索。既然联系到汉字的组合，我想不妨翻阅《说文解字》。在我看来，要追根求源、观察汉字的精髓，《说文解字》绝对是众多古籍厚典中的最佳选择。

“警”者，从敬从言谓之警。简而言之，敬言也。这是《说文解字》中对“警”字的注解。在我看来，敬言应是人民警察最基本的素质之一，或说是立身之本。尊敬百姓的言行，倾听群众的心声，如此，才能更好地服务民众。同时，人民警察的言语代表法律，也需得到尊敬。法律是神圣不容侵犯的，这便对人民警察的言行提出了更高的要求。

敬言者，互通有益。这乃是历史的明鉴。在几千年的历史长河中，流淌过太多的尘封往事。“君者，舟也；庶人者，水也。水则载舟，水亦覆舟”。唐太宗的殊叹穿过千年历史的隧道，至今穹音回荡。正是这一历史殊叹，造就了“贞观之治”，开启了大唐百年盛世。显然，李世民是敬言高手，他喜听臣言、善于纳谏便是明证。君舟民水的比拟，是对群众百姓力量的首肯，也是对其发自内心的尊敬。这样的君主，当然会受到臣民的拥戴。古代的帝王君主尚且懂得敬言的重要，我们人民警察更应成为当今和谐社会的敬言者，尊敬百姓的言行，倾听群众的心声，只有敬其言，方能受其托，才会解其苦，最终得其敬，成为老百姓真正的守护神。

“察”者，从宝从祭。乍一看，似乎“宝”、“祭”二字对于理解警察的定义更加繁复，不见端倪或不合情理。先撇开“宀”字头不谈，我们来说说“祭”。“祭”字入眼，相信大部分人在内心都会产生隐隐色变之感。这是可以理解的，在中华几千年的“忌讳”文化影响下，凡是遇到“祭”字之类的字眼，总会顿感无形的压抑，令人避之不及。乍看“祭”字，人们首先想到的当然是“祭祀”之意，或者联想到“祭文”、“祭言”等，总让人有一种说不出的无奈和隐晦。

翻开字典，我们却会发现“祭”的另一种解释——使用法宝。今天，我要说的正是此种解释。如果此时再结合“察”字上面的“宀”字头，我们不难发现，“宝”与“祭”之间的微妙关联，原本是两个看似毫无干系的汉字之间竟有丝缕相通之意。由此不得不感慨汉字的无穷魅力！

有了“使用法宝”的解释，我们对于“察”字理解的疑难便迎刃而解。那么，这里的“法宝”又究竟为何物？一千个读者会有一千个哈姆雷特，每个人都会有自己的独特见解。在我看来，这个“法宝”便是公平、正义。而法律恰是公平、正义的象征，所以“法宝”可做“法律”解释。如此看来，此“法宝”之意可谓恰到好处——法宝，法宝，法律是宝。法律的确称得上宝物。它无法以金钱衡量，凌驾于一切事物之上，在正义面前，它是倒悬的达摩克利斯之剑；在邪恶背后，它是一切罪恶的休止符。这，便是真正的法宝。

如此，将“警察”一词从汉字的角度分“解”开来，拆字解释，逐层研读，竟有如此意想不到的惊喜和收获。可是，警察是什么呢？说大了，警察是国家维护社会稳定和治安秩序的武装力量；说小了，警察只是人们社会活动中不可或缺的一分子。危难时刻有人想着，平安快乐被人忘记。我曾看到过这样一句话：警察就是风和日丽时常常被遗忘在角落，暴风骤雨来临时用来遮风挡雨的那把伞。当时，我的心忽然就悲凉起来，警察也是普通人，平凡普通得如同你邻家的兄弟姐妹，也会面临着各种艰难和困苦，也需要被理解和关心，而且繁忙的工作使他们在身体上、精神上都承受着超负荷的压力，犹如一只飞速旋转的陀螺，不能停歇，尽管这样辛苦，却只能被当做一把临时救急遮雨的伞。

关于对警察词义的理解，开始从警时我认识不清，也不理解警察的内涵及其有什么独特之处。为此，我迷茫过、困惑过。可是，当我看到了一张张笑脸，那样灿烂、真实地触动着我。刘朝春是一名派出所所长，105 国道路边“救人不留名”，几个月后，待人四处寻觅、手拿感谢信找到他时，他却说：“这是我应该做的，不用感谢”；程亚磊是一名派出所民警，为了找到丢牛的人，一夜未眠，当失主感激地送来锦旗时，分明看到他羞涩的脸上洋溢着满足；王海磊是一名刑警，为了破案，远赴广东，万里追逃，逮住一个隐名埋姓、潜逃八年的杀人嫌犯。三十多天里，四处奔波，认真排查，顶烈日，冒酷暑，静静地守候，终于和同事们一起将其擒获。从他兴奋的言谈中，我分明感受到了他内心的幸福；辛东是一名交警，他在巡逻时发现一考生在某商场购物后，突遭电梯“黑手”袭击，头皮撕裂，血流如注，浑身是血，步履艰难地在街上行走，情况十分危急。他得知这个人是来参加中考的学生被电梯夹伤，便立即将考生抱上车，风驰电掣般地向县人民医院驶去，为及时救治争取了宝贵时间。当考生的母亲通过电视台寻找救人民警以表感激之情时，他却婉言谢绝。我分明感受到了他善良的心里涌出无比的喜悦……

他们都是我的好同事，普通平凡得如天空那一颗颗无名的小星星，繁忙、琐碎却充实地过着每一天，默默地在自己的岗位上发着闪亮的光。

难道他们不追求快乐吗？可他们的快乐是什么？当我重新审视的时候，发现他们的追求是没有任何功利的，或者说只是一种心情的自然流露，是一种健康的生活态度，是对自身生活的一种积极感悟。他们的追求很简单，简单到付出辛苦后收获的一个微笑，侦破案件后的一种放松和欣喜，连续作战后一个香甜的好梦，没有任务时可以陪着家人的一种安静，面对功利与面对诱惑时的宁静致远。

其实，每个人的追求完全被自己的心灵掌控着。为什么日子过得清贫的人会感到很快乐。因为他们除了为生计发点愁外，没有太多的心理负担。他们有太多的自知之明，用洗发水，不一定要用名牌洗发水，普通的香皂洗头也能达到同样清洁的目的；穷人家的孩子不用世界名牌，脸照样红润光泽；吃饭穿衣，只要温饱干净就很知足。

既然是警察，就要立警为公，对党忠诚，无私奉献，无怨无悔。说你是块砖，那就任党搬；说你是把伞，那就做把伞吧，一把为群众遮风挡雨的伞，撑开的是平安、是奉献，合拢后是我们收获的快乐和喜悦。这种快乐和喜悦是不染尘埃、清澈透明的，因为我们真实地走过每一天，我们体会过、付出过、奉献过，我们的青春燃烧过。

也许你不是因为刻意的追求而选择了从事警察这份工作，更不是因为可笑的虚荣才一身戎装，只是因为偶然或者无意，才融入了这片藏青蓝的天地……

不是每一个人每天都可能面对生死，但是警察会！不是每一份职业都常常是忙得没有节假，但是警察是！我曾经默默地问自己："这样的生活到底有没有意义?"三毛曾经说过："一个聪明敏感的孩子，在对生命的探索和生活价值上，往往因为过分执著，拼命探索，而得不到答案，于是一份不能轻视的哀伤，可能会占取他日后许许多多的年代，甚至永远不能超脱。"我知道，我不会怀着这样的一份永不超脱的心情生活下去。从来没有这样一个时刻，让我更深地去探究"警"字的含义和"察"字的内容；从来没有这样一个时刻，让我更加理解这些默默付出的战友和兄弟姐妹们。以前，我一直以为手中这支枯瘦的笔只是宣泄我心情的工具，但是现在，我知道我将和它不离不弃，因为在这片藏青蓝的天地里，有太多的故事值得我歌我泣……

我相信，透过如水的岁月，穿过一生的纷繁，在看得见看不见的往事中，唯一生动、鲜亮的这段从警历程，会使我的生命更有意义。

此时，我想起著名学者王国维论述过治学的三种境界。第一种境界是"昨夜西风凋碧树，独上高楼，望尽天涯路"。第二种境界是"衣带渐宽终不悔，为伊消得人憔悴"。第三种境界是"众里寻他千百度，蓦然回首，那人却在灯火阑珊处"。如今，经济发展，社会进步，高科技带来日新月异的变化，过去的三种境界，也不再是做诗的境界，做学问的境界，而是生活的境界、事业的境界、人生的境界。据此，笔者认为，当警察的也应有三种境界，第一种境界是把警察当做一种职业，尽心尽责地做好本职工作。第二种境界是把警察当做一种事业，全身心投入，不仅想干事，还能干成事。第三种境界是把警察当成一种艺术，不仅是熟悉工作内涵，更能驾驭和创新工作局面，而且乐在其中。

一、把警察当做一种职业。公安机关特殊的性质和地位，要求我们必须始终把政治建警放在公安队伍建设的首位，把忠诚作为最高的政治信仰和价值追求，“为谁奋斗，怎样工作”这个人生最基本的问题一定要解决好。思想政治工作就是要坚持党的领导，这是我们立身做人的根本标准。公安机关是一支以党员为主的战斗队伍，公安民警要时刻体现共产党员的先进性。人民警察核心价值观反映着人民警察的精神旗帜和生命之魂，对人民警察思想道德和行为方式起着主导作用。我们要准确把握“公安精神”的实质，牢固树立忠诚敬业的精神，充分认识在新形势下倡导和弘扬“公安精神”的重要现实意义，时刻牢记自己是人民的勤务员，自己的执法权力都是人民所赋予的，只有忠诚敬业才能对得起党、对得起人民、对得起闪耀的警徽，也只有这样，才能很好地履行自己的神圣职责。

二、把警察当做一种事业。现在公安工作任务十分繁重，没有一种苦干、实干精神是难以担当重任的。要把工作做好，就要全身心投入，不仅苦干，还要巧干，要有综合的思想业务水平，要有主体警察意识和能力。主体警察意识，是指对自身作为一名警察的主体地位、主体能力和主体价值的认识和自觉，包括对自身主体地位、社会责任、权利和义务的正确认知，对个人与社会、个体与群体、自我与他人关系的科学认识。当前，人民警察的主体意识精神，包括自尊自重、自立自强的自主精神，奋发努力、积极向上的进取精神，团结互助、主动合作的协作精神，以除暴安良、维护社会正义、自觉履行社会责任、积极投身公安工作的主人翁精神，以及善于吸纳新观念、提出新思想、发明新办法、开创新局面的创新能力，善于处理人际关系、最大限度地发挥自己的协调能力和“说得过、追得上、打得赢”的单兵作战能力。这样，从思想上牢固树立人民警察的光荣感、责任感、使命感，从而真正地在警察生涯中自觉做到“人民警察为人民，人民警察爱人民”。

三、把警察当做一种艺术。艺术，是一种让人有着美好的心态和境界，更有着一种价值导向。这种艺术不是体现在专业技术高低或者贡献量的大小上，把警察当做一种艺术，其价值内涵是共同的，是如何看待劳动、对待劳动、基于怎样的精神境界从事这样的工作。作为一名民警，无论职位高低，也无论权力大小，都应该忠诚于党和人民，牢固树立执法为民、清正廉洁、无私奉献的思想。人民警察的性质从根本上揭示了警察职业的价值标准，服务成为人民警察鲜明的职业行为。树立新时期全心全意为人民服务的思想，做一名遵纪守法、执法为民、廉洁奉公的人民警察，正确行使手中权力，不为名利、地位和金钱所动，不以权谋私是人民警察应有的高尚品质。这样，在工作劳动问题上达到了常人未能到达的境界，正像文艺作品源于生活而高于生活以及艺术重在个性表达一样，警察精神内涵的表达和彰显也应该是个性的、独到的，在理想信念上不动摇，在精神追求上不放松，在工作标准上不降低，在情感联络中不失准，在诱惑面前不动心，抵制得住诱惑，洁身自好，廉洁自律，做一个有理想、有道德、有价值、有境界的好警察。

作者与阜阳市公安系统第二期警衔晋升培训班学员合影

话说“平淡”

如今，人们见面交谈的话题常常是：“谁又升官了”，“谁在股市里赚了多少钱”，“谁家的房子有多大、多大”，“谁在哪儿买了一块地”，“谁又换了一辆新款车”等，诸如此类，不绝于耳。要在物欲横流的世俗中，保持出污泥而不染的平淡心境，确实难能可贵。

平淡，即平静而淡泊。生活在物质世界中，形形色色的物质利益竞相角逐，精彩纷呈。面对这粉墨登场的物质利益（包括权、名、利）的频频秋波，能做到洁身自好，坐怀不乱，平静而淡泊确非易事。然而，只有清醒、理智地直面物欲的挑战，藐视引诱，把握自己，控制自己，才能成为一个纯粹的人，一个道德高尚的人；只有从容、镇定地迎接物欲进攻，怒视引诱，坚强自己，锤炼自己，才能做一个有益于社会、有益于人民的人。而这样的人，对于净化我们的社会风气，对于纯洁我们的事业是多多益善的。

由此可以说，平淡是一种品格，一种美德，一种做人的要求。平淡是一种简单，一种超然，一种执著。平淡是一种浓浓的人情味，让心头弥漫着感动和友善，领略到为人的操守和品位。生活中拥有这份平淡，是文化修养与人生经历凝练的结晶。

平淡并非不思进取；平淡并非清心寡欲。平淡是人的一种境界，一种人经过锤炼与荡涤之后的高雅境界。这种境界是建筑在人的精神意志经过千锤百炼之后，使高风亮节常驻的基础之上的；这种境界也是建筑在人的心灵世界经过一次次荡涤洗礼之后，使道德情操永在的基础之上的。它与无所事事、浑浑噩噩者泾渭分明、毫不相干。无所事事者，不思进取，空谈前途，精神空虚；浑浑噩噩者，度日如年，吃喝玩乐，满腹牢骚，懒惰成性。平静淡泊者，面对同伴的升迁耀拔，心胸坦荡，拱手诚贺；平静淡泊者，面对邻里的劳动致富，喜颜悦色，同喜同乐。它的追求是激浊扬清，树我中华大地文明、高雅之浩荡春风；它的欲望是社会进步，全民奋力驱逐污浊之声、污浊之气；它的心愿是通过诚实劳动过上富裕生活，相信播种了才会有收获。

作者与鲁迅文学院副院长、著名作家白描在中国人民公安大学校园的合影

追求平淡虽非易事，然只要坚定信念、痛下决心、千锤百炼，则必能成功。追求平淡，道德修养必不可少，道德修养包括树立正确的人生观、价值观与处世观。这种修养既需要理论的武装，更有待实践的检验，要求人们全身心沉浸在健康、进步的书籍和良师的教诲中，耳濡目染，一点一点吸取养料，充实、洗练自己的精神世界，然后在现实生活里不断实践和检验自己，经常扪心自问：我的精神境界升华了吗？追求平淡，克服浮躁心理、攀比心理，以一颗平常心对待物质世界的点点滴滴，则必能襟怀坦白，心志高远。在

棋坛有“石佛”之称的韩国围棋第一高手李昌镐，就是这方面的典范。他总是以一颗平常心来对待每次对弈，置胜负于度外，平心静气地走完每一步棋，最终的胜者则常常是他。可见，平常心对提升人的意志品质与修养是何等的重要。

古语曰：“非宁静无以致远，非淡泊无以明志。”实现我国“十二五”宏伟规划，建设有中国特色的社会主义，需要千千万万个以事业为重、淡泊名利的建设者；需要千千万万个平静对待物欲、清风傲骨的开拓者。愿我们都成为这样的人，共同为中华民族的伟大复兴添砖加瓦。

作者参会游园散步时留影

趣谈“高帽”

在我国，喜戴“高帽”且互赠“高帽”之风源远流长，尤其在文化人中流传更甚。

据史载，清朝乾隆四年钱塘进士、一代才子袁枚二十岁出头就誉满天下，受命同任地方知县。赴任之前，袁大才子按例去向恩师——乾隆时的名臣尹文瑞辞行请训。老师问：“年纪轻轻就任知县，有些什么准备?”他答：“别的没有，就准备了一百顶高帽子。”老师皱起眉头：“年轻人怎么搞这么庸俗的一套?”他镇定自若，从容应答：“如今世风日下，社会上人人都喜欢这种东西，像老师这样不在乎此物的能有几个?”尹老先生听了觉得不无道理，不禁点头，于是勉其好自为之争取早日做出成绩。出了尹府，一帮等着为他践行的昔日同窗关切地问：“与老师谈的如何?”袁大才子不无得意地说：“刚才送出高帽子一顶，尊师已经笑纳。”确实，“高帽子”历来是雅俗共赏的宝贝，以尹文瑞先生之贤，亦不能免，何况我等凡人小辈。时至今日，这“高帽子”颇有点漫天飞舞的味道。举目皆是名人，随处可见大师，至于“教授满街走，讲师不如狗”一类的顺口溜早已流行多年。令人叹为观止的是，如今竟然有专门生产、批发销售“高帽”的公司。怪不得“高帽”之多，五花八门，品种齐全，而且物美价廉，渗透在各个领域。只要愿意，谁都可以买一顶或者弄一顶来戴戴。

按分门别类来看，眼下流行势头看好、销售正旺的“高帽”，大概有以下几种：

“新”字级。如诗坛新秀、歌坛新星、杂谈新锐等。此帽适用于刚发表过几篇短文、两首小诗以及在电视剧里跑过几回龙套、在档次不高的综艺节目里做过几次“秀”的黄毛丫头、后生小子。

“老”字级。如评坛元老、文坛宿将、诗界前辈等。此帽适用于那些三四十年前操过文笔生涯，或在特殊历史时期写过大批判稿以及模仿样板戏的文艺作品，如今除了自己还记得，别人皆无印象的耄耋老人。

“著名”级。如著名作家、著名诗人、著名画家、著名钢琴（小提琴、二胡……）演奏家等。此帽适用于得到演出公司或大众媒体的青睐而不惜成本为其包装，但实际上不外乎拼凑了两本没人买的书，或画过几幅自己也看不懂的画，对媒体的造势自己心中都嘀咕却心有不甘的文化人。

“大”字级。如艺术大师、书法大师、演艺界大腕等。此帽适用于那些自我感觉良好且小有成就，不甘也不屑与“著名”之辈混为一谈，经常光顾电视台的专访、偶尔出入政界要人的私人场所，在街头小报的“名人专访”栏目频频露面者。

“王”字级。如朦胧诗王、西北歌王等此帽适用于那些在小圈子内闹得震天响，位列“著名”心有不甘，跻身“大师”尺寸又嫌短，于是划山圈地，称王称霸，当然也是很有脾气的文艺界人士。

“怪”字级。如诗界怪才、艺苑鬼杰等。此帽适用于那些颇具叛逆精神，喜好标新立异，不屑于正统，热衷于旁门左道的人。

“巨”字级。如文坛巨擘、艺坛巨匠、影视巨星等。此帽适用于那些戴什么高帽都觉得不过瘾，在高帽林中还想脱颖而出的人。

“国际”级。如世界名流、国际巨星、中国巴尔扎克、东方卓别林、海明威第二等。此帽适用于那些虽未学贯中西，却早已吃惯中西，玩惯中西，虽有走向世界的雄心，却无真正走向世界的实力，于是不惜挟洋人以自重的文化人……

“高帽”越来越多，可有价值的文化精品却越来越少。人们越来越热衷于制造高帽，赠送高帽，甚至买卖高帽。可是，由于人们太注意“高帽”本身，反而忽略了“高帽”下面那个脑袋的不断充实提高，滋补保养。长此以往，有的脑袋本来是睿智聪慧的，但由于太在乎头上的“高帽”，结果脑袋本身却反而显得空虚、猥琐、不堪重负。当然，也有不少脑袋本来就徒有虚名，强撑着一顶“高帽”，就只能给人一种滑稽的感觉了。

毋庸讳言，如今的“高帽”已经多得臭了街，大概很快就要由贬值转向滞销直到最后成为谁也不要的“捏堆菜”。这大概不会是“高帽”爱好者们的初衷吧。出路何在？其实，把帽子上那些“大”字、“巨”字、“王”字等统统去掉，放下架子，潜心学习，深入钻研，脚踏实地地干上几年、十几年。果真如此，说不定还真会有一批大师、巨匠、国际名流式的人物涌现出来呢。

安徽省公安作家协会成立大会现场

新老“名片”

俗话说：“旧的不去，新的不来。”我的老名片该退休了，这才想印新的。

回忆第一次印名片已是几年前的事了。当时是为了参加省厅一个学术研讨会议，也想结交几位警界朋友而匆忙印制的。虽然粗糙，但老实人做事，丝毫不敢隐瞒，如实交待自己的基本概况。例如，姓名、工作单位、职务职称、通信地址、邮编、办公电话、家庭电话和移动电话，还有 BB 机等，唯恐遗漏什么，让人觉得不实、不快。

作者在安徽省公安作家协会成立大会上的留影

随着形势发展，手机更新换代，号码变了，名片也要跟着换了。

我的新名片是直着印的，上面只有四行字。第一行自然是姓名："李勇"两个字，伴有拼音，用的是淡雅的小二号隶变体。经过一段空白，下面印了三行小五号字：

手机：13909688616

电邮：liyongki@ 126. com

QQ：1658379157

许多同事、朋友拿到我的新名片后褒奖说："你的名片简单而富有创意。"其实，我这么印，并非想哗众取宠，而是经过一番考虑后郑重决定的。

因为，名片上所记载的信息，从此将伴我终生。我出生于二十世纪五十年代，穷乡村生活，又遇上 1960 年大灾，能生存下来就是命大。我小的时候名叫李天祥，可能是上辈人想寄希望于天降祥云普照，好有利身心成长。后不知什么原因，在我上小学时，父辈又把我的名字给改了。也可能是看我个小，太瘦弱，想让我勇敢些。可我家寒底薄，又没有文化，上学时被称为"可以教育好的子女"。后来，我参加工作，学工学农，干活出汗，奢望就是吃顿饱饭，还敢想什么好事，况且有点好事也摊不着咱这穷小子，光有骨气也不沾。我心想，只要能发上工资，有饭吃就算满足了。如今年过半百，还有什么追求。虽说与我重名者众，也不会再改名字了。名字不改，单位也不可能再变，因为现在工作单位用人都要年轻人，老了没人要，想跳槽也是跳不动的。现在是逢进必考，和过去大不一样。

我的手机号是移动公司的老同学、老朋友帮我选的号，后三位数即是我的生日，也就是冲着这个中意的号码，我才换到移动公司的。所以，这个号码我肯定不会再换了。有人说，如果移动公司升位了，号码不就变了吗？我想，移动电话升位的可能性不大，即使升位也是从前不从后。譬如，前几年升位就是在 139 后面再加一个 0，而不会影响后面的号码。如今，移动电话早已走出"大哥大"时代，它的费用已经和固定电话相差无几，我印一个手机号码，走到哪儿，只要在身上，朋友们都能找得到，不是很方便吗？即使在家里，来电接听，也比固定电话来得便捷些。所以，后来我就暂停家中的座机至今未用。

而电子信箱，只要我经常使用，网易就不会封我的地址，我现在每天不敢保证一次，至少二三天开一次信箱，而一般网站规定取消信箱的前提，至少也是一个月以上时间不使用。再说，126 信箱是我比较了新浪、搜狐、雅虎、hotmail 等一些大网站后，最近才确定下来的一个免费信箱。它使用起来比较方便，空间够大（3G，过去是 1.5G），速度较快。我若弃之不用，再更换地址于人于己，只有不便，何苦呢。

QQ 是我最近才使用的一个即时通信工具，它的使用源于女儿让我给她通过 QQ 接收一个上海财大教授的讲座录音，我一看，这玩意不错，几十兆的音频文件几分钟就传过来了，再一看，当天竟有几百万人同时在 QQ 上。好，你用咱也用它，不用白不用，白用谁不用。如果没文件传，就找个朋友聊天，问候一下不好吗？所以，我渐渐喜欢上它了，近乎有瘾天天上。

也有朋友问，你为什么不将职务、警衔与单位地址一齐印在名片上？这也是我改动较大的一个项目。我是这样想的，我在局指挥中心工作，外出机会不多，名片就摆在我的办公桌上，谁想拿谁拿，目的就是给大家提供方便。其实，从办公桌上拿走我的名片的，不会不知道我在单位干什么和担任什么角色。如果真的忘记了，打个电话，发个 E－mail 或在 QQ 上留个言，不就解决了吗？所以，工作单位和单位地址就被我省去了。

至于职务、职称、警衔，更没啥好印的了，干了几十年，混上个同龄人较低的副科级干部，还是竞聘上岗的。同时，再过些年还不知岗在哪里，印不印无所谓。十几年前的中级技术职称也是止步不前，比我小十几岁的朋友都是正科待遇或者是副高了，我还在原地踏步。

在时代日新月异、人人争取进步的今天，人家嘴里不说，心里嘀咕一声“怎么混的?”恐怕也在所难免。再说了，真要是冲着职务头衔和你打交道，那这朋友恐怕也是兔子尾巴长不了。所以，这职务衔级一栏也就免了吧。我的名片，在职可以用，退休了也可以用，现在可以用，将来再过十年、八年以后还可以用。只要活在世上，什么时候、什么地方都能找到我。

短信一发，网上传情，千里相会，岂不快哉！如不嫌弃，请多联系。

作者参加公安文化理论研究会成立大会晨练时留影

“职业病”

吃过晚饭后，太阳还没落山，我照例下楼去文庙广场花园散步。

下楼没走几步，一个收破烂的小伙子见我就问：“大哥，有破烂吗?”

我说：“有。”于是，我放弃闲遛的打算，带他去打开楼梯间小房的门，拣他需要的破烂。

本来卖破烂都是我家属经管的事情，因她赴沪照顾九十多岁岳父母二位大人起居，一年多不在家，日积月累下来的旧报纸和废纸箱、酒瓶、饮料盒之类的东西已将狭窄的楼梯间占去一大半，我正想把它清理出去，腾空买些煤球过冬，真巧出门碰见收破烂的上门服务。

职业习惯使我对陌生人和巧事敏感。于是，我就问他是哪里人，他说他的老家在皖西北边陲农村。我灵机一动，跟他开玩笑说：“干你们这一行的，白天收破烂是幌子，晚上干那个是真的。”他却说：“大哥，我可不干那个，我是正儿八经的收破烂的。”他竟然一下子就听懂了我的意思！说明这个人比较机灵，头脑反应很快。

既然如此，我就有意“逗”他说：“以前来这儿收破烂的进去好几个了，下一个就是你了。”他忙说：“大哥，你可别吓唬我呀。”我说：“我吓唬你干吗，吃饱了撑的?”其实，就是撑的！

我看他眼珠在提溜着转，头脑挺活络，说话油嘴滑舌的，越看越不像个收破烂的。倒真像个干“搬运工”的。于是，就想调侃试探试探他。

趁他低头捡破烂时，我就说：“哎！我看你怎么这么面熟呢?

好像在哪里见过你?”我想看看他的反应。

他抬起头，两只小眼睛疑惑地蔑了我一眼，说：“大哥，我第一次见你!”

我开他心说：“噢！我想起来了，你像一个人呢!”

他又吃惊又疑惑地看着我：“像谁呀?”

“像网上一个人的照片。”

“网上，哪个网上？谁长得像我?”

“谁长得像你？要是毛泽东、周恩来、朱德长得像你，你早就和唐国强一样成名星了。可是，这个长得像你的是一个逃犯，盗窃的，公安部门正在全国通缉他呢。说不定哪一天就被抓进去，新账旧账一起算。”

“啊？那可不是我，我不是干那个的。”他低着头一边忙活一边嘟囔：“我是良民。日他爹的，就收点小破烂，养家糊口。”说着话，一不小心，手被纸箱上的一根钉子扎破了。

看到他手上有血，我突然感到不好意思，便从裤兜里掏出昨天饭局没用、消过毒的卫生湿巾，帮他擦拭了血迹，说：“跟你开玩笑呢，别紧张。又不是你。那个长得像你的那个人，也没干什么大事，就是偷了一辆破轿车，值不了几个钱的，如果他去自首还能减轻处罚，再好好表现一下，一两年就出来了，以后改邪归正，正儿八经地挣钱养家糊口也不难呀!”

他则低着头不吭声，只管忙活他手里的活儿。我心想，也不能凭自己的想象就断定人家是盗窃的吧？我有“职业病”嘛！于是，我也不再说什么了。

称好一捆废报纸，数了几十个啤酒瓶和易拉罐什么的，约值三十多块钱吧，然后他给我一张五十元的纸币。我说：“没零钱找你，给我零的吧。”他说：“我也没有零钱。”我说：“要不你等着，我去商店买点东西，顺便把钱换开。”他说：“大哥，不用找了，下次见我时，你有了就给我，没有就算了，十块二十块的，你也富不了，我也穷不了。”我说：“那就下次给你用破烂顶，我帮你攒着。”他说：“行。”

可是，从那以后，我再也没有见到这个收破烂的小伙子。我欠他的十几块钱债务成为我的一个心理负担，每当听到楼下有收破烂的吆喝声，我就赶紧把头从窗子探出去打量人家，但总不是他。

有一天，我终于忍不住心中的疑惑，下楼向近来常在这里收破烂的打探以前那个小伙子的情况。收破烂的说：“那个小老乡三年前在外地与人合伙偷了一辆轿车卖了，分了几千块钱，回家娶了媳妇，然后带着老婆跑到这里收破烂。这几年也没有事，他以为过去算完了，哪知道前几天他听说公安部都找他，他吓得突然像得了场大病似的，一连三天闷在家里不吃不喝，然后就悄悄带着老婆、孩子走了。”后来，才听说他去当地公安局自首去了。收破烂的叹着气又说：“回去坐上两年牢，出来正儿八经地该干什么就干点什么，也用不着东躲西藏的了，外逃的日子不好过啊！”

我想，要真是这样，这个小伙子遇到我是他的缘分，而醒悟是他的福分。但那晚，却弄得我半宵没睡，一直想着这楼梯间的破烂是卖，还是给他留着？十几元欠账该怎么还呢？

作者与中国人民公安大学物业管理处处长欧阳松先生在海口合影

“欠”说

“欠”，在《现代汉语词典》中的解释是借别人的财物等没有还或应当给人的事物还没有给。比如，欠条、欠情、欠资、欠账……

通常情况下，中国人的人情交换有三种类型，一种是某人在遇到危难的紧急关头得到了他人的帮助。这是在人情交往中属于“恩情”的范畴，对此困难提供帮助的人叫做“恩人”。另一种是比较有目的的人情投资。通常叫“送人情”，“送人情”导致接受的对方有亏欠或愧疚感（也就是常说的“不好意思”），双方构成一种“人情债”关系，结果在对方提出要求的时候不得不按对方的要求回报。第三种是一般性的礼尚往来，也就是有来有往的互相走动，请客或过节时的送礼行为，以加强彼此间的感情联络，最终会在“给面子”中实现交换。

恩情也好，人情也好，礼尚往来也好，它们都是同“欠”字相联系。如果这个欠是能计算清楚的话，那就回到了理上来了，而且很容易马上了清其中的利害关系。但这个关系上的“欠”字不在理上，而在情上，如张三救过王五的命，我们问王五，回报多少价值的礼物给张三才算够？对包括我们自己在内的绝对不是少数的国民来说，我们之所以痛恨腐败，要铲除腐败，我们骨子里的心态在很大程度上是因为我们自己不在腐败中。我们自己没条件像他们一样去享受腐败。我们痛恨的是：别人在腐败。

廉政的对立面是腐败。现在中国社会中有一个有趣的现象是，在包括我们自身在内的相当多数的普通国民中，最仇恨、最大声疾呼要铲除社会腐败的是我们自己，最能宽容腐败、接纳腐败甚至参与腐败的也是我们自己。举眼下司空见惯的例子来说明：倘若我们有个非常要好或很熟的朋友是机关干部或在某个要害部门工作。一日，他拿了几条好烟来到我们中间说："今天有个药商来求我办事，这不，都是他给的，给大家共同分享。进贡的东西我老弟那儿有的是。"我们会立刻像吞下了一只苍蝇般的恶心和反感。

如何让这些感情的东西在一个人的生活中能从心所欲不逾矩呢？儒家认为，其间需要有一套做人的规则来调教。这个规则在儒家看来就是"礼"。礼字最早的意思是祭鬼神节目和仪式，以表达顺天城晕的使命感。《礼记·礼运》上说："是故夫礼，必本于大一，分而为天地，转而为阴阳，变而为四时，列而为鬼神，其降曰命，其官于天也。夫礼必本于天，动而之地，列而之事，变而从时，协于分艺……"

腐败现象如今在国人眼中，已属正常现象。如同上述例子，已经像人要吃饭、喝水一样的自然。腐败的人在熟人中间已经可以完全坦言他小小的腐败，同还没有挖出来的大腐败比，实在是无足轻重。腐败现象在很大的社会层面上，实质上已丧失了道德评判标准。可以说，腐败现象之所以泛滥成灾，就在于它有广泛的群众基础。反腐倡廉，一般来说是针对官员们的。但如果只反贪官，而不反贪民，至少，反腐倡廉是永远也做不彻底的。

明代洪应明《菜根谭》里有一段"禅"味十足的话："人生只为欲字所累，便如马如牛，听人羁络；若淡然无欲，天地也不能转动我，鬼神也不能役使我，况一切区区事物乎？"实在就是一句话：无欲则刚！既然我们每一个人都要生存、要吃饭、要学习、要升迁、要安身立命、要养家糊口，就摆脱不了那个"欲"字，我们也就逃不脱"欠"字的藩篱。既然我们暂时摆不脱欠字的藩篱，那我们就好生地使用它，把它限制在一个"不得不用"的小圈子里，尽量活出一个真我来，而且活得有尊严。

但愿经过大家的努力，我们不对别人欠什么，也不需要别人对我欠什么。欠别人的机会再少一些，别人欠你的再少一些。

社会是一张无边无际的大网，组成这张大网的是感情的丝和利益的线，上级、领导、同事、朋友、亲戚……所有认识的人都是这张网上的网结。这里面潜伏着陷阱和围城，任何人都得在这张网下左冲右突，疲于应付而又无可奈何。

因为，社会经验告诉我们，在这张相互“欠”的大网里冲突，诋毁和赞誉往往并行而至；成功与失败常常同出一辙；光荣与耻辱也会相伴而生。若是一着不慎，便会全盘皆输。

作者与初中部分同学聚会时的合影

前车之鉴　后事之师

文强，一个目前全中国人耳熟能详的名字，原重庆市公安局常务副局长，重庆市司法局局长。2010 年 7 月 7 日，文强被注射执行死刑，重庆“打黑”从此掀开了新的一页。

文强从一个警界正厅级高官，到因为受贿、包庇、纵容黑社会性质组织犯罪沦为人民的阶下囚，最后被依法判处死刑立即执行，其腐化、堕落不能不令人扼腕叹息，但反思其堕落过程，却对我们不无裨益。

文强，男，1955 年 12 月出生，原籍四川省巴县人（现为重庆市沙坪坝区），在职大专学历，一级警监。1972 年 1 月参加工作，1977 年 9 月加入中国共产党。1992 年，任重庆市公安局副局长。1997 年，重庆改为直辖市后任重庆市公安局副局长。2000 年，担任正厅局级侦查员。2008 年，出任重庆市司法局局长。

2009 年 8 月 7 日凌晨 1 时，在北京参加全国司法厅（局）长座谈会期间被抓获，次日上午通过民航班机押解回渝，成为重庆“打黑”风暴中被双规的最高级别官员。讯问 8 天，文强供述了他涉嫌包庇纵容黑社会性质犯罪团伙和强奸的罪行。

2010 年 2 月 2 日至 7 日凌晨，一审开庭，文强被指控犯受贿、包庇纵容黑社会性质组织、巨额财产来源不明、强奸四项罪名。4 月 14 日下午，一审宣判，文强因受贿 1211 万元、包庇纵容 5 个黑社会性质组织、1044 万元巨额财产来源不明、强奸，数罪并罚，被判处死刑，剥夺政治权利终身，并没收个人全部财产。5 月 13 日至 14 日，文强案二审在重庆市高级人民法院公开开庭审理。5 月 21 日，文强案二审人民法院宣判，维持一审人民法院判决。7

月5日上午，重庆市纪委一行3人向文强宣布“双开”决定——开除党籍、开除公职。文强情绪激动，双眼含有泪水。7月7日，文强在重庆歌乐山上某刑场被依法执行死刑。

文强主办的要案：1992年，震惊全国的重庆警匪枪战。1994年，中国第一盗案。2000年，重庆抢劫运钞车案。2000年，中国头号悍匪张君被重庆警方擒获，文强因此声名远扬。

文强的死将风起云涌的重庆“打黑”又推向了一个新的里程，文强被依法执行死刑，显示了党心、民心，受到了社会各界的高度评价。文强的死留给我们的教训也不可谓不深刻。文强从一个“打黑”英雄变成了“涉黑”罪犯，他究竟是怎么蜕化变质的呢？

一、监督缺位导致贪腐横行

自2009年8月文强被“双规”后，其手下的“四大金刚”纷纷落马，以文强为保护伞的黑恶势力土崩瓦解，陈明亮、龚刚模、黎强、谢才萍等黑恶势力头子纷纷落网。至2010年6月27日，重庆警方侦办涉黑、涉恶犯罪团伙300多个，抓获涉案人员5000多人，侦破刑事案件4000多起，缴获大批非法枪支、毒品、管制刀具，查扣涉案资产数十亿元，人民法院一审判决黑恶团伙148个，声势浩大的重庆“打黑”取得了阶段性的辉煌战果。群众安全感指数96.6%，首超京、津、沪。重庆“打黑”，解开了文强由公安局副局长沦为庇护黑帮罪犯的真实面目，其巨大反差也让他成为了重庆“打黑”史上符号性的标志人物。反思文强案件，时间跨度长，涉及人员多，重庆市公安局包括副局长彭长健等一大批领导干部均涉案犯罪，刑警总队第一支队因涉黑警员众多，被迫解散。文强任副局长17年，自曝因升迁无望而大肆贪腐。

最初落马时，文强曾面对镜头痛哭流涕，后悔自己醒悟太晚。但他在痛悔之余似仍心有不甘，在悔过书中用大段篇幅发牢骚，怪组织多年没提拔自己。落马后的文强流着泪说，睡觉不就是一张床嘛，为什么人要失去的时候，才知道什么是最宝贵的东西？然而，流泪之余，他仍牢骚太盛。在悔过书里，他把自己腐败的原因部分归结为仕途多年原地踏步，没能升官。

文强落马前，其专横跋扈的作风在重庆警局已不是什么秘密，如要下属跪着回话，命令某派出所所长给小姐敬酒等丑剧、闹剧不一而足。

按照干部交流制度，领导干部任职达到一定年限应该交流，但文强在重庆市公安局任副局长、常务副局长 17 年，是制度的无奈还是体制的弊端或其他不可言喻的原因，恐怕只有留给相关职能部门作进一步的查处、探讨了。

文强利用职权，替黑恶势力摆平命案而大肆接受贿赂，反映了重庆市公安局的执法监督形同虚设，一个案件从立案侦查到移送起诉均有法可依，有章可循，可就因为领导的一句话就能大事化小，小事化了，监督之门被权力之棒轻轻化解，行凶作恶者逍遥法外，无辜生命被随意草菅，神圣庄严的法律受到践踏，公安机关的执法权威丧失殆尽。至 2008 年 8 月，重庆有 1000 多起命案未破，文强之流的行为玷污的是整个重庆的社会环境，给法制的天空抹上了沉重的阴霾，党和政府的形象受到了严重损害。

文强犯罪固然由其自身和主观原因导致，但工作单位监督部门和人员缺失也不能不是文强贪腐案件滋生横行的一个重要因素。

二、道德沦丧，纲纪松弛，思想政治工作薄弱是文强案发生的重要诱因

文强，2000 年抓捕号称“中国第一悍匪”张君案的英雄，到沦落为黑社会保护伞的阶下囚，其思想蜕变的过程正是思想政治工作薄弱，学习提高不够，宗旨意识淡化的结果。

历年来，公安机关相继开展了宗旨意识教育、三项教育等一系列学习教育活动，用以提高广大民警的政治意识、法律意识，宗旨意识和服务意识，而这一切对文强之流来说不过是耳旁风、过眼烟云，起不到一丁点儿的作用，他们依然是我行我素，我是老大我怕

谁的思想已是根深蒂固，全然忘记了权力是党和人民赋予，而是把权力变成了个人敛财的工具，大肆卖官鬻爵，顺我者昌，逆我者亡，干部考察、任用制度变成了一纸空文，执法犯法、徇私枉法时丝毫没有一丝愧疚，甚至强奸女学生，其罪恶行径令人发指，连最基本的道德底线都已经丧失，以致对党、对人民犯下了不可饶恕的罪行。

一个党的高级领导干部，理应是遵纪守法和道德的楷模，具有良好的职业素质和精神风貌，然而遗憾的是，像文强这样思想境界不高、道德水平低下、入党动机不纯的人竟窃取了领导职务，给我们的社会主义建设事业造成了不可估量的损失。难道我们的选人、用人和政治思想教育机制没有问题？

反思文强之死，除了寻找文强堕落的主客观原因和制度、体制上的漏洞外，更重要的是要寻找对我们今后的工作的启迪和帮助。文强案在我们的现实生活中也许还正在上演，只是版本不同，规模有异，剧情不一罢了。勇敢地正视工作中存在的问题和不足，及时修正机制上和体制上的问题，乃是一个共产党人应有的勇气和明智之举。悬崖勒马，犹未晚也。

据中新网报道，2012 年元月 6 日，中央纪委秘书长、新闻发言人崔少鹏，在通报 2011 年全国纪检监察机关查办案件工作情况时透露，去年全国纪检监察机关处分县处级以上干部 4843 人，其中移送司法机关的县处级以上干部 777 人。目前，正在立案调查的还有刘志军、田学仁、黄胜等违纪违法案件。如此大的“伤亡”人数，令人深思。

领导干部本是学习的榜样，廉政的楷模，为何成了高危职业？可能有这么几个原因：

第一，领导干部是受监督的对象。不当官，受监督相对较少；当了官，监督就随之而来；官多大，受监督的范围就多大；管多宽，受监督的范围就多宽。盯着领导干部的眼睛多得很。

第二，领导干部是诱惑的目标。领导干部握有大权，拥有资源，各种各样的诱惑就在身边，无需刻意争取便不期而至。就看你动心不动心，能不能顶得住。

第三，领导干部是被“攻击”的靶子。谁攻击？糖衣炮弹攻击。那些想借你权用的人坚信“有钱能使鬼推磨”，因而攻击起来百折不挠，不达目的不罢休。糖衣炮弹的攻击之后，威逼要挟的攻击就开始了，找把柄、设套子，不由得你不束手就范。

若要仔细琢磨，还可列出一些其他原因，但仅仅上述三个方面，就足以使领导干部时刻处在危险之中。所以，领导干部要有“职业风险”意识。其实，属于高危职业的不光是领导干部。成天跟疾病打交道的医生、在高空作业的电网工人、抢险救灾的专业队伍……他们也是时刻处在高危状态，但他们危及生命的几率并不高。奥妙何在？自觉防护保护。未能经受住考验的领导干部，缺的就是这一点。

按说，监督并不可怕。从某种意义上讲，监督恰恰是对干部的一种保护。时时刻刻牢记与权力相对应的责任和要求，牢记对权力的约束，严格要求自己，不违规、不越轨，真金就不怕火来烧。可是，有的干部恰恰忘记了这一点，以为当了领导就能为所欲为。官升得越高，越自我膨胀，忘记了监督，或无视监督，最后走向深渊。

按说，有诱惑也不可怕。不该去的地方别去，不该拿的东西别拿，不该碰的人别碰，只要严防死守这“三不铁则”，洁身自好，身无瑕疵，就能刀枪不入，平安无事。然而，有的人看不到诱惑的危险，也缺乏顶住诱惑的意志，最后成了俘虏，惨痛地倒在攻击之下。

说领导岗位是高危职业，并不是说官场就多么凶险复杂，官场进不得。中国特色社会主义事业，需要大批人才坚守领导岗位，担任领导干部。而且，绝大多数领导干部在工作中如鱼得水，游刃有余。何以如此？因为风险只对没有防范的人来说才是风险；对于洁身自好的人来说，风险并不存在。好比火眼金睛的警察，对于罪犯是魔鬼，对常人则是保护神。

事实上，官场复杂不复杂，取决于你自己。你简单，官场就简单；你复杂，官场就复杂。只要品行端正，诱惑再大对你无力，攻击再猛对你无效。“为人不做亏心事，半夜不怕鬼敲门”，就是这个道理。为此，我们警察做人要守住一条底线，牢记一条原则。

守住一条底线。道德，是隐形的法律，也是法律的最低要求。中国是传统的文明古国，中华民族传承了几千年的道德传统是优秀的民族精神的结晶。作为民警尤其是领导干部位高权重，要常思己过，查找自己工作的缺点和不足，而不要动辄以管人者自居，自恃位高权重，要位子，要票子，手莫伸，伸手必被捉。从重庆文强案看，当初文强一伙人何等风光，今日又哪一个不是锒铛入狱，成为阶下囚。贪官落马后，大都痛哭流涕，懊悔不已，一幕幕、一出出，触目惊心；一声声、一句句，发人深省。发生在我们身边的领导干部被“双规”、被判刑的人物还少吗？

勿以善小而不为，勿以恶小而为之。我们每一位民警要牢记自己的职业使命，切实增强宗旨意识、服务意识、大局意识、政治意识，要权为民所用，利为民所谋，要时刻谨记权力是党和人民赋予的。“卧听衙斋萧萧竹，疑是民间疾苦声”。古人尚有如此的爱民胸襟和忧民情怀，何况我们21世纪用先进思想和理论武装起来的人民警察。

牢记一条原则。“立警为公，执法为民”是新时期公安机关的基本原则。依法治国已被写进宪法，依法行政是法治国家的基本准则。反思文强案件，重庆市公安局一大批民警因涉黑、涉恶被捕，正因为不依法办案，不依法行政，甚至借办案之机以权谋私，最后导致自己陷入了万劫不复的深渊。文强案教训是深刻的，但文强案绝不是个案，有些场景、有些情节我们也似曾熟悉、或者听过某人执法办案中的类似故事吧。

进入21世纪，我们的立法日臻完善，《行政许可法》、《公安机关办理刑事案件程序规定》、《公安机关办理行政案件程序规定》、《公安机关执法细则》、《公安机关人民警察内务条令》、《公安机关人民警察纪律条令》等法律、法规相继颁布实施，为我们的执法办案和日常行为规则划定了清晰的轨迹，那就是依法办案，秉公执法，清白做事，正直做人。

贪官落马后总有一系列的感言和理由，如对不起党的教育，对不起父母、孩子，有的还说自己作过一些贡献，组织上没有培养等，可他们又可曾想到用自己的血汗钱供养他的人民。我至今清楚地记得，《阜阳日报》曾刊登过阜阳一个厅级贪官的就职演说，什么金钱万贯，食不过一日三餐，广厦千间，睡不过三尺之床。一丝一缕，恒念物力维艰，一粥一饭，常思来之不易，我们要时刻以如履薄冰、如临深渊的心态来谨慎地对待我们的每一项工作，才能不辜负党和人民的期望。当时，我想这样的市长可能会是好样的，可以信得过的，是能为人民群众办事的。可是，事实上他做的与说的却是南辕北辙，天地悬殊。真让人跌破眼镜。作为党的领导干部就这样言行不一，表里不一，又怎么去教育别人为事业作贡献呢？

孟建柱部长指出，教育广大公安民警树立“人生最大的价值在于奉献”的理念，坚持党的事业、人民的利益第一，通过加强学习，开阔眼界、提升境界，正确看待个人的名利，更加自觉地把个人的理想追求同国家、民族的追求和奋斗目标统一起来，在平凡的工作岗位上创造出不平凡的业绩，在服务社会、造福百姓中收获幸福、充实的人生；时刻牢记公安机关担负的神圣使命，忠实履职，勤勉尽责，模范遵守社会公德、家庭美德和职业道德，培养文明健康的生活方式，在简朴的生活中感悟生命的真谛；大力弘扬当代人民警察的浩然正气，真正做到一身正气、两袖清风，无私无畏、廉洁奉公，守住维护公平、正义的这道防线。

文强伏法后，重庆市公安局纪委给全局所有民警发了一条短信：文强作古，教训深痛，前车之鉴，令人深思。叹息，遗憾，警世！

荀子云，前车覆，后车鉴。我们要对文强案进行深刻反思，深入领会孟部长的讲话精神，加强世界观、人生观、价值观的改造，时刻牢记全心全意为人民服务的宗旨，坚决抵制物欲横流的各种诱惑，加强作风养成，坚持职业操守；要正确对待和行使党和人民赋予的权力，慎独、慎微、慎权、慎欲，不断反省自己，时刻做到自警、自省、自重、自律，兢兢业业，恪尽职守；要切实增强对党纪国法的敬畏之心，增强廉洁从警的自觉性和紧迫性，居安思危，牢记使命，努力提高拒腐防变的能力，用实际成效取信于民，自觉找回公安机关在人民群众中的崇高形象。重塑法律权威！重塑公安辉煌！

我们是党和人民养育的警察，时刻肩负着维护社会稳定、巩固基层政权的重任。

国旗在上，警察的一言一行，绝不玷污金色的盾牌。

宪法在上，警察的一思一念，绝不触犯法律的尊严。

人民在上，警察的一生一世，绝不辜负人民的期望。

面对中华人民共和国国旗和国徽宣誓：为了国家的昌盛，为了人民的安宁，中国警察与各种犯罪活动进行永无休止的斗争，直至流尽最后一滴血。为了神圣的使命，为了牺牲的战友，中国警察，宁愿清贫，永不贪赃。以我廉洁，守卫正义。从警一日，清廉终生。

我虽是半路出家当警察，但我能自觉做到，因为我知道，为警不清廉，早晚吃“牢饭”。

作者参加安徽省公安调研暨法学理论研讨会时的留影

古为今用　品味人生

2010年元旦的前一天，有消息发布公安部原党委委员、部长助理郑少东，因严重违纪违法被开除党籍和公职。中纪委专案组经过调查发现，郑少东利用职务上的便利，为他人谋取利益，收受巨额贿赂，其亲属也收受了他人的巨额钱款。

面对公安部的郑少东和重庆的文强案以及安徽亳州、阜阳等近期发生的涉警案件，作为一名有着二十多年警龄、三十多年党龄的老民警，心中不禁感慨万千，当警察难，当一名合格的、优秀的警察更难。我们从事高对抗性、高危险性、高敏感性的工作，不仅有常人常有的情绪困扰，还担负着常人所没有的职业压力，特别是当前我们广大民警长期处于高负荷工作状态，群众对人民警察期待高、要求高，执法环境日趋复杂等，经常使我们喘不过气来，思想上经常会出现这样或那样的问题，调整不好就会直接影响到自己的言行，甚至人生观、价值观发生扭曲。那么，如何走好、走正、走出精彩的从警之路呢？我想借用古人的四句话谈谈自己从警以来的一些感悟，愿与战友们共勉。

第一句：是“言寡尤，行寡悔，禄在其中”，这是从警之道。

孔子有个叫子张的学生想要去做官，就让老师传授秘诀，告诉他一句最管用、最实用的话。孔子就告诉他，多闻阙疑，慎言其余，则寡尤；多见阙殆，慎行其余，则寡悔。言寡尤，行寡悔，禄在其中矣！意思是说：多看多听多思考，少说不切实际的话，少讲假话空话大话，不做后悔终生的事，不做莽撞冲动的事，不做心存侥幸的事，你的俸禄就在这里了。这句话依然可以用在我们这些当代人身上，如果失去这份警察工作会怎么样？不是危言耸听，失去警察身份的人比比皆是。就拿身边的典型案例为据。10 年前，刚入警半年的警校毕业生王某在参与乡镇执法活动中，感情冲动与对方发生矛盾并造成互相厮打，导致村民死亡案件发生，断送了自己的美好前程，同时其父母也跟着遭罪。再如，某派出所所长刘某因贪污和徇私枉法等罪名被判刑入狱，失去了党籍和公职，其家属靠卖菜为生。还有某派出所所长贾某因夜巡查扣波尔山羊执法不慎，不但自己党籍、公职不保，而且导致多名民警分别受到撤职和党籍处分。

从这些鲜明的例证，我们可以算算人生几笔账：

一是要算好“政治账”。不难发现，违法违纪的民警大多都很年轻，不少是中层领导干部，前途光明，事业进步，因为自己一时冲动或一丝杂念，断送了大好前程，酿成了终生悔恨。

二是要算好“岗位账”。现在，公安机关每进一名警察必须经过严格的国家公务员考试，再经过警校的两年培训，才能进入公安民警序列，穿上这身警服。每年的公安民警岗位都是公务员报考的热门，当一名警察很难，我们这些在职民警更应该懂得珍惜。

三是算好“名誉账”。如果家人中有一个人是警察，往往全家人都以他为荣，如果因为违法违纪弄得自己身败名裂，带给亲人的将不再是自豪和骄傲，而是嘲笑和打击。

四是算好“经济账”。我们每月工资虽然不多，但是养家糊口还是可以的。每一位警察都上有老、下有小，如果没有每月工资保证，我们的生活将怎么维持？谁来赡养老人？谁来照顾孩子？再往远想一想，如果没有退休金，没有公费医疗，我们的晚年生活如何保障？

五是算好“荣誉账”。俗话说，当兵光荣，从警也应感到自豪和骄傲。目前，公安民警的待遇虽说不高，但是总还是有一定的社会地位的，公安形象也是良好的，绝不能因为某一个人的违法违纪行为，败坏了公安形象，砸了警牌。在繁忙的工作、繁杂的事务中，我们需要经常静下心来算一算这“五笔账”，冷静客观地审视得与失、衡量对与错，这才是最重要、最明智的。从新世纪以来，我局只有一名民警因公牺牲离开岗位，却有十余名民警因自身问题被开除或辞退，平均每年有 1 名民警离开公安队伍。据我所知，那些离开公安队伍的民警，当中有许多人并不见得生活得更好，依然每天在社会上辛苦打拼，其中的艰难滋味也许只有他们自己知道。大家可以想一想，如果你离开警察这个岗位又能干些什么呢？

我们大多数民警都是上有老人、下有儿女，在一个温暖友爱的警察团队中工作，有一份不薄的收入，享受稳定、舒适的生活；孩子在温馨的家庭中一天天长大，因有一个警察父亲而自豪；老人透着爱意看着我们忙碌的身影，安度着晚年。虽然当警察很累，但我们过得充实，过得踏实，这样的生活是何等的安逸而幸福。

我曾去看望过一名警察，他因在办案中受贿被判刑，面对往日的同事，他蔫拉着眼皮，完全没有了昔日审案时的虎虎神威，只是盯着腕上曾无数次给别人戴过的手铐，沉默着，一会儿泪水像断了线的珠子落下，他只说了一句话：不知道家里现在怎么样了。不难理解，经过在监狱长时间的痛定思痛，他已经懂得了什么是自由，理解了什么是家庭温馨，猜出了出狱后人们怎样看他，盘算着自己将来何处存身。

古人言，君子爱财，取之有道。经济社会离不开金钱，但是经济社会更需要规则，为了一己私利，或者心怀侥幸，或者忘乎所以，或者铤而走险，或者丧心病狂，最终都将害人害己。得到时感觉不到，失去时弥足珍贵。人，没有了自由，就像鸟没有了翅膀；没有了经济收入，就会为三斗米而发愁；离开了集体，孤独也就接踵而来；没有了前途，生活就没有了色彩。如果为自己的前途和家庭考虑考虑，这账实在划不来，成本太高了。作为一名人民警察，遵纪守法不仅仅迫于“几笔账”的压力，更重要的是体现一名警察的道德素养。

第二句：是“花未全开月未圆”，这是心灵之道。

清朝重臣曾国藩一生都非常信奉这一哲理，因为月盈则亏、日中则昃，鲜花完全开放了，便是凋落的征候。我粗略地理解，就是不要更好，只要正好，不要刻意去追求那些不现实的东西，这是一个人的人生态度和追求的目标。现在许多人总感觉自己不幸福、不开心。物质生活水平提高了，幸福感却降低了，当老百姓累、当官更累，没钱累、有钱更累，我看就是追求得多了、高了，虚荣心、攀比心强了，心里也就感觉不到幸福了。我们民警每天都生活工作在社会面上，接触的有钱人多，接触的阴暗事情多，难免心理失衡，个别人认为自己付出太多得到太少，总感觉吃亏。别人开奔驰、宝马，自己也必须有一辆；别人吃鱼翅、燕窝，自己也要吃一顿；别人穿华丽衣服，自己也要买一件。这些东西日积月累，就会使思想观念发生偏差，让人内心不安定，去主动追求一些不现实的东西。我们要经常把眼光往下看一看，把自己摆放在一个普通人的角度审视一下，劳务工人冬天在大道边站一天，冻得直哆嗦，有时候一天都没有活干，一分钱也挣不到；我们招聘的巡警队员和保安员不分昼夜巡逻、值班站岗，每月工资才五六百块钱。比较一下他们，我们民警心中会平静很多，毕竟世界上比尔·盖茨只有一个，李嘉诚也只有一个，要摆正自己的位置，俗话说“知足常乐”也就是这个道理吧。知道满足的人，是不会受欲望左右的；知道把握分寸的人，是当行则行、当止则止，所以他们能够避免事端，平安幸福地走好自己的人生路。

第三句：是“不矜细行，终累大德；为山九仞，功亏一篑”，这是修身之道。

这句话出自《尚书》，意思是说，在细小的方面不严谨慎微，最终会败坏大的品德，丧失美好前途。有的民警会认为，小事情、小错误危害不大，不必过于深究，不必认真对待。但“大”和“小”是相对的，大错误都是从小错误开始的，由好变坏，也是从一点一滴开始的。对于我们广大民警来说，小事小节中有政治方向、有警察形象、有魅力人格，一个在小节上过不了关的民警，也很难在大节上过得硬。

2011年7月21日，有人在互联网上发帖子称，7月18日18时20分，在西安市大雁塔景区附近，看见车牌号为“豫P3315警”的面包车，拉了4女3男在游玩。帖子还连用三个设问句调侃河南警车，他们到西安大雁塔：“抓贼？我看不像！值勤？我看更不像！全家旅游？我看是真的！”经调查，“豫P3315警”系河南省沈丘县公安局河北派出所警车，7月14日该所所长李某以外出看病为由请假，私自动用警车到西安为家人看病。其间，到名胜区游览。最后的处理结果是：对李某免去派出所所长职务，禁闭7天并予以行政记大过处分。

“勿以善小而不为，勿以恶小而为之”，我们一定要慎重对待周围的小事，慎重对待身上的小错误，始终“警钟长鸣，慎独慎微”，做到酒色金钱面前不动心、是是非非面前不冲动、威胁压力面前不低头。

第四句：是“知人者智”，这是处事之道。

这是老子的一句话，意思是说，全面认识了解一个人，这是一个大智慧。我们一些民警平时追求一种不正常的处事之道，愿意结交一些有复杂社会背景的人，吃吃喝喝，拉拉扯扯，称兄道弟。人们常说，在家靠父母，出外靠朋友。朋友在我们的社会活动中无疑是非常重要的，好朋友可以给你带来很多帮助，坏朋友却会在不知不觉中引你走上邪路。因此，我们民警选择什么人做朋友非常重要。那么，公安民警到底应该结交一些什么样的朋友呢？我认为，要多结交那些正直善良、诚实坦荡、广见博闻的朋友。正直善良的朋友会在你困难的时候给你帮助，诚实坦荡的朋友会在你怯懦的时候给你勇气，广见博闻的朋友会在你犹豫不前的时候给你指明方向。

我国著名文史家郑逸梅常说：“不与富交，我不贫；不与贵交，我不贱；自感不贫不贱，就能常处乐境，于身心有益。”人生之义，就在得失之间。不过，贵在品、贵在思、贵在行。那么我们应该远离哪些人呢？一是应该远离思想堕落、行为不端、虚伪狡诈的人。二是应该远离搬弄是非、心术不正的人。三是远离具有复杂社会背景的人。因为这些人都非常现实，眼里只有一个“钱”字，他们结交你不是把你当朋友，而是看中你手中的权力，看中你是警察。这些人在你身上每花一分钱都是不白花的，是需要你付出代价的。老百姓看见我们警察跟这些人吃吃喝喝、称兄道弟，会怎么看？怎么想？原重庆市公安局副局长文强在“打黑”风暴中落马就是一个鲜明的例证。文强从警曾创造出辉煌业绩，一步步走上厅级领导岗位，但是他朋友义气浓厚，交结了一些有着黑社会背景的人，收取他们的钱财，充当保护伞，造成案件该查的不查，嫌疑人该抓的不抓。但这些人被抓后第一个供出来的就是文强。在监狱中，文强经常反思自己并对办案民警说：“没想到，我的这些朋友翻脸比翻书还快。”

那么，怎样才能做一名合格的公安民警呢？我认为，公安民警的标准是：勤奋好学、踏实肯干、公道正派、百姓爱戴。

勤奋好学，是指要树立终生学习的理念，把学习作为一种态度、一种责任、一种追求、一种境界。在学习中掌握法律法规、查缉战术、群众工作、公安信息化等警务技能，努力提升自身综合素质。

踏实肯干，是指踏踏实实工作、实实在在办事，不以事小而不为、不以事杂而乱为、不以事急而盲为、不以事难而怕为，做老实人，讲老实话，干老实事，不弄虚作假、拈轻怕重、好高骛远。双手插在口袋里的人，永远爬不上成功的阶梯。

公道正派，是指公正的道理，端正的作风，新时期，我们要赋予公道正派新的内涵，那就是对己清正、对人公正，这是我们公安民警的为警之道、立身之本，群众看一个公安民警怎么样也是首先看这一条。身正不怕影斜，做事任人评说。温家宝总理说：公平正义比太阳更有光辉！这句话既是对我们的要求，更是对我们的鞭策，在任何时候、任何条件下，都坚决不能办错案、办假案、办冤案，要让群众感觉到公平、正义的阳光。

百姓爱戴，是指人民群众信任你、依靠你、尊敬你，把你当成好人、亲人、朋友来看待，心里话愿意跟你说，难事急事愿意找你办，你办理的案件人民群众也信服。我们公安民警只有把群众满意作为最高标准，想问题、办事情、作决定都倾听群众呼声、体察群众疾苦、关注群众冷暖、反映群众诉求，才能赢得百姓的信赖。

连日来，我反复学习了 2012 年 2 月 6 日《人民公安报》头版一篇关于刘金国的特别报道，在这篇近万字的报道里，并没有多少华丽的溢美之词，有的只是感人肺腑的陈述，而就是这些简单的陈述却让我一度难以置信。在他担任领导职务的 30 多年里，他的爱人却一直是临时工；他亲手审批过近 20 万个“农转非”指标，可是自己的 38 个亲属，却无一跳出“农门”。

心中有“公”，四海方“安”，作为公安民警的杰出代表，刘金国之所以成为我们学习的光辉典范，最重要的就是两个字——坚守。他坚守的是理想信念，坚守的是从警底线，坚守的是“工作充实，睡觉踏实”的幸福观。而这份坚守，正是每一个公安民警都可学、能学也应该学的从警之根。

2011 年，作者参加第六届海内外华语文学创作笔会合影

最近，有位退休多年的老领导给我发来一条短信：出生一张纸，开始一辈子；毕业一张纸，奋斗一辈子；婚姻一张纸，折腾一辈子；做官一张纸，斗争一辈子；股票一张纸，起伏一辈子；金钱一张纸，辛苦一辈子；双规一张纸，后悔一辈子；荣誉一张纸，虚名一辈子；退休一张纸，失望一辈子；看病一张纸，花钱一辈子；悼词一张纸，了结一辈子……

看了这“一张纸”和“一辈子”的短信，虽然我还没到退休年龄，还不能完全看清看透尘世间的纷繁复杂和坎坎坷坷，但已拥有的酸甜苦辣以及自己对社会的观察和思考，使我对这如纸一般的人生，自然产生许多感悟。

今天，我虽然没有大钱，但我一天也没饿着（除了那难忘的1960年）；我虽场少不怎么吃肉喝酒，但我身体很健康，没有烦心缠人的疾病；我没位子，但我无官一身轻，没有那么多压力和应酬。下班可按时回家，领导关怀，专职调研，四处转转。节假日，我可以陪妻子逛商场，遛花园，走亲串友，或去菜市场讨价还价，为家人做喜欢吃的饭菜，享受天伦之乐。

近日，我发现，我有的，会场上、电视里那些忙碌的人们可没有。有时，我觉得他们特别辛苦，别说双休日，恐怕连春节也不属于自己。

二十多年前，我是一个要啥没啥的小科员，看到不少同龄人紧跟达官贵人，借改革东风，一夜之间突升副科、正科，有的甚至混得更高，仕途顺利，一路飙升，使人非常羡慕，可后来不知咋的，突然被“双规”判刑、财产充公、身陷囹圄、痛哭流涕、后悔不迭。我庆幸自己走的是平凡小路，学农务工，夜校听课，电大求学，后经全省文化“统考”转干，专科毕业，继而被选入警察队伍，穿上不要钱的合身衣服，深感无限喜悦和荣耀。

回顾从警岁月，一路走来，身为普通民警的我虽然累点、苦点，待遇不高，办事烦琐，工作艰辛，平淡无奇，可没什么危机。平安就是福嘛！每天，我能美滋滋地吃我的萝卜咸菜和绿豆稀饭、杂面条，高兴时还能写篇小稿，喝瓶小酒、哼句小曲，让平凡的生活在业余写作和文友交往中充满快乐。回过头来再看，束缚人一生的那些纸，是多么的没有意义。人唯一重要的和缺乏的就是快乐。只有快乐才能使人年轻、充满活力，而永恒的快乐却是金钱、权利、地位所换不来的。当然，人生也不能没有追求，没有目标，可悟出了这些，人应心安理得，有吃有喝，冻不着，不挨饿就行了。为此，我要彻底放弃追求那些没有意义的纸，珍惜生命中的每一天，让健康、阳光的心态感染人，力争给新警奋斗留点启迪。

让事实说话，用作品传人。这是我唯一能做到的小事。

作者在中国人民公安大学培训期间留影

附　录

猜想李勇

我与李勇并不熟悉。他远在皖西北，我居皖中腹地，相隔几百大里，平时少有往来。同为写字警察，职业生活繁忙，兼顾业余创作，彼此生活节奏快捷而无序。有限的一两次见面，都是为了稿件，他每次总是“匆匆而来，匆匆而去”，坐下来推杯换盏、谈天说地的机会很少。我是公安报刊的编辑，他是警察队伍的文人，“秀才人情纸半张”，此言不虚，也仅此而已。

节前，李勇带来一大摞书稿请我给他的新作写序。写序的通常做法不外乎两种，一是肯求领导——高瞻远瞩，画龙点睛；二是邀请名人——提纲挈领，妙笔生花。作序虽是为人作嫁、锦上添花的美差，可我既不是高层领导，又不是文化名人，对李勇本人及其作品缺乏深入的了解，而且口无遮拦，心直口快，与作序的事体似乎沾不上边。可李勇大老远的找上门来，盛情难却，况且他坐不到半小时又乘车走了，几乎不容我点头答应，还是摇头推辞。

说实话，我落笔为李勇的第二部书作序，真的有些唐突草率和勉为其难。好在文人的心气是相通的，何况又是同一个系统的文人。李勇退而求其次有请于我，我想他是有所考量的。

最起码一条，我们志趣相投，会“惺惺相惜”，所谓星星知我心吧。不错，我与他年龄相仿——具有上个世纪五六十年代的出生背景和变革时期的成长环境；经历相似——经过艰辛努力，由社会底层走进公安队伍；学历相当——起点较低，基础薄弱，但刻苦自学，孜孜以求，数十年读书不辍；爱好相同——迷恋汉字，舞文弄墨，业内和业余以写作为主为乐；角色相近——虽不在一个单位，却有着大体相同的职业岗位……

再者，作序是纯粹的个人行为，不同于代表组织评功论奖那样严谨周密，只是就文本对作家的文字作出评介，褒贬自如，主观色彩浓厚，自由发挥的余地较大。我自知不是行家里手，但长期与公安系统的文人打交道，对他们的甘苦可谓感同身受。

就李勇而言，他在公安机关的很多岗位上摸爬滚打过，熟悉业务，熟悉基层，熟悉公安民警们的喜怒哀乐，熟悉公安机关的里里外外。我无法跳出三界之外来品评他的文字，只能以一个公安民警的身份来猜想一位同行的写作。

李勇的这部作品像他的《椿城警事》一样，笼统说来有以下特点：从文章体裁看，以新闻纪实和调研报告为主，兼及杂谈随笔，其中，案例通讯、侦破报告、人物纪事占据了大部分的篇幅；从主体定位和写作视角看，公安宣传与理论研究并重，一边侦查破案，治安防范，一边形诸文字，开展对内对外宣传；从写作手法看，有感性的叙事、抒情，也有理性的商榷、思辨……读李勇的文字，我的头脑中不时浮现着这样一种印象：一手拿枪，一手执笔，一边是奔波在治安一线的风风火火，风里来雨里去，一边是灯光下阅读写作的凝神聚思，呕心沥血，“剪不断，理还乱”；一会儿是英气逼人的警察，一会儿是忧郁沉思的文人。一文一武，一动一静，两种角色分分合合，又集于一身。

公安应用文与新闻纪实文学并重，大体上勾勒出了李勇的角色意识和写作态度。我所说的角色意识，是指李勇首先是个实干型的政治知识分子，倾心致力于治国安民的具体事务，而且在时常变换的岗位上能主动调适自己，适应工作需要，且卓有成效，立功受奖不在少数；不像我这样刻板单一——虽戴着一顶大盖帽，却“君子动口不动手”，成天坐而论道，光说不练。当然，如果仅此而已，李勇只能算是个合格的警察。难能可贵的是，李勇还是个忧国忧民的人文知识分子，也就是说，他不仅仅勤奋工作，还立足岗位，勤于思考，善于总结，由感性而理性，比别人生活得更清醒，更理智，更心安理得。这两种角色，前者受命于体制，后者自觉于心灵，冲突与融合，分歧与统一，时时会在一个人的心灵深处搅动，因此，公安文化人身累心也累，无形中便多了一份额外的辛劳和痛楚。

这也决定了李勇“文以载道”的写作理想和务实文风。说实话，如果执意从文学性的强弱来观照（譬如语言的劲道、结构的完整、形象的典型、主题的锤炼等等），李勇还有较长的路要走。好在他走的不是专业作家的羊肠小道，而是追求有现实针对性的经世致用——一句话，两个字：实用。尤其是调研报告类的文字，涉及基层公安机关的业务工作、队伍建设和后勤保障等方面，既有现状思考和成因分析，又有化解方案和前景描绘，体现了一位公安文化人强烈的事业心、责任感和使命感。把这一切摆放到皖西北县级公安局的工作环境、生活环境和写作环境中去看待，李勇的超常付出、坚持不懈和厚积薄发，可想而知是多么的可贵和不易！

“苟利国家生死以，岂因祸福趋避之”。

在这个功利而浮躁的时代，做一个“形而上”的思想者是可贵的，也是痛苦的。而将来之不易的思想转换成文字、汇聚成书本，企图去影响他人，改良社会，又多了一份额外的操劳和担当，可能还会遭遇意想不到的尴尬。不知道几百里之外的李勇在身心俱疲时会作何感想，我只能以自己努力过、磕碰过的经历和思考着、挣扎着的现状猜想李勇，解读李勇，同时也祝福李勇：愿你的写作之路走得坚实一些、顺畅一些、持久一些。

笛卡儿有句名言：我思故我在。

我如此猜想李勇：我在故我思。

因思而在——实在；因在而思——妙思……

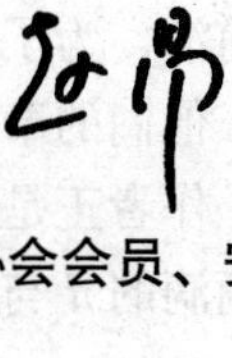

赵昂系中国作家协会会员、安徽公安作协主席

读《新椿城警事》续集有感

读了公安作家李勇同志的《新椿城警事》续集，感触很深。在该书付梓之际，谨表祝贺，并写上几句，与读者共鸣。

创作一部讴歌基层民警、弘扬警察精神的纪实文学作品，实属不易。我相信，此书的问世，不仅是基层公安机关警营文化建设的丰硕成果，也是全国书画之乡文学艺术活动日趋繁荣的重要标志。

全书分为侦察纪实、民警风采两部分，如实记载了近年来太和县发生的一些重大典型案例，真实反映了基层民警的工作与生活。书中没有什么大人物，记载的也是一些平凡的事和普通的民警，可在作者的笔下熠熠生辉。作者精选了十大典型案件，满怀对英模人物的无限热爱和敬仰，饱蘸笔墨，真情赞颂，如实讴歌了范吉祥、翟峰等人爱岗敬业、勤政为民的平凡人生，具有很强的现代生活气息。

在新的历史形势下，随着改革开放的不断深入，我们的国家、我们的社会发生了巨大而又深刻的变化，人们的利益取向、价值观念呈现多元化趋势。在社会转型、历史变革中，我们应树立什么样的理想信念，应该有怎样的人生追求，如何看待无私奉献、爱岗敬业等等，这是我们每个人都会面临的选择。面对选择，基层民警交出了一份合格的答卷。基层民警破案时的艰辛是常人难以想象的，他们秉承、恪守社会主义法治理念，默默承受各种压力，始终坚守在维护社会稳定的最前沿，为了一方平安，尝尽悲欢离合、酸甜苦辣，但他们始终坚信，他们的奉献、付出就是在维护社会和谐，创造出更加美好的明天。作者正是被这些平凡的普通民警所蕴含着的及正在释放着的点点滴滴的光与热所感染，以其独特视角向我们和社会展示出一个个、一群群朴素无华、感人至深的人民警察形象。新的时代，新的使命，新的责任，要求我们公安人民警察更要进一步牢固树立从警为民的思想，培养更强更坚固的人民群众基础，才能更好地为人民服务，也才能实现人民警察在新时代的真正价值。书中，作者用一些活生生的案例，给人以教诲，给人以警示。无疑，这对于加强公安队伍建设，坚持政治建警、科技强警、文化育警、廉洁从警具有重要的教育指导作用。

本书作者深入基层，联系民众，观察社会，始终以积极的处世态度认识和探索公安工作真谛，其勤奋精神难能可贵。作者并未停留在一般的案情描写和人物褒扬之中，同为警察的他与一线民警同样以做好人民公仆的强烈责任感，想群众所想，急群众所急，做群众所需，真心实意、脚踏实地地做好每一件事。战友的先进事迹感染着他，群众的极大热情激励着他。因此，他的一些作品尤其是诸多公安理论调研文章，凸显视野，胸怀全局，敢于创新，提出了许多极具研究价值的新课题及新的改革思路，呈现出更新的目标和更高的追求。

读《新椿城警事》续集，我感到此书文风纯朴，题材生动，观点鲜明，内容翔实，可读性强。我深切地期待作者今后能够写出更好、更加动人的反映民警风采的书，让世人关爱警察，了解警察，也使基层民警拥有更多、更新的精神食粮。

不为序，有感而发。

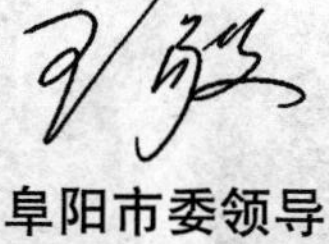

阜阳市委领导

签字于 2010 年 11 月 30 日

《公安情缘》是一部作品集

《公安情缘》是一部作品集，用作者的话说，他是暂且把这个集子称之为“大散文”的，因为集子中“有的文章既可称为散文，也可算做杂谈；有的既可称为随笔，又可算做遐想，反正都是些‘四不像’的东西。”作者的这种分类道出了这本集子的文本特色，因为在这个集子里，用我的眼光看，是既有散文、随笔、诗歌，又有杂谈、新闻文体和小说的（如《憨警》）。透过这样的一部作品集，我们能够看到作者写作的工作背景，即基层公安部门的日日夜夜，也能看到作者人生的自我完善，即业余新闻写作、文学创作的坚忍不拔。这样的一种“两栖生活”，虽然辛苦、不易，也会失去相当多有形的“好处”，但向物质人生更向文化人生的双重目标靠近，我觉得，值！

作者与导师程必定（前排中）及部分同学留影

既然持续着基层工作的生活背景，这本书语言的朴实、素材的丰富、人物的鲜明，就没有多少可以怀疑的空间了。当然，这是持续的基层工作背景的原因，同时也是作者文学能力的一种文本表现，另外还是作者所处地理位置语言文化的一种特点。工作背景方面，作者有着数十年基层工作，特别是公安工作的经历，对草根人物，对县城、乡镇和农村生活熟稔于胸，这是作者写作的“生活基础”。文学能力方面，就集子中主要的散文和小说作品看，作者已经解决了“怎样表达”的问题，文章大多都能布局有序，繁简得当，形象鲜明，通篇流畅，这是作者的“文学基础”。语言文化方面，淮北是历史上持续未断的“官话区”，皖西北在夏商时代接近中原文化的核心区域就是中原文化核心区的一部分。南宋以前是中国政治经济文化最发达的区域之一，语言表现能力强，文化积淀十分丰厚，运用到作品中鲜见障碍，经过学习和提炼，这种生活的语言，成为作者的书面语言的“语言基础”。

以上就是我对李勇先生《公安情缘》的肤浅的“读后感”。李勇先生的作品平坦好读，扎实流畅，最难能可贵的是读不出像他这种年岁的淮北县乡作者常见的文学“陈旧感”，由此也可窥见他思想活跃、与时俱进的一面。我想祝贺李勇先生在多部文学作品之后的这一新收获，也期待李勇先生在他熟悉的公安题材、淮北生活中深挖细翻，写出更多有生活味的好作品！

许辉系安徽省作家协会常务副主席
签字于2011年11月16日　合肥

弘扬正气的呐喊

——读李勇先生纪实文学集《椿城警事》

李勇先生撰写的纪实文学集《椿城警事》，我是细细品读的，因为文字的校对工作是由我来完成的。洋洋洒洒的文字真实地再现了英勇善战，屡破大案要案，顽强拼搏的椿城公安民警可歌可泣的英雄形象，不仅鞭挞了腐败犯罪，展现了法律的神威，而且也是作者弘扬时代主旋律，高唱人生正气歌的一声声呐喊的回应。

生活对于人生犹如摆钟，幸福与苦难，高昂与衰落，就在两摆之间，过罢此时即是彼时，让它永远停在某一时刻是不可能的，除非人生向钟摆一样停止摆动。李勇就是一位孜孜不倦的追求者，在搞好本职工作的同时，笔耕不辍。

《椿城警事》是其两年来深入基层一线，聆听，所录实事；寻看，所备遗忘；走访，所志感想；睿智洞察，秉笔直抒，浓缩而成的“严打”宣传成果的一个回顾的总结，思考和探索。全篇通俗易懂，可读耐读，有法有度，讲思想重形式，坚持一切从实际出发；坚持说老实话，办老实事，做老实人。在和平的年代里发出了一点属于自己的声音，在江淮大地回荡。浑厚的功力，批判的锋芒，激扬的情绪，不屈的精神，充沛的感情流露，诚恳的说服论据，既蕴涵着热，亦包涵着情，既有助于社会的清污，也有助于人民思想的清污。

放眼现实人生，蝇营狗苟于物质的人固然可怜可悲，而那些泯灭人性，丧失道德良知的犯罪分子更是可恶。是他们，是公安民警的生命和热血捍卫了一方平安。李勇抓住真实的案例，把生与死的较量活鲜鲜地展现在读者面前，令人义愤填膺。

在我们的周围，有些人艰难地走着往下走的路，并不是因为前景灿烂，而是为了对得起过去走过的路。正如鲁迅先生所说：我们自古以来就是有埋头苦干的人，有拼命硬干的人，有为民请命的人，有舍身求法的人……生活中，人们一年到头地在紧张奔波中角逐，在成功与失败之间接受考验。而李勇是一位经得起考验的成功者，在人生坐标的轨迹上找准了自己的位置，用正确的世界观去观察和对待人生问题，形成了“忍屈伸，利他人”的生活态度，培育出了“燃烧自己，照亮别人”的蜡烛精神，树立了“辛苦我自己，幸福千万人”的崇高情操。拿李勇的话说：“作为平凡的公安干警，我创造不出什么奇迹，也不可能有什么大的作为，我只不过是在想把我亲密战友们的一部分丰功伟绩整理成文字，并尽力为他们呐喊，为他们讴歌，为他们祝福。”

是啊，人的一生是短暂的，只要你做出对社会，对人类有益的事，大凡不必再去操心自己的声音对别人而言是入耳还是不入耳，只要你发出的是真诚，不必再计较自己的荣辱，只要你能想到历史的公证。《椿城警事》是可以告慰于心的，他不曾违心说假话、空话、官话、大话，而一直奉行着鲁迅先生的“社会批评”、“文明批评”的文学宗旨，勤勤恳恳地工作，踏踏实实地做人，默默无闻地写作。这也许就是李勇的人生砝码。

通阅《椿城警事》全书，立旨遥深，角度新颖，思考深广，论辩缜密。平心而论，李勇先生在理性的期待与行动的热情之间，不偏颇也不逃避，不焦躁也不颓唐。

既有对公安工作的关注，也有对未来的遥瞻，这样做的人实在不多，能这样思考的人方显示出英雄本色，尽管他在艰难地跋涉与探索中有过犹豫，有过彷徨，但，并没有趋炎附势，也没有随波逐流，始终高昂着正义的头颅。从他的言语中，我看到了鲁迅的“傲骨”精神，这正是我所敬佩的实质所在。他善于利用法律武器为普通民众的苦难鼓与呼，为我们的生活更加美好鼓与呼。这是一位基层普通警官心灵深处的声声呐喊——这声音时时抨击着邪恶，震撼着犯罪；时时维护生命的神圣，捍卫着法律的尊严！

刘祥体系安徽省摄影家协会会员、作家协会会员
签字于2011年10月31日

作者游船一瞥

七　律

——读《椿城警事》丛书感悟

戎装在身笔在手，
风雨兼程写春秋。
警营虎踞多轶事，
公安英模炫风流。
书尽城乡奇要案，
忠言醒世铸貔貅。
李杜骚人驾鹤去，
勇君笔翰千古留。

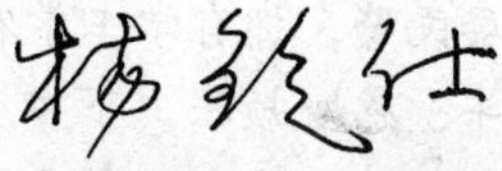

杨钦士系著名书画家、书画评论家
签字于细阳2011年11月20日

后　记

自2003年3月出版《椿城警事》、2005年6月出版《椿城警事》续集、2007年2月出版《新椿城警事》、2010年年底出版《新椿城警事》续集以来，我不仅尝试了“第一次吃螃蟹”的人生感受，同时也使我不知不觉地走进了公安作家的行列，更没想到它深受社会各界和城乡广大读者的热烈欢迎。除了《椿城警事》系列丛书和两本公安理论研究专著外，2008年9月，我还出版了一本散文集《公安情缘》，本书乃是它的姊妹篇。

一分耕耘，一分收获。出书让我收获了许多意外惊喜。偶去几个书店翻书，陌生的老板一眼就认出了我是《椿城警事》系列丛书的作者。

作为基层民警，拥有学工学农、转干从警及在职求学的人生阅历，多年奋斗，感慨颇深。下乡劳动，工厂锻炼，固然刻骨铭心，可从警却是我一生最难忘、也是最充实的记忆。本想到此为止，与身边同龄人一起走进新时代，探索松花粉长寿秘诀，研究康佰寝具物理疗法，旋磁活血，好好养生。同时，也在想，人活着追求什么？总要有点精神，不能碌碌无为而虚度年华，不能卑躬屈膝而苟活一生。一度，我面临新的人生十字路口，何去何从，我陷入了深深的思考。最后，我执意走自己的路，让别人说去，请后人评价。我坚信民警心中有杆秤。

2010年7月26日，安徽公安作协成立，我有幸参加公安作协成立大会并被选为首届公安作协理事。会上，我聆听了省公安文联几位领导同志的重要指示，对我启发很大。

触景生情，回顾经历，昔日我以“知青”骄傲，如今以“民警”自豪。

国务委员、公安部部长孟建柱在全国公安文学艺术联合会第二次会员代表大会上强调，要进一步加强公安文化建设，以更加出色的艺术劳动、更加杰出的艺术作品、更加丰富的文化劳动，在全社会唱响“人民公安为人民”的主旋律，更好地为公安民警服务、为公安工作服务、为人民群众服务。同时，孟部长强调从世界多元文明交融、中华文化传承和实现中华民族伟大复兴的高度，深刻分析了加强先进文化建设的重要意义。他指出，无论是对一个民族、一个国家来说，还是对一支队伍来说，都必须用强大的精神纽带来凝聚人心，用共同的理想信念来引领发展。各级公安机关要充分发挥公安文化培育、塑造、传承人民警察精神的重要作用，培育、弘扬公安队伍的忠诚警魂，进一步坚定公安民警的理想信念，确保公安民警始终保持坚定正确的政治方向，坚定不移地做党和人民的忠诚卫士。广大公安文艺工作者要切实增强责任意识，大局意识，不断推出讴歌公安民警英雄事迹、弘扬人民警察精神、具有深刻社会影响的公安文化精品，更加有效地凝聚警心、振奋精神、激励斗志，使忠诚警魂始终成为支撑公安事业发展进步的不竭动力。

按照公安部和省公安作协领导的指示精神，我打算不停写作，继续奋斗。为此，我萌发了自费出版《警察情怀》的想法，既恭贺省公安作协成立，迎接党的十八大胜利召开，也为热心读者再作一次奉献。当然，更希望它能为后来者——新警带来一些人生启迪。

文化如水，润物无声。自古以来，很多时候，一首好诗，一首好歌，一本好书，一部好电影或电视剧，可以影响、感染一代人甚至几代人。目前，社会大众对公安工作的了解，对公安民警的认可，正是通过各种公安文化活动和公安文艺作品获得的。因此，我们要充分发挥公安文化在加强警民沟通、密切警民关系方面的优势，大力加强公安文化建设，让人民群众在强烈的情感共鸣中加深对公安工作和公安民警的理解与支持。

据此，作为公安民警尤其是公安文学工作者，要用心思考，用心做事，用心写文章，深刻领悟责任与使命，积极调研，深入一线，不断挖掘艺术素材、汲取艺术成分、提炼艺术技巧，以人民群众喜闻乐见的艺术形式大力讴歌公安民警的无私奉献精神，充分展示公安队伍的蓬勃朝气、昂扬锐气和浩然正气，为繁荣公安文化事业作出新的更大贡献。

出书，我要感谢许多许多人。

首先，我要感谢公安部和省、市、县公安机关领导和我的同事。说实话，如果不是他们的热情鼓励和大力支持，就没有我出书的可能。几年前，我有幸参加了公安部宣传局、全国公安文联和中国人民公安大学共同举办的第五期全国公安文学创作研修班。公安部领导的殷切希望，繁荣基层公安文化的历史责任，使我决心要用自身的文学创作活动为基层公安文化建设贡献力量。尤其是全国公安文联秘书长张策热情为我的小书作序，中国人民公安大学教授曹凤、秦立强等人鼓励支持，令人感动。

其次，我要感谢中国人民公安大学出版社公安业务分社社长赵学颖的关心支持及编辑的辛苦努力。同时，还有安徽省公安文联副主席兼秘书长周春，《安徽公安》主编张晓敏和阜阳市局于琦、吴成良、张怀伦、谢浩雨等领导及朋友鼎力相助，为我出书做了大量的工作。

最后，我还要感谢那些曾经鼓励我、支持我自学的各界人士，正是他们的真诚奉献，才有我今天的一点成果。谨在此表示深深的谢意。

作者写于2012年3月12日深夜